Potempa/Franke/Osowski/Schmidt
Informationen finden im Internet

Potempa/Franke/Osowski/Schmidt

Informationen finden im Internet

Leitfaden für die gezielte Online-Recherche

2., aktualisierte Auflage

HANSER

Die Autoren:

Dr. rer. nat. Thomas Potempa, Fachhochschule Braunschweig/Wolfenbüttel, Institut für Recycling

Dipl.-Ing. Peter Franke, Leiter des Hochschulrechenzentrums
Fachhochschule Braunschweig/Wolfenbüttel

Wilfried Osowski, Salzgitter

Dr. Maria-Elisabeth Schmidt, Wolfenbüttel

Internet: http://www.hanser.de

Die Deutsche Bibliothek – CIP-Einheitsaufnahme

Ein Titeldatensatz für diese Publikation
ist bei Der Deutschen Bibliothek erhältlich.

© 2000 Carl Hanser Verlag München Wien
Lektorat: Margarete Metzger
Copy-editing: Manfred Sommer, München
Herstellung: Irene Weilhart
Umschlaggestaltung: Zentralbüro für Gestaltung, Augsburg
Datenbelichtung, Druck und Bindung: Kösel GmbH & Co., Kempten
Printed in Germany

ISBN 3-446-21310-4

Vorwort zur 2. Auflage

Die erste Auflage von „Informationen finden im Internet" war verhältnismäßig schnell vergriffen, so daß eine Neubearbeitung notwendig wurde.

Es vergeht kein Monat ohne Meldungen der großen Suchmaschinen über neue „Superzahlen" der indizierten Informationsseiten im Internet. Gleichzeitig entstehen viele weitere Suchmaschinen und Suchmaschinen-Konzepte.

In diesen Bereichen den Überblick zu behalten und gezielte Anfragen an Suchmaschinen zu stellen bringt so manch Orientierungssuchenden zur Verzweiflung. Die bisher sehr positive Resonanz zu unserem Buch hat uns darin bestärkt, daß eine gezielte Informationssuche nicht ohne eine Strategie und ein Konzept zu befriedigenden Ergebnissen führen kann.

In der vorliegenden Auflage wurde der Text aktualisiert und ergänzt, außerdem wurden die beschriebenen Suchstrategien und Bewertungen der Suchmaschinen den heutigen Gegebenheiten angepaßt.

Wolfenbüttel, im Januar 2000

Thomas Potempa, Peter Franke, Wilfried Osowski, Maria-E. Schmidt

Vorwort zur 1. Auflage

Was haben die Begriffe Recycling, Fußballbundesliga, Geldanlagen und Urlaubsreisen außer dem großen öffentlichen Interesse gemeinsam? Richtig: Über alle diese Begriffe sind im Internet, dem modernen Verbindungsglied zwischen Kulturen und Völkern, unzählige Informationen abrufbar.

Doch wie gelangt der Informationssucher zu den richtigen Informationen in einem Datennetz, das derzeit mehrere hundert Millionen Dateien enthält? Wer ohne Systematik nach der gewünschten Information sucht, stößt auf Schwierigkeiten, die zunehmen, je komplexer das Informationsangebot ist, das durchgearbeitet werden muß. Auch der Zeitaufwand für die Verifikation und Auswertung der Daten steigt überproportional mit der Zunahme an verfügbaren Daten.

Wir haben uns, ausgehend von einer Internet-Recherche zum Thema Recycling, mit den verschiedenen Möglichkeiten einer effektiven Suche im Internet beschäftigt, sammelten Informationen, schauten vielen über die Schulter, gruben uns in Bücher und testeten unerbittlich die verschiedenen Hilfsmittel, die das Netz für die Suche bereithält.

Und was kam dabei heraus? Das Ergebnis unzähliger Stunden des „Surfens" durch das Internet, unserer Pfad- und Fährtensuche und vieler neugieriger Fragereien halten Sie nun in den Händen. Mit diesem Buch können Sie sich auf die gezielte Suche nach Informationen im Internet begeben, um dort Hilfen für ein Referat in der Schule, den günstigsten Urlaubsanbieter und die besten Börsentips aufzuspüren, um sich mit Land, Leuten und Kultur in fernen Ländern vertraut zu machen oder weltweit Informationen aus Forschung und Entwicklung abzurufen.

Wir haben versucht, die Vielfalt an Informationen und Einstiegspunkten für eine erfolgreiche Suche im Internet so übersichtlich wie möglich zu gestalten. Bei der Auswahl der vorgestellten Hilfsmittel für eine Suche haben wir uns auf solche beschränkt, von denen wir annehmen, daß diese auch längerfristig noch verfügbar sein werden, denn das Internet ist ein sich entwickelndes Medium, in dem vieles, was heute noch erste Wahl ist, morgen schon veraltet sein kann.

Mit diesem Leitfaden für die gezielte Suche im Internet können Sie allen Eventualitäten gelassen entgegensehen. Gegen ungeplante, böse Überraschungen sind Sie nun mehr als gerüstet. Alles, was Sie jetzt brauchen, ist ein Internet-Zugang und ein wenig Zeit. Wir wünschen Ihnen jedenfalls viel Spaß und natürlich viel Erfolg bei Ihren eigenen Recherchen im Internet.

Danksagungen und Hinweise

Dieses Buch ist das Ergebnis der Arbeit eines Teams. Es war unser Ziel, ein leichtverständliches und kompetentes Standardwerk zum Thema „Informationen finden im Internet" zu veröffentlichen. Wir möchten uns bei Herrn Rainer Hoppe bedanken, der unermüdlich für den Satz verantwortlich war und stets alle Änderungen in das Manuskript bis hin zum fertigen Buch eingearbeitet hat. Das Team des Carl Hanser Verlages, insbesondere Herr Millin, hat das Manuskript mehrfach kommentiert und uns begleitet.

Das „Internet" entwickelt sich sehr dynamisch. Es wird uns ständig vor Augen geführt, daß ein Wandel hin zu einer Informationsgesellschaft begonnen hat, der nicht mehr umgekehrt werden kann. Die im Buch aufgeführten Internet-Adressen und die beschriebenen Suchsysteme können sich in der Zwischenzeit geändert haben.

Senden Sie uns Ihre Kritik, Anregungen und Hinweise zum Buch. Wir wollen die Folgeauflagen ständig verbessern und erweitern. Sie erreichen uns via EMail unter

PFOS@fh-wolfenbuettel.de

Der Name in der EMail-Adresse steht für P(otempa) F(ranke) O(sowski) S(chmidt). Die im Buch aufgeführten URLs finden Sie auf der Web-Site des Hanser Verlages oder unter der URL

http://www.fh-wolfenbuettel.de/rz/PFOS/

Im Glossar finden Sie die Erläuterungen zu den im Buch verwendeten Begriffen.

Weitergehende Fragen richten Sie bitte an den Verlag.

Wolfenbüttel, im Februar 1998

Thomas Potempa, Peter Franke, Wilfried Osowski, Maria-E. Schmidt

Inhaltsverzeichnis

1 Einleitung

Mit der Orientierung der Forschungs- und Entwicklungspolitik auf Ressourcenschonung und Verringerung von Belastungen für Natur und Umwelt sind in den vergangenen Jahren Innovationen im Bereich der Informations- und Kommunikationstechniken in den Vordergrund gerückt. Die kreative und effiziente Nutzung der Ressource Information stellt jedoch hohe Anforderungen an das Wissen und die Ausbildung der Menschen.

Der Verfügbarkeit aktueller Informationen kommt eine Schlüsselrolle in der globalen Informationsgesellschaft als entscheidende Voraussetzung für ökologische und sozioökologische Innovationen in Staat, Wissenschaft und Wirtschaft zu.

Die wissenschaftlichen und technischen Informationen enthalten die Ideen und Erkenntnisse, die in den Schulen, Hochschulen und Forschungseinrichtungen benötigt werden. Technische und wirtschaftliche Informationen mit ihren Finanz-, Unternehmens-, Verfahrens-, Produkt- und Marktdaten fördern eine nachhaltige Planung von neuen Produkten und Fertigungsprozessen im Sinne einer Kreislaufwirtschaft.

Die Nutzung elektronischer Informationen wird in Wirtschaft, Wissenschaft und Staat zunehmend zu einer selbstverständlichen Arbeitsgrundlage. Schnelle und umfassende Information über wissenschaftlich-technische Entwicklungen sind zwingende Voraussetzung für Forschung und Entwicklung sowie für den wirtschaftlichen Erfolg von Unternehmen. Das Aufbereiten von Informationen für die Entscheidungsvorbereitung bildet die Grundlage für erfolgreiches Handeln.

Das INTERNET entwickelt sich zunehmend zu einem Medium, das „jedermann" Informationen aus „allen" Bereichen zugänglich macht. Kleine und mittlere Unternehmen können aber oft ohne externe Beratung nicht in ausreichendem Maße von den neuen Techniken und Diensten Gebrauch machen. Der Zeitaufwand für die Verifikation und Auswertung der Daten steigt überproportional mit der Zunahme an verfügbaren Informationen an. Gleiches gilt für den privaten Nutzer des Internets, der oftmals von der schnellen Entwicklung im Bereich der Kommunikationstechniken überrollt wird.

Um mit einem geringen Zeitaufwand an gewünschte Informationen zu gelangen, sind gewisse Grundkenntnisse über den Aufbau, die Ressourcen bzw. Informationsquellen, die Informationsstruktur und die vielfältigen Möglichkeiten des Einsatzes von Hilfsmitteln zur gezielten Suche im Internet notwendig.

Es gibt ein Sprichwort: Wer sucht, der findet! Dies läßt sich leicht aussprechen, aber bei der Umsetzung dieses Sprichwortes treten Schwierigkeiten auf, besonders dann, wenn man ohne die richtige Systematik an die Aufgabenstellung der Suche herangeht. Die Schwierigkeiten nehmen zu, je umfangreicher das Angebot an Informationen ist, das bei der Suche nach dem Gewünschten durchgearbeitet werden muß.

Das Internet ist schon heute sehr komplex; zur Verdeutlichung: Das World Wide Web (WWW) - nur ein Teil des Gesamtinformationsangebots des Internets - ist mit seinen zum jetzigen Zeitpunkt mehr als 320 Millionen Informations-Seiten (Web-Seiten) für eine unsystematische Suche kein geeignetes Medium.

Zu Beginn einer Recherche im Internet sollte ein Anforderungsprofil für die Suche nach den gewünschten Informationen erstellt werden. Eine Reihe von Fragen (s. unten) leistet hierbei nützliche Dienste. Die Beantwortung dieser Fragen erleichtert es, die geeigneten Hilfsmittel und den richtigen Einstiegspunkt zu bestimmen.

Fragestellungen zum Anforderungsprofil:

- **Wer sucht die Information?**
  (interessierter Laie, Fachmann ....)

- **Welche Information wird gesucht?**
  (eine Nachricht, Informationen zu Personen, Produkten usw.)

- **Wo könnten die Informationen vorhanden sein?**
  (im Internet, im WWW ...)

- **Wie detailliert sollen die Informationen zum Suchbegriff beschrieben sein?**
  (als Info, Kurzbeschreibung, ausführlicher populärwissenschaftlicher Text, technischer Report ...)

- **Wie schnell sollen erste Ergebnisse vorliegen?**
  (Gibt es Informationen zum Suchbegriff? Kein qualitativer Anspruch an die gefundenen Daten!)

- **Ist eine Terminierung der Suche vorgegeben?**
  (Welchen Umfang soll die Suche haben?)

- **Eventuell noch andere Fragestellungen, die für eine effektive Suche relevant sein könnten.**

Man könnte fragen: Warum solch ein Aufwand, nur um eine Information, wie sie z.B. zum Begriff NASA im Internet vorhanden ist, zu ermitteln? Doch welche Informationen werden wirklich benötigt? Nur Informationen zur Firmenstruktur oder zu den Personen, die dort arbeiten, oder Informationen über Weltraumprojekte (alte-neue), oder wissenschaftliche Veröffentlichungen? Diese Aufzählung ließe sich beliebig fortsetzen. Wichtig für eine Recherche ist, daß durch entsprechende Fragestellungen der richtige Einstiegspunkt für die Suche im Internet leichter zu bestimmen ist.

Um die Suche im Internet zu beginnen, gibt es verschiedene Einstiegsmöglichkeiten. Abbildung 1.1 zeigt eine schematische Darstellung der Informationsstruktur des Internets und beinhaltet auch eine grobe Bewertung dieser Einstiegspunkte für die Suche im Internet.

Durch die unterschiedlich gestalteten Hinweispfeile wird die Qualität des Sucheinstiegspunktes verdeutlicht. Je stärker der Hinweispfeil, desto besser ist die Qualität des Einstiegspunktes für die Suche. Dies ist eine erste Hilfestellung.

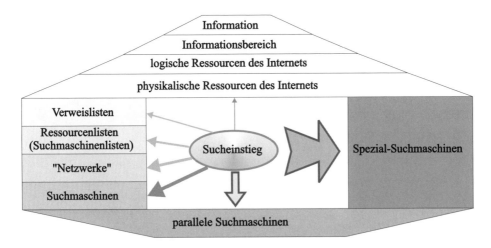

Abbildung 1.1: Informationsstruktur des Internets

Jeder der in Abbildung 1.1 aufgeführten Einstiegspunkte soll für die Suche nach Infor-mationen im Internet näher betrachtet und bewertet werden.

Um bei einer Internetrecherche erfolgreich zu sein, bedarf es aber neben dem Wissen um die Leistungsfähigkeit von Sucheinstiegspunkten noch weiterer Kenntnisse. Daher wird in einzelnen Kapiteln dieses Buches auch die Vorbereitung der Suche, die Suche nach Sucheinstiegspunkten oder die Auswahl des richtigen Sucheinstiegspunktes für verschiedene Anwendungsfälle im Vordergrund stehen. Abschließend sollen die Tips für die gezielte Suche eine eigene Internetrecherche erleichtern.

2 Internet – Protokolle und Dienste

Das Internet ist weitaus mehr als nur das World Wide Web, obwohl es gerade durch das World Wide Web so populär geworden ist. Diese Feststellung wird häufig übersehen, wenn über das Internet berichtet wird, denn das World Wide Web ist nur einer von vielen Netzdiensten im Internet. Dieses Kapitel gibt einen groben Überblick über die Entwicklung des Internets, die eingesetzten Übertragungsprotokolle und die verfügbaren Netzdienste. Weiterführende Informationen lassen sich mit Hilfe der in diesem Buch beschriebenen Suchmaschinen im Internet selbst finden.

2.1 Die Geschichte des Internets

Das Internet, wie wir es heute kennen, ging aus der militärischen Forschung der USA während des kalten Krieges hervor und bietet eine bisher nie dagewesene Freiheit an Information und Kommunikation.

1962 diskutierte Paul Baran von der Rand Corporation in seinem Report „Distributed Communication Networks" Vorschläge zum Schutz der Kommunikationssysteme vor ernsten Zerstörungen durch atomare Angriffe. Von ihm wurde ein System vorgeschlagen, welches ohne zentrale Steuerung und Koordination über paketvermittelte Verbindungen realisiert werden sollte. Er ging davon aus, daß jede Nachricht in einzelne Pakete mit einer Zieladresse aufgeteilt wird, die unabhängig voneinander durch das Netz zum Empfänger geleitet und dort in der richtigen Reihenfolge wieder zusammengesetzt werden. Die Vorteile dieses Verfahrens liegen in der besseren Auslastung der Leitungskapazitäten, in der Nutzung redundanter Verbindungen (Erhöhung der Übertragungssicherheit) und Paketübertragung auf voneinander unabhängigen Wegen.

1967 wurde mit den ersten Planungen für ein Netzwerk begonnen, und 1969 entstand das ARPANET (ARPA steht für Advanced Research Project Agency). Die ARPA war eine Abteilung des Amerikanischen Verteidigungsministeriums und hatte die Aufgabe, den wissenschaftlich-technischen Fortschritt im US-Militärbereich voranzutreiben.

Auf der „International Conference on Computer Communications" wurde 1972 das ARPANET mit 40 Knoten öffentlich vorgestellt. 1973 wurden erstmals internationale ARPANET-Verbindungen (England und Norwegen) realisiert. Um 1980 erstellten die Entwickler des ARPANETs eine neue Architektur und entwickelten das TCP/IP-Protokoll (Transmission Control Protocol/Internet Protocol). Dieses Protokoll löste das NCP (Network Control Protocol) ab. ARPANET wurde in zwei voneinander unabhängige Netzwerke aufgeteilt: MILNET und ARPANET, wobei beide zusammen das Internet bildeten. Es wurden Gateways installiert, die die Datenübermittlung zwischen beiden Netzen gewährleisteten.

Parallel zu der Entwicklung des ARPANETs wurde in den Jahren 1979 bis 1983 das CSNET (Computer Science Research Network) aufgebaut. Da der Zugang zum ARPANET durch das Amerikanische Verteidigungsministerium kontrolliert und beschränkt wurde, entstand dieses CSNET. Es entwickelte sich aus den Bedürfnissen der amerikanischen Universitäten zur elektronischen Kommunikation.

Mit dem NSFNET der National Science Foundation wurde 1986 ein großer Backbone des Internets in den USA in Betrieb genommen, welcher 1990 die Rolle des aufgelösten ARPANETs übernahm. Die Übertragungsgeschwindigkeit dieses Backbones wurde inzwichen auf 45 Mbit/s gesteigert.

Auch in Europa wollte man den Wissenschaftlern, den Universitäten und Forschungseinrichtungen eine schnelle und kostengünstige Kommunikationsinfrastruktur bereitstellen. Zur europaweiten Koordinierung der Aktivitäten wurde 1986 RARE (Réseaux Associés pour la Recherche Europénne) gegründet, die zunächst das COSINE-Projekt (Corporation for Open Systems Interconnection in Europe) initiierte. Ziel von COSINE war die Bereitstellung einer auf den ISO/OSI-Protokollen basierenden Infrastruktur in Europa. Das wichtigste Ergebnis aus dem COSINE-Projekt war das erste paneuropäische Netzwerk auf der Basis von X.25 (IXI - International X.25 Interconnect), welches seit Februar 1993 als Europanet fortgeführt wird.

Das exponentielle Wachstum der Anzahl an Netz-Benutzern spiegelt sich besonders in der Zahl der an das Internet angeschlossenen Rechner wider. Bis zum Beginn der 90er Jahre waren die meisten Internet-Benutzer Wissenschaftler, Angehörige von Hochschulen und Computerfirmen. Erst in den letzten Jahren gewinnt das Internet auch in den kommerziellen und privaten Bereichen immer mehr an Popularität. Diese rasante Entwicklung begann 1991 mit der Vorstellung von Gopher und setzte sich ab 1993 in ungeahntem Maße mit dem World Wide Web (WWW) fort.

2.2   Das Internet-Protokoll

Ein Protokoll ist eine Vereinbarung über den geordneten Ablauf einer Datenkommunikation zwischen Rechnern über ein Netzwerk, wobei die Vereinbarung diktatorischen Charakter besitzt (wer sich nicht daran hält, wird ausgeschlossen). Auch zwischen Rechnern und Zusatzgeräten wie Modems und Druckern gibt es Protokollvereinbarungen. Entsprechend den aufeinander aufbauenden Übertragungsschichten (für jede Schicht wird ein Protokoll vereinbart, welches auf die darunterliegende Schicht aufbaut) gewährleisten Protokolle eine vollständige, fehlerfreie und effektive Datenübertragung. In der Regel kommen bei der Übertragung von Informationen mehrere Protokolle gleichzeitig zum Einsatz (Aufbau, Überwachung und Abbau der Verbindung, Sicherstellung der Struktur der übertragenen Daten etc.).

TCP/IP (Transmission Control Protocol/Internet Protocol) hat sich inzwischen als Standard durchgesetzt, ist auf fast allen Rechnern und Betriebssystemen verfügbar und wird zur Abwicklung der Datenübertragung im Internet eingesetzt. Neben dem unabhängigen Protokoll TCP/IP gibt es von verschiedenen Herstellern proprietäre Protokolle (z. B. DECnet, IPX, SNA), auf die hier nicht näher eingegangen wird.

2.3 Das Client/Server-Prinzip

Das Client/Server-Prinzip ist eine Anwendungsarchitektur, welche sich aus zwei Programmarten für den jeweiligen Dienst zusammensetzt und fast allen Netzdiensten und Anwendungen des Internets zugrundeliegt. Die Internetdienste werden mit Server–Programmen angeboten, die Client-Programme in Anspruch nehmen können. Mit dem Begriff Server wird das entsprechende Programm bezeichnet, welches für die Realisierung eines Internetdienstes erforderlich ist. Es wird von WWW-Servern, News-Servern, FTP-Servern, Mail-Servern usw. gesprochen.

Das Client-Programm gestattet den Zugriff auf einen oder mehrere verschiedene Server und damit auch auf unterschiedliche Dienste. Die Client-Programme fordern von den Server-Programmen Daten an. Die Aufbereitung und Anzeige der Daten wird nach einem standardisierten Protokoll zwischen Client und Server auf dem Client durchgeführt.

2.4 Die Internet-Dienste

Als Internet wird heute die Gesamtheit aller Netzwerke und Computer bezeichnet, die über TCP/IP-Verbindungen erreichbar sind. Das Internet ist das weltweit größte Computernetz mit schätzungsweise 100 Millionen Teilnehmern - eine reichhaltige und vielfältige Informationsressource auf fast allen Fachgebieten. Um diese Informationsressourcen nutzen zu können und gezielt nach Informationen zu suchen, ist es nötig die entsprechenden Internet-Dienste zu kennen. In diesem Abschnitt werden die wichtigsten Internet-Dienste besprochen:

* **FTP**: Dateiübertragung mit dem File Transfer Protocol
* **Archie**: Suche nach Software
* **Gopher**: Textorientiertes Informationssystem
* **EMail**: Elektronische Mitteilungen an andere Netzteilnehmer
* **News**: Öffentliche und moderierte Diskussionslisten zu verschiedenen Themen
* **World Wide Web**: Hyper-Media-Informationssystem.

2.4.1 FTP

FTP steht für File Transfer Protocol und ist ein Protokoll, um Daten von einem Rechner im Netzwerk auf einen anderen Rechner zu übertragen, wobei das Betriebssystem des jeweiligen Rechners keine Rolle spielt. Auf sogenannten anonymous-FTP-Servern werden Programme (Public-Domain-Software, Software-Updates) und Dateien mit Informationen zur Verfügung gestellt. Auf die anonymous-FTP-Server hat jeder Benutzer im Internet Zugriff und kann die vorhandenen Programme bzw. Informationen auf den eigenen Rechner übertragen.

2.4.2 Archie

Archie ist ein elektronisches Inhaltsverzeichnis der meisten anonymous-FTP-Server im Internet. Dieses Inhaltsverzeichnis besteht unter anderem aus den File-Namen der auf den bekanntesten anonymous-FTP-Servern gespeicherten Dateien. Diese gespeicherten Informationen werden regelmäßig dem aktuellen Stand der anonymous-FTP-Server angeglichen. Das Angleichen, sowie das Indizieren der so gewonnenen Informationen geschieht automatisch.

Archie wurde 1990 an der McGill University in Montreal, entwickelt. Archie soll vorhandene Informationen - in diesem Fall die Inhaltsverzeichnisse der jeweiligen anonymous-FTP-Server - automatisch sammeln, sortieren, aufbereiten und den Benutzern in einer sinnvollen Form zur Verfügung stellen. Hierbei ist die hohe Zuverlässigkeit und der automatische Abgleich der Informationen wichtig. Mit einer Archie-Anfrage können die anonymous-FTP-Server gefunden werden, die die gesuchte Datei gespeichert haben. Selbst wenn der Name eines Programms bzw. einer Information nicht genau bekannt ist, läßt sich über eine Anfrage mit dem ungefähren Namen der genaue Name und der jeweilige Server finden, auf dem die Datei gespeichert ist. Eine Adreßliste von Archie-Servern läßt sich mit dem Suchdienst von Yahoo erstellen.

2.4.3 Gopher

Gopher wurde an der University of Minnesota entwickelt, um große Datenmengen über eine Menü-geführte Oberfläche abzurufen. Gopher ermöglicht den Aufbau eines verteilten Informationssystems mit einem einheitlichen Zugang zu einer Vielzahl von anderen Netzdiensten (z. B. Archie, FTP), integriert Text und Grafik und ermöglicht die Verbindungen mit Remote-Systemen und mit anderen Gopher-Servern via Telnet. Viele Gopher-Server bieten sehr große Datenmengen, Dienste und Informationen. Das Gopher-System ist mit seinen Verweis-Möglichkeiten bedingt vergleichbar mit dem World Wide Web, allerdings ist Gopher älter, weniger komfortabel gestaltet und deshalb auch nicht so attraktiv wie das World Wide Web. Es fehlen die multimedialen und interaktiven Komponenten. Im Gegensatz zum World Wide Web, wo Hyper-Text benutzt wird, arbeitet Gopher mit hierarchischen Menüs, hinter denen sich weitere Auswahlmenüs, ASCII-Texte oder auch -Dateien verbergen können. Viele Gopher-Server werden inzwischen durch Web-Server ersetzt, dennoch wird dieses System noch intensiv genutzt, weil es auch in textorientierten Benutzeroberflächen zur Geltung kommt.

Gopher ist nach dem Client-Server-Prinzip aufgebaut, d. h. der eigene Rechner arbeitet als Gopher-Client, der Informationen von einem Gopher-Server abfragen kann. Im Gopher-Informationssystem sind hauptsächlich folgende Objekte verfügbar:

- **Directory**: In einem Directory liegen weitere Objekte und deren Beschreibungen.
- **File**: In einem File ist die eigentliche Information (ASCII-Text oder Binary-File) gespeichert. Der Gopher-Client lädt diese Datei vom Server und stellt sie dar. Alle Dateien können auch auf der Festplatte gespeichert werden. Binary-Files werden generell auf der Festplatte gespeichert.

- **Telnet**: Vom Rechner des Benutzers wird eine Terminal-Verbindung zu einem entfernt stehenden Rechner hergestellt, der den genannten Service anbietet.

- **Search-Machines**: Dieses sind Suchmaschinen, die bei Anwahl einen Suchstring abfragen und einen „Volltext-Index" durchsuchen. Das Ergebnis wird in der Regel als Liste von Objekten angezeigt.

Der Gopher-Client bietet auch die Möglichkeit, Objekte mit Bookmarks für eine spätere Sitzung zu kennzeichnen.

Für die Suche im Gopher-Informationsraum wird der Netzdienst Veronica angeboten. Auf den Veronica-Servern liegen Datenbanken, in denen weitgehend alle Verzeichnis- und Dateinamen der Gopher-Server der Welt gespeichert sind. Den Veronica-Suchdienst erreicht man mit dem Gopher-Dienst. Das heißt, man kann mittels eines Gopher-Clienten, aber auch mit einem WWW-Browser, auf diesen Suchdienst zugreifen.

2.4.4 EMail

EMail steht für Electronic Mail und ist ein elektronisches Briefsystem, durch das Benutzer weltweit im Internet miteinander kommunizieren können. Jeder Benutzer hat eine eindeutige Adresse, unter der EMail verschickt und empfangen werden kann. Der EMail-Dienst wird unter anderem auch bei den Netzdiensten News und FTP-by-Mail eingesetzt.

2.4.5 News

News ist ein offenes Konferenzsystem, welches in weltweite regionale und lokale Gruppen unterteilt ist. Die Gruppen sind jeweils hierarchisch in Hauptgruppen, Untergruppen usw. gegliedert. Auch geschlossene bzw. moderierte Gruppen sind vorhanden. Die Themen reichen von Politik, Wissenschaft bis hin zur Freizeit.

Entwickelt wurde das Verfahren der NetNews 1979 an der Duke University und der University of North Carolina für das USENET, ein Netzwerk mit wenigen Rechnern, die über Telefonleitungen und Modems miteinander verbunden waren. Später folgte die Anbindung an das Internet, womit sich der Dienst immer weiter verbreitete.

In jeder News-Gruppe werden Fragen zu einem Themengebiet diskutiert und beantwortet sowie gemeinsam Lösungen für Fragen erarbeitet. Es gibt zur Zeit mehr als 60.000 News-Gruppen mit einem täglichen Datenvolumen von 50 MByte bis 70 MByte.

Die Masse des Datenaufkommens macht deutlich, daß man gar nicht alle Artikel aus allen News-Gruppen lesen kann, sondern sich nur bestimmte Gruppen aussucht („subscribed", abonniert), die man sich regelmäßig (täglich, mindestens jeden zweiten Tag) anschaut.

Wie vielen Netzdiensten liegt auch NetNews das Client-Server-Prinzip zugrunde. Die News-Server verwalten die Informationen und tauschen sie mit anderen Servern aus, während ein Client, der als News-Reader bezeichnet wird, die Anwenderschnittstelle bildet.

Zur Strukturierung der Vielzahl von Informationen und Themenbereiche sind die News-Gruppen hierarchisch angeordnet.

2.4.6   World Wide Web

Das World Wide Web (WWW) ist ein Hyper-Media-System, welches eine einheitliche, vor allem grafische, Oberfläche für die Darstellung von Informationen und Schnittstellen für verschiedene Internetdienste (FTP, TelNet, Gopher, EMail, News, WWW) zur Verfügung stellt.

Das WWW ist der wohl jüngste Netzdienst im Internet und wegen seiner Bedienfreundlichkeit und seiner Multimediafähigkeit auch der attraktivste.

Das Hauptmerkmal dieses Internetdienstes ist die riesige Fülle von miteinander verknüpften Dokumenten, den sogenannten HTML-Seiten. Die Verknüpfung zwischen den Informationsdokumenten erfolgt über sogenannte Hyper-Links. Hyper-Links sind Verweise, die in den HTML-Seiten eingebaut werden. Durch Anklicken eines Hyper-Links wird das Laden eines damit verknüpften Dokumentes oder einer Datei aktiviert. In einer HTML-Seite können Textdokumente, Grafiken, Fotos, Audiodaten und Videoclips eingebracht werden. Über das WWW lassen sich auch Informationsseiten im Original-Layout abrufen. Diese Möglichkeit ist durch das PDF-Format der Firma Adobe gegeben.

Das World Wide Web ist durch die Hyper-Links intuitiv aufgebaut und benutzbar. Durch die grafischen Benutzeroberflächen der Browser ist es bedienerfreundlich und für jedermann einfach zu nutzen. Der WWW-Browser kann andere Internet-Dienste integrieren (z.B. EMail, TelNet, FTP, News). Die Multimediafähigkeit wird durch die Integration von Grafiken, Fotos, Audio und Video erreicht und erhöht damit die Attraktivität des World Wide Web als zentraler Informationsquelle im Internet.

Entwickelt wurde das System des WWW 1989 am Europäischen Kernforschungszentrum CERN (Centre Européen de Recherches Nucléaires) in Genf mit dem Ziel, ein Werkzeug zu schaffen, welches die verschiedensten Informationsquellen und Netzdienste unter einer Benutzeroberfläche integriert.

Einführung

Das World Wide Web verbindet Texte (Hypertexte), Bilder, Video und Sprache über Links. Bei Hypertexten (viele Hilfe-Systeme sind als Hypertext angelegt) sind Querverweise direkt in den Text eingebaut und meist farblich hervorgehoben. Durch Anklicken erhält man ohne Nachschlagen im Stichwortverzeichnis die verknüpfte Information.

Im WWW ist dieses „Hyper"-Prinzip auf das Internet ausgedehnt, so daß ein „Hyperlink" auf ein Dokument (korrekterweise muß man „Informationsquelle" oder „Informationsobjekt" sagen) auf einen Rechner „am anderen Ende der Welt" verweisen kann. Dieses Informationsobjekt kann z. B. ein einfacher Text, eine Datenbank, ein Bild, ein File-Server, ein Video oder was auch immer sein.

Funktionsweise

Das WWW arbeitet funktionell nach dem Client/Server-Prinzip. Das bedeutet: Der WWW-Server bietet die (Hypermedia-)Informationen an, das Client-Programm, Browser genannt, beschafft die angeforderten Daten vom adressierten WWW-Server und stellt sie am Bildschirm dar.

Als Kommunikationsprotokoll zur Übertragung der Informationsobjekte wird das „Hypertext Transfer Protocol" (HTTP), welches auf TCP/IP aufsetzt, verwendet. Die WWW-Hypertexte selbst sind in einer eigenen Sprache, der „Hypertext Markup Language" (HTML), einer auf SGML (Standard Generalized Markup Language) basierenden Notation, verfaßt. HTML „beschreibt" das Aussehen der Seite und erlaubt die Integration von Multimedia-Objekten sowie der Hyperlinks. Der Browser stellt dann, abhängig von seinen Möglichkeiten, die Daten so dar, wie sie der HTML-Quelltext beschreibt.

Mit einem WWW-Browser können neben Hypertext- und Hypermedia-Dokumenten auch die Internet-Dienste

- FTP
- NetNews
- Gopher
- Telnet
- Wide Area Information Service (WAIS)

bedient werden, die über eingebaute Schnittstellen und Gateways erreichtbar sind. Soweit möglich, bereitet der Browser diese Objektinformationen auf und stellt sie in ansprechender Form dar bzw. ruft externe Programme dazu auf.

Adreßangaben im WWW - URLs

Jedes WWW-Objekt muß im Internet eindeutig adressiert werden können. Die Rechneradressen in Form der Domain-Namen sind dafür nicht ausreichend und werden um weitere Angaben ergänzt. Folgende Angaben sind für die Adressierung eines WWW-Objektes notwendig:

- Rechner-Adresse (Domainname) des Servers, auf dem das Objekt gespeichert ist;
- TCP/IP-Portnummer („TCP/IP-Unteradresse", nicht zwingend erforderlich);
- Protokoll, mit dem auf das Objekt zugegriffen werden kann;
- Dateipfad, unter dem das Objekt im Dateisystem des WWW-Servers erreicht werden kann.

Die Adreßangabe in Form des „Uniform Resource Locator" (URL) enthält alle Informationen, um das WWW-Objekt eindeutig zu adressieren. Häufig wird auch der Begriff „WWW-Adresse" oder „Internet-Adresse" genannt, wenn ein URL gemeint ist. Ein URL hat folgenden Aufbau:

protokoll://adresse[:port]/[objektpfad]

protokoll
bezeichnet das Zugriffsprotokoll auf das Objekt.

Tabelle 2.1: Protokolle und ihre Bedeutung

Protokoll	Bedeutung
http	Hypertext Transfer Protocol
gopher	Gopher
ftp	File Transfer Protocol
news	Newsnet News
wais	Wide Area Information Service
telnet	Telnet

adresse

    Internet-Adresse (Domainname) des WWW-Servers
    (z. B.: www.fh-wolfenbuettel.de).

port

    TCP/IP-Port-Nummer, unter der der WWW-Server zu erreichen ist.

objektpfad

    Dateipfad des Objektes im Dateisystem des Servers, unabhängig vom Betriebssystem
    wird „/" als Trenner von Verzeichnissen verwendet.
    (z. B.: /fb/p/RE/datenbank/test.htm).

Ist der Objektpfad nicht angegeben, wird das auf dem jeweiligen Server definierte Startobjekt referenziert. Fehlt die Portnummer, greift der Browser über die Default-Portnummer auf den Server zu.

2.5   Prinzipielle Arbeitsweise von Suchmaschinen

Die Such- und Sammelmaschinen werden als „Robots" bezeichnet. Sie nutzen die Verweisstrukturen des WWW, die von einem Dokument ausgehen. Die Suchrobots gehen dabei von Dokumenten aus, die ihnen bekannt sind, und analysieren die darin enthaltenen Verweise zu weiteren Dokumenten. Von den Suchrobots wird eine lexikalische Analyse durchgeführt, bei der die Inhalte der Dokumente für die Aufnahme (in der Regel eine Indexierung) in die Datenbank aufbereitet werden. Das Einsammeln der Web-Dokumente wird von parallel laufenden Robot-Prozessen durchgeführt. Die Prozesse übergeben der Suchmaschine das Web-Dokument oder eine Meldung der zu entnehmen ist, warum auf das Web-Dokument nicht zugegriffen werden kann.

Zwischen den von den Suchmaschinen eingesetzten Techniken für die Handhabung der riesigen Datenmengen bestehen bezüglich Analyse und Aufbereitung große Unterschiede. Die angesetzten Methoden und Techniken der Suchmaschinen werden meistens nicht veröffentlicht. Lediglich Angaben zu den Leistungsmerkmalen der Suchmaschinen sind allgemein

bekannt. In diesem Abschnitt werden Aufbau und Arbeitsweise von Suchmaschinen beispielhaft beschrieben. Die Aufgaben einer Suchmaschine werden prinzipiell von mehreren Teilaufgaben erledigt:

- Einsammeln der Web-Dokumente

- Analyse und Indexierung der Web-Dokumente

- Regelmäßige Kontrolle der bereits erfaßten Web-Dokumente und Aktualisierung der Datenbank

- Suchanfragen bearbeiten

Nachfolgend werden die genannten Teilaufgaben näher beschrieben.

Einsammeln der Web-Dokumente

Das Verfahren für das Einsammeln der Web-Dokumente ist für die Auswahl und Bewertung
von Suchmaschinen von Bedeutung.

Suchmaschinen verwenden häufig Kataloge oder andere Suchmaschinen, um den URL zu
ermitteln, der für den Start der automatischen Suche erforderlich ist. Die roboterbasierten
Suchdienste erkunden ausgehend von der bekannten URL automatisch das World Wide Web
für das Einsammeln noch nicht indizierter Web-Dokumente. Eine weitere Möglichkeit bei
den Suchdiensten besteht darin, daß Benutzer des WWW einen manuellen Eintrag über eine
sogenannte Add-Submit-URL der Suchmaschine vornehmen.

Über die obengenannten Kataloge, die URL's als Ausgangspunkte für das Einsammeln der
Web-Dokumente enthalten sowie die von Benutzern vorgenommenen Eintragungen erhalten
die Roboter ein Web-Dokument. Ausgehend von diesem Web-Dokument werden die dort
enthaltenen Verweise verfolgt und regelmäßig aktualisiert. Die Verfolgung der Verweise ist
rekursiv und je nach Suchmaschine durchschnittlich auf drei bis vier Ebenen beschränkt.

Das Einsammeln der Web-Dokumente erfolgt aus den Informationsquellen des WWW, den
News-Gruppen und den anonymous-FTP-Servern.

An dieser Stelle wird darauf hingewiesen, daß bei den obengenannten Netzdiensten für den
Prozeß des Einsammelns der Web-Dokumente auch Probleme auftreten. Nicht alle Suchmaschinen verarbeiten framebasierende Web-Dokumente, mit Ausnahme der Startseite. Framebasierende Web-Dokumente lassen sich schwerlich in die richtige Kombination mit den
anderen Framebereichen einordnen. Web-Dokumente, in denen Verweise in Bildbereichen
realisiert sind, werden ebenfalls nicht von allen Suchmaschinen verfolgt. Ein weiteres Problem besteht in der Zeitdauer zwischen der Eintragung einer Seite und der Indizierung bzw.
Analyse des Web-Dokumentes mit der anschließenden Speicherung in der Suchmaschinen-
datenbank. Wenn in diesem Zwischenzeitraum Web-Dokumente neu erstellt, bzw. geändert
werden, werden diese ebenfalls nicht erfaßt. Die Indizierung der in den News-Gruppen vorhandenen Postings wird sehr häufig nur für die aktuellen Dokumente durchgeführt. Die auf
anonymous-FTP-Servern gespeicherten Programme, Grafiken, Audiodaten, Videodaten etc.
werden nur mit dem entsprechenden Dateinamen erfaßt. Grundsätzlich werden folgende
Informationsquellen im Web nicht erreicht:

- Web-Dokumente, die bei den Suchmaschinen nicht eingetragen sind bzw. auf die kein Verweis existiert;

- auf den Web-Servern existierende Dateien, die Informationen enthalten, die von den Suchmaschinen nicht erfaßt werden sollen;

- geschützte und dynamisch generierte Web-Dokumente, die durch Paßwortregistrierung, Firewall bzw. über Formulare dynamisch generiert werden und

- Dateien, die außerhalb der anonymous-FTP-Server (z. B. über den Web-Browser mit dem File-Protokoll) erreichbar sind.

Indizierung

Das Angebot von Suchmaschinen und Suchoperationen ist stark von der Indizierung der eingesammelten Web-Dokumente und der daraus generierten Datenbank abhängig. Es werden von den Suchmaschinen unterschiedliche Methoden zur Analyse der Web-Dokumente (Wortbildung, Wortposition, Wortfunktionen z. B. URL, Überschrift, Titel, Keywords, Verweise auf andere Dokumente, protokollorientierte Funktionen, etc., Elemente der Hypertext Markup Language wie z. B. Dateinamen, Kommentare, nicht bekannte Elemente, etc.) eingesetzt. Ein weiteres wichtiges Merkmal sind die Verfahren zur Ermittlung der Ähnlichkeit von Web-Dokumenten. Die meisten Suchmaschinen indizieren die Web-Dokumente im Volltext nach sogenannten Stockwortlisten. Für den Aufbau eines Teilindex indizieren Suchmaschinen häufig nach dem Titel-Tag oder nach den Headding-Tags. Die Hypertext Markup Language bietet mit dem Meta-Tag dem Web-Autor die Möglichkeit, Dieskriptoren und Zusatzinformationen zum Web-Dokument einzutragen. Die Suchmaschinen, die Meta-Tags unterstützen, indizieren die dort enthaltenen Informationen. Die URL-eigenen Web-Dokumente können bei den Suchmaschinen eingetragen werden. Dabei besteht die Möglichkeit, Kommentare und zusätzliche Angaben einzugeben, wobei einige Suchmaschinen z. T. das Abfragen, Löschen oder Ändern der Anträge zulassen.

Aktualisierung

Die von Suchmaschinen erfaßten URLs werden in zeitlichen Abständen (die zeitliche Aktualisierung erfolgt bei den Suchmaschinen in einem vorgegebenen Zeitraster oder in Abhängigkeit der Zugriffe auf ein Web-Dokument) aktualisiert. Das Übertragungsprotokoll im World Wide Web (HTTP) enthält mit dem HTTP-Request einen Mechanismus, bei dem die Übertragung der letzten Änderung erfolgt. Das Web-Dokument wird nur dann zur Indizierung und Aktualisierung der Einträge in der Suchmaschinen-Datenbank übertragen, wenn über den HTTP-Request festgestellt werden kann, daß seit der letzten Indizierung eine Änderung am Web-Dokument erfolgt ist. URLs der Web-Dokumente, auf die nicht mehr zugegriffen werden kann (z. B. weil ein Dokument vom Web-Autor gelöscht oder verschoben wurde), werden in der Regel von den Suchmaschinen aus den Suchmaschinen-Datenbanken gelöscht.

Anfragebearbeitung

Die von Suchmaschinen angebotenen Methoden oder Operatoren hängen vom Verfahren der lexikalischen Analyse und Indizierung der Web-Dokumente ab. In den folgenden Kapiteln dieses Buches werden einige unterschiedliche Suchmethoden und - operatoren genauer vorgestellt. An dieser Stelle wird ein zusammenfassender Überblick gegeben. In den letzten Monaten haben sich bei den meisten Suchmaschinen die Funktionalität und vor allem die Benutzerschnittstelle stark weiterentwickelt und sind heute komfortabel zu bedienen. Die Benutzerschnittstellen bieten einfache und erweiterte Suchmethoden, Formular- und Java-basierte Suchmasken an. Die Suchergebnisse werden in der Regel in Listenform mit einer statistischen Relevanzangabe ausgegeben. Komfortable Suchmaschinen erlauben die Sortierung der Ergebnislisten nach unterschiedlichen Kriterien und verwenden zudem unterschiedliche Ranking-Verfahren.

3 Grundlagen der gezielten Informationssuche

Die Suche nach Informationen im Internet ist bei falschem oder unkritischem Einstieg oder schlechter Vorbereitung der Suche schon zum heutigen Zeitpunkt ein frustrierendes Erlebnis. Daher ist es besonders für die Zukunft wichtig (exponentielles Wachstum des Datenvolumens im Internet), die richtigen Einstiegspunkte für die jeweilige Suche auszuwählen. Dazu muß die Suche richtig vorbereitet werden.

3.1 Vorbereitung der Suche

Jede Suche ist eine neue Herausforderung und unterscheidet sich von anderen je nachdem, ob man nur eine spezifische Information zu einem Begriff wünscht oder ob eine komplexe Recherche zu diesem Begriff (eventuell mit statistischer Auswertung der gefundenen Daten) durchgeführt werden soll. Weiterhin ist von Bedeutung, inwieweit sich die Suchanfrage präzisieren läßt oder ob für die Suche eine Erweiterung des Suchraums, also die Einbeziehung eines übergeordneten Themengebiets erforderlich ist. Dadurch erhält man einen möglicherweise stark erweiterten Datenbestand, dessen Verifizierung mit einem großen Aufwand verbunden ist. Zeit- und Kostenaufwand können minimiert werden, je präziser sich die Suchanfrage formulieren läßt.

Die Erstellung des jeweiligen Anforderungsprofils hat eine nicht zu unterschätzende Bedeutung. Ein weiterer Aspekt des Anforderungsprofils ist die Erleichterung der Auswahl eines geeigneten Suchwerkzeuges.

Warum ist dieser große Aufwand bei der Suche nach einer bestimmten Information notwendig? Aufgabenstellung ist beispielsweise die Beschaffung von Informationen zum Thema „NASA".

Fragestellungen: Ist nur die Begriffserklärung von „NASA" gewünscht?
Oder möchte man:
Informationen zu Mitarbeitern,
Projektinformationen,
Übersichten zu Publikationen der „NASA",
Filme, Videos, Bilder von Weltraummissionen,
Technische Dokumentationen,
Pressemitteilungen,
wissenschaftliche Thesenpapiere,
Geschäftsberichte...?

Je nachdem, wie man diese Fragestellungen beantwortet, entsteht ein anderes Anforderungs-profil. Damit erfolgt die Durchführung der Suche mit jeweils anderen Suchhilfsmitteln (Personensuche, Suche nach Texten, Filmen, wissenschaftlichen Veröffentlichungen u.a.).

Mit dem nachfolgenden Witz soll ein Beispiel für einen falschen Suchansatz (Frage **Wo** wurde zwar beantwortet, aber bei der Suche dann nicht ausreichend berücksichtigt) gegeben werden. Damit läßt sich anschaulich die Notwendigkeit des Anforderungsprofils verdeutlichen:

> *Es ist 2 Uhr morgens. Ein Passant geht mit seinem Hund Gassi und sieht eine offensichtlich angetrunkene Person im Lichtkegel einer Straßenlaterne etwas auf dem Boden suchen. Er geht zu dieser Person und fragt: „Was suchen Sie denn?“ Die Person antwortet: „Ich suche meine Autoschlüssel!“ Der Passant fragt: „Wo haben Sie denn Ihren Autoschlüssel verloren?“ Die Person antwortet nach kurzer Überlegung: „Da hinten in der Dunkelheit, wo mein Auto steht!“ Der Passant wundert sich über dieses Tun und sagt: „Warum suchen Sie denn nicht da, wo Sie Ihren Autoschlüssel verloren haben, wie Sie sagten?“ Die Antwort des Angetrunkenen lautet: „Hier ist es so schön hell, da hinten kann ich ja nichts sehen!!!“*

Die Schlußfolgerung, daß die Suche der angetrunkenen Person nicht den erhofften Erfolg bringen wird, liegt nahe.

Einige Beispiele sollen die Wichtigkeit der Erarbeitung des Anforderungsprofils für die „beste“ Suchmethodik in Hinsicht auf das unterschiedliche Informationsbedürfnis suchender Personen nochmals verdeutlichen.

1. Beispiel: **Gesucht sind Informationen zu der Schauspielerin und dem Fotomodell Cindy Crawford.**

Zu welchem Zweck werden diese Informationen gesucht?

* Sucht ein Regisseur eine weibliche Schauspielerin für die Besetzung einer Rolle?
  – in einer TV-Produktion
  – für einen Film
  – einen Werbespot
  – einen Video-Clip usw.

* Wird ein Modell mit einer bestimmten Ausstrahlung für eine Präsentation gesucht?
  – Modenschau
  – Auftritt in einer speziellen Veranstaltung
  – Werbeveranstaltung für ein Produkt (Unterwäsche, Autosalon, ...)

* Sind allgemeine Informationen zu ihrem Leben von Interesse?
  – Wofür werden diese Informationen benötigt? Artikel, Biographie, ...
  – Wer benötigt diese Informationen? Fanclub, Journalist, ...

* sonstige Fragestellungen.

Es leuchtet ein, daß das Informationsbedürfnis unterschiedlich ist, je nachdem, **W**er diese Informationen und **W**arum derjenige diese braucht. Nach Beantwortung der Fragestellungen kristallisiert sich demzufolge ein jeweils anderes Anforderungsprofil heraus.

2. Beispiel: Es wird eine Software gesucht.

Welche Problemstellungen soll diese Software lösen?

- Betriebssystem

- Für welche Hardwareumgebung? (Workstation, Großrechner, PC, ...)

- Programmierentwicklungswerkzeuge (Compiler, ...)

- spezielle Software
    - Computergrafik (3D-Modeller, Raytracing, ...)
    - mathematische Software
        + kommerzielle Lösungen (Finite Elemente, ...)
        + freie Software

- sonstige Fragestellungen

Je nachdem, wie die obigen und weitere Fragestellungen beantwortet wurden, gestaltet sich die Suchmethodik jeweils anders.

3.2   Das Anforderungsprofil der Suche

Ein guter Ansatz, das Anforderungsprofil der jeweiligen Suche zu erarbeiten, ist die Beantwortung der im untenstehenden Merksatz implizierten Fragestellungen:

> **Wer** sucht **Was** für **Wen**, **Wo**, **Wie**, **Womit**, **Wann**,
> in **Welchem** Umfang und **Warum**?

Nachfolgend sollen hierfür Beispiele aufgezeigt werden, wobei diese nur als eine Anregung zu verstehen sein sollen.

> **Was** wird gesucht ?

- eine spezifische Einzelinformation

- alle verfügbaren Informationen zum Suchbegriff

- eine Person

- ein Film

- ein Text

- eine Begriffserklärung

- eine wissenschaftliche Veröffentlichung (Diplomarbeit, Dissertation, Forschungsbericht, ...)

- eine „Person" in einer verallgemeinerten Bedeutung
    - „öffentliche" Person (Politiker, ...)
    - Firma, Organisation, ...

- ein Softwareprodukt
  - Für welche Hardware?
  - Welches Betriebssystem?
  - freie Software, kommerzielle Software
  - Quelltext
  - Programmierwerkzeug
  - spezifische Softwarelösung (Grafikprogramm, mathematische Software, ...)
  - Sonstiges
- Nachrichten (Pressemitteilungen, ...)
- Bücher (leihbar in Bibliotheken, Bestellung Online, ...)
- sonstige Fragestellungen

Wer sucht?

- Mann, Frau, Kind
- Welche allgemeine Qualifikation hat der Suchende (Informationsbeschaffer)? (Laie, Fachmann, Experte...)
- Schulische Ausbildung
- Welchen Beruf hat der Suchende (Informationsbeschaffer)?
  - ohne Ausbildung
  - mit Ausbildung
    + Facharbeiter (Schlosser, Elektromechaniker, ...)
    + Lehrer (Volksschule, Realschule, Hochschule, ...)
    + Wissenschaftler (Physiker, Biologe, Ingenieur, ...)
    + Journalist, Redakteur...
    + Student, Doktorand
    + Politiker,
    + sonstige Berufe
- sonstige Qualifikation
- weitere Fragestellungen

Für Wen soll gesucht werden?

- Mann, Frau, Kind
- Welche allgemeine Qualifikation hat der Suchende (Informationsempfänger)? (Laie, Fachmann, Experte...)
- Schulische Ausbildung
- Welchen Beruf hat der Suchende (Informationsempfänger)?
  - ohne Ausbildung
  - mit Ausbildung
    + Facharbeiter (Schlosser, Elektromechaniker, ...)

- + Lehrer (Volksschule, Realschule, Hochschule, ...)
- + Wissenschaftler (Physiker, Biologe, Ingenieur, ...)
- + Journalist, Redakteur...
- + Student, Doktorand
- + Politiker,
- + sonstige Berufe
- sonstige Qualifikation
- weitere Fragestellungen

Wo wird gesucht?

- Ort des Suchbeginns
  - an einem Rechenzentrum, welches?
  - bei einem Provider, welcher? ($\Rightarrow$ Suchmaschine, um ihn zu finden.); werden von ihm alle Dienste zugelassen?
- Welche Ressourcen sollen bei der Suche berücksichtigt werden?
  - Bibliotheken, welche? ($\Rightarrow$ Suchmaschine einsetzen)
  - spezielle Datenbanken
    + Anwaltssuche $\Rightarrow$ Suchmaschine
    + Patente $\Rightarrow$ Suchmaschine
    + ...
  - World Wide Web
  - andere Ressourcen des Internets (FTP, Gopher, Listserv, Hyper G,...)
- geographische Zuordnung für die Suche (weltweit, USA, Europa, Deutschland, ...)
- sonstige Fragestellungen

Wie soll gesucht werden?

- Organisationsmethodik der Suche
  - Bereitstellung von Ressourcen (wie viele Personen werden bei der Suche eingesetzt?)
  - Wahl des Ausgangspunktes für die Suche im Internet (Person A sucht im europäischen Bereich, Person B im asiatischen usw.)
  - Sollen Erfahrungsprotokolle bezüglich der Suche erstellt werden (Nutzung solcher in späteren Suchaufträgen)?
  - Einbringen von Methoden der Suchverfeinerung
    + Volltextsuche
    + Schlüsselwortsuche
    + Nutzung boolscher Verknüpfungsoperatoren
    + Einsatz der „Phrasensuche"
    + Suche in „natürlicher Sprache"
    + Wildcardsuche...
  - sonstige Fragestellungen

Womit wird gesucht?

- mit einer speziellen Hardwareumgebung (PC, Workstation, ...)
- mit einer speziellen Softwareumgebung
  - Betriebssysteme (Windows, UNIX, LINUX, OS/2, Macintosh...)
  - eingesetzte Kommunikationswerkzeuge beim Zugriff ins Internet
    + Verbindung (ISDN, ...)
    + Browser (Netscape, Version?; Microsoft Internet Explorer, Version?)
    + Suchmaschinen (globale, spezielle, intelligente Suchmaschinen, Metasucher / parallele Suchmaschinen)
  - weitere Möglichkeiten
- sonstige Fragestellungen

Wann soll gesucht werden?

- Zeitpunkt der Suche
  - Zugriffszeitpunkt ins Internet (Tag, Woche, Monat, Stunde)
- Von welchem Zeitraum sollen die Daten erfaßt werden?
  - nur aktuelle Daten
  - Termindaten
  - Wie weit soll das Erstellungsdatum der Informationen zurückliegen
  - Sollen nur neu aufgenommene Informationen erfaßt werden (terminliche Definition, ...)?
  - Von wann bis wann soll die Terminierung gültig sein?
- sonstige Fragestellungen

Warum erfolgt die Suche?

- zur Erweiterung des eigenen Wissensstandes zum Thema
- für die Erstellung eines Vortrages:
  Vor welchem Publikum (wo) erfolgt der Vortrag? Hauptschule, Realschule, Berufsschule, Gymnasium, Hochschule
- die gefundenen Informationen sind für ein Buchprojekt bestimmt
  für welchen Leserkreis (Wissenschaftler, Fachleute, Experten, Laien)?
- Nutzung der Informationen für ein wissenschaftliches Projekt:
  welcher Art?...
- Einsatz im journalistischen Bereich:
  Welcher Art soll der Artikel sein? (populärwissenschaftliche Darstellung, fachwissenschaftliche Darstellung, Unterhaltungsliteratur, Belletristik)
- sonstige Zwecke.

Bemerkungen zum Anforderungsprofil

Bei der Erstellung des Anforderungsprofils ist großer Wert auf die Beantwortung der Fragestellung

<u>W</u>er ... für <u>W</u>en ...

zu legen, da die Antworten auf diese Fragen den Erfolg der Suche (Optimierung hinsichtlich der Informationsqualität und des Zeit- bzw. Kostenaufwandes) in großem Maße beeinflussen.

Durch diese Fragestellung (<u>W</u>er, <u>W</u>en) wird ermittelt, welche Wissensbasis und welches Informationsbedürfnis bei den involvierten Personen vorliegen.

Derjenige, der die Suche durchführt, ist der Informationsbeschaffer, und die Zielperson, für die die Informationen besorgt werden sollen, ist der Informationsempfänger. Die beiden Personen haben im allgemeinen eine unterschiedliche Wissensbasis.

Alles Wissen, das eine Person während ihres Lebens assimiliert (aufgenommen) hat, stellt ihre Wissensbasis dar. Dabei wird Wissen unterschiedlicher Qualität bezüglich bestimmter Themengebiete aufgenommen, d.h. auf ihrem Spezialgebiet kann die Person als Fachmann bezeichnet werden, während sie auf anderen Themengebieten häufig nur als Laie klassifiziert ist.

Fachmann und Fachmann sprechen wegen ihrer gleichen Wissensbasis die gleiche „Sprache„ und verstehen einander dadurch besser, während es zu Kommunikationsproblemen zwischen Personen kommen wird, die unterschiedliche Wissensbasen haben. Selbst wenn beide die gleiche Wissensbasis haben, können sie sich in ihrem Informationsbedürfnis unterscheiden, d.h. die eine Person begnügt sich schon mit wenigen Informationen, während die andere möglichst alles wissen will. Sind Informationsbeschaffer und Informationsempfänger ein und dieselbe Person, dann treten diese Probleme nicht auf.

Häufig wird vergessen, daß im allgemeinen noch mindestens eine weitere Person in den Suchprozeß involviert ist: die Person, die das Web-Dokument mit der gesuchten Information erstellt hat. Nur dann, wenn die Wissensbasen und Informationsbedürfnisse der Informationssuchenden und des Autors eines Web-Dokumentes übereinstimmen, ist ein 100%iger Sucherfolg gewährleistet. Werden bei einer Suche mehrere Ergebnisse ermittelt, was in der Regel der Fall ist, dann treten weitere Autoren auf den Plan. Das führt häufig dazu, daß viele gefundene Informationen für den Suchenden entweder unverständlich oder unzureichend sind. Der Suchende kämpft sich vielleicht durch Hunderte von Web-Dokumenten, bis er endlich das Dokument findet, das er mit seiner Wissensbasis in Einklang bringen kann und das seinen Informationsdurst befriedigt. Ein Teil der Wissensbasis ist die Sprache. Die meisten der ins Internet (WWW) gestellten Informationen sind in Englisch formuliert und können nur von denjenigen verstanden werden, die diese Sprache (zumindest teilweise) beherrschen. Auch die berufliche und schulische Ausbildung gehören wie andere Gebiete dazu.

Häufig ist der Informationsbeschaffer nur ein „Rädchen im Getriebe". Der Suchauftrag wird z.B. vom Abteilungsleiter formuliert. Nach mehrfacher Weitergabe der Aufgabe über Fachvorgesetzte usw. wird der Auftrag an einen Ausbilder delegiert. Er soll nun für alle übergeordneten Ebenen Informationen beschaffen, wobei diese eigentlich für die Ausbildung von Lehrlingen bestimmt sind. In einem solchen Fall treten mehrere Informationsempfänger auf.

Auswirkung:

sprachliche Einschränkung ⇒   Anheben der Wissensbasis (Sprache erlernen) oder regio-
                               nale Suche;

fachliche Einschränkung   ⇒   Anheben der Wissensbasis kaum möglich (Studium ?), da-
                               her versuchen, eine in der Wissensbasis transformierte In-
                               formationsquelle zu finden;

fachliche Unterforderung ⇒   Suche bei Gleichgesinnten (Physiker sucht qualitativ
                               hochwertige Informationen über sein Spezialgebiet ⇒
                               Physiker-Netzwerke).

So kann es sein, daß ein großer Teil des gefundenen Datenmaterials das Informationsbedürfnis des Informationsbeschaffers nicht befriedigt (unverständliche Darstellung trotz gleicher
Wissensbasis, zu geringe Informationsdichte - Unterforderung; Wissenspaket enthält zuviel
Füllmaterial und zuwenig Wissensperlen). Viele der Ergebnisdokumente stimmen in ihrer
Wissensbasis mit der Wissensbasis der Infomationssuchenden nicht überein (Wissensbasis
zu hoch - unverständlich, Wissensbasis zu niedrig - Unterforderung) und sind somit ebenso
unbrauchbar. Es bleiben vielleicht nach vielen schweißtreibend verbrachten Stunden der
Verifikation der Ergebnisse nur wenige Dokumente übrig.

Eine bessere Suchvorbereitung nach dem Motto „Schuster bleib bei deinem Leisten" würde
eine erfolgreichere Suche bescheren. Sucht also ein Ingenieur Informationen zu seinem Spezialgebiet, dann sucht er dort, wo Ingenieure ihre Informationen im WWW plazieren. Kennt
sich jemand in einem Fachgebiet (noch) nicht aus, sucht er dort, wo entsprechende Informationen für Laien plaziert sind (FAQ-Listen).

3.3   Beispiele für die Erstellung eines
        Anforderungsprofils

Nachfolgend wird die Erstellung des Anforderungsprofils der Suche an ein paar Beispielen
aufgezeigt.

Aufgabenstellungen :   **a)**   **Suche nach einer Zugverbindung**
                                   –innerhalb der Bundesrepublik
                                   – wenn möglich von Haustür zu Haustür

                          b)   **Suche nach Informationen zur Computergrafik**
                                   – Teilgebiet RAYTRACING
                                   – freie Software, d.h. kostenlos

Einige Fragestellungen zum Anforderungsprofil sollen der Einfachheit halber für beide Beispiele gleichermaßen gelten und werden daher vorweg beantwortet.

Die Suche soll im WWW durchgeführt werden. Als Hardwareumgebung ist ein PC vorgesehen, auf dem das Betriebssystem Windows 3.1 eingesetzt ist. Der Startpunkt der Suche ist das Rechenzentrum der Fachhochschule Braunschweig / Wolfenbüttel, das gleichzeitig als Provider fungiert. Die Kommunikation mit dem Internet erfolgt über einen Proxy-Server, der durch ein Firewall gegenüber dem Internet bezüglich unberechtigter Aktionen geschützt ist. Als Browser wird Netscape 3.0 eingesetzt. Die Performance der Internetverbindung ist sehr gut, da Teile des Wissenschaftsnetzes mitgenutzt werden können.

Suche nach einer Zugverbindung

Fragestellungen zum Anforderungsprofil:

Was wird gesucht?
Die Antwort liegt in der Aufgabenstellung: eine Zugverbindung. Weiterhin ist bekannt, daß die Reise innerhalb der Bundesrepublik stattfinden soll. Der Reiseantritt soll am 17. Juni des Jahres um ca. 4 Uhr morgens erfolgen. Wenn möglich sollen noch zwei Alternativen zum Reiseantrittstermin vorgeschlagen werden. Wichtig wäre auch, daß die Reise möglichst an der eigenen Haustür beginnen könnte und die Reise auch an der Haustür der Bekannten endet. Die Adresse der Reisenden: Salzgitter, Joachim Campe Straße 3, und die Zieladresse: München, Olympiagelände.

Wer sucht?
Derjenige, der die Reise für seine Mutter vorbereiten soll. Die Mutter ist 80 Jahre alt, kann keine größeren Wege zu Fuß zurücklegen und keine schweren Lasten (Koffer) tragen.

Für **W**en wird gesucht?
Diese Frage ist schon beantwortet - für die Mutter.

Wo soll gesucht werden?
Im Internet, und zwar im World Wide Web, soll die Suche durchgeführt werden. Innerhalb der Bundesrepublik.

Wie soll gesucht werden?
Der Sohn führt die Suche allein durch. Die Methoden zur Suchverfeinerung können im Moment nicht festgelegt werden, da das einzusetzende Suchwerkzeug noch nicht bestimmt werden kann.

Ansatz zur Bestimmung des geeigneten Suchwerkzeuges

Es liegt nahe, die Suche bei dem Anbieter von Zugverbindungen, der Deutschen Bahn AG, zu beginnen. Die Bahn stellt solche Informationen in gedruckter Form zur Verfügung, warum nicht auch ON-Line? Hier tritt eine Schwierigkeit zutage: Wie lautet die World Wide Web-Adresse dieser ON-Line-Zugauskunft? Eine mögliche Beschaffungsquelle der Adresse ist die Deutsche Bahn AG selbst. Man ruft die Bahnauskunft an. Nun stellt sich die Frage: Warum geht man dann ON-Line? Eine gute Frage, auf die in einem späteren Kapitel („Tips für die gezielte Suche") nochmals eingegangen wird. Eine weitere Beschaffungsquelle dieser Adresse ist das WWW selbst: Anfrage bei einer geeigneten Suchmaschine. Die gleiche Schwierigkeit stellt sich ein: die Beschaffung der Adresse der Suchmaschine. Im nachfolgenden Kapitel werden die Einstiegspunkte für die Suche im Internet vorgestellt und ihre Leistungsfähigkeit wie auch ihre Schwächen näher betrachtet.

Womit soll gesucht werden?

Einige der Randbedingungen wurden vorweg schon festgelegt (Browser, Hardwareumgebung, Betriebssystem, Zugriffsmethodik ins Internet - Proxy). Da man eine spezielle Aufgabenstellung vorliegen hat, liegt es nahe, eine spezielle Suchmaschine einzusetzen.

Wann soll gesucht werden?

Diese Fragestellung ist von großer Relevanz bei der Ermittlung (Abschätzung) der Kosten der Suche. Ist der Einwählpunkt des Providers für den Zugriff ins Internet in einer größeren Stadt, dann können die Telefonkosten, die bei der Suche anfallen, beträchtlich werden. Auch spielt der Zeitpunkt des Einwählens (Tageszeit -Telefonkosten!) eine Rolle.

Warum erfolgt die Suche?

Hier ist die Beantwortung für die Gestaltung der Suche nicht wichtig, allerdings hat die Beantwortung eine persönliche Bedeutung.

Mit diesen Vorüberlegungen läßt sich die Suche besser planen und gestalten. Ob eine Online-Suche in diesem speziellen Fall sinnvoll ist (Kostenabwägung ON-Line - OFF-Line) sei dahingestellt.

Suche nach Informationen zur Computergrafik

Fragestellungen zum Anforderungsprofil :

Was wird gesucht?

Es sollen Informationen zu einem Teilgebiet der Computergrafik, und zwar zum Thema RAYTRACING aus dem Internet ermittelt werden. Wenn es eine Software gibt, die frei und kostenlos erhältlich ist, soll diese beschafft werden.

Wer sucht?

Der Suchende, etwas vertraut mit dem Thema RAYTRACING, möchte allgemeine Informationen zu diesem Thema, eventuell mit Übersichten zu Softwarepaketen und Online-Übungen (Tutoritals) für das autodidaktische Lernen des richtigen Umgangs mit der Terminologie und dem Anwenden der ausgesuchten Software.

Für **W**en wird gesucht?

Die Person, die diese Informationen wünscht, ist ein Laie auf dem Gebiet RAYTRA-CING. Er möchte eine allgemeinverständliche Einführung in dieses Themengebiet erhalten, die es möglich macht, ohne jegliche Vorkenntnisse und ohne weitere Hilfestellung durch andere sich in die Thematik einzuarbeiten. Des weiteren sollen auch die gewünschten Übungen gleichermaßen gestaltet sein. Es sollen Möglichkeiten aufgezeigt werden, sich die notwendigen Informationen zum Verständnis sowohl des Themas als auch des Umgangs mit der einzusetzenden Software ON-Line zu beschaffen.

Wo wird gesucht?

Sowohl die Informationen zum Themengebiet RAYTRACING bzw. zur Bedienung der ausgewählten Software, wie auch die Software selbst, sollen aus dem Internet durch den sinnvollen Einsatz von Informationsrecherchesystemen möglichst ohne größere Kosten besorgt werden. Die verschiedenen Einstiegsmöglichkeiten, die sich anbieten (Beschaffung von Internetadressen) werden in einem der nachfolgenden Kapitel näher besprochen.

Die Auswahl der geeigneten Quelle ist dabei ein sukzessiver Prozeß, d.h. es stellen sich weitere Fragen, je nachdem, welchen Einstiegspunkt man auswählt, deren Beantwortung eine Modifikation des Anforderungsprofils zur Folge hat. Dabei wird dieser Prozeß so lange durchgeführt, bis alle Randbedingungen einer effektiven Suche und Beschaffung erfüllt sind.

Wie soll gesucht werden?

Suchverfeinerungsmethodiken sind spezifisch einer Suchmaschine zugeordnet und sollen daher hier nicht näher bestimmt werden. Es bietet sich an, nach dem Themenbegriff RAYTRACING zu suchen.

Womit wird gesucht?

Einige Fragestellungen sind schon vorher beantwortet worden (Betriebssystem, Browser, Internetkommunikation). Die Frage nach der richtigen Suchmaschine läßt sich mit dem bisherigen Kenntnisstand nicht ausreichend beantworten. Im Kapitel *„Einstiegspunkte für die Suche im Internet"* werden diese Werkzeuge - auch hinsichtlich ihres Leistungsvermögens - näher untersucht, und es werden Empfehlungen ausgesprochen.

Wann soll gesucht werden?

Selbstverständlich ist diese Frage hinsichtlich der anfallenden Kosten von größerer Bedeutung. Die Kosten setzen sich hierbei aus den Online-Kosten des Providers und den Telefongebühren zusammen, wobei die Wahl des Werkzeuges für die Beschaffung die Höhe der Kosten mitbestimmt.

Warum erfolgt die Suche?

Die Software soll für den Privatbereich beschafft werden, allerdings sollen sich die erworbenen Basiskenntnisse für die weitere berufliche Tätigkeit ammortisieren.

3.4 Die Informationsstruktur des Internets

Wie im vorherigen Kapitel schon erwähnt, geht es in erster Linie bei der Suche nach Informationen im Internet darum, diejenige Adresse zu finden, die Daten zum Suchbegriff bereithält, und, darüber hinaus, wenn mehrere Alternativen angezeigt sind, so effektiv wie möglich ihre Qualität bezüglich der gewünschten Informationen zum Suchbegriff zu begutachten.

In verschiedenen Veröffentlichungen zum Thema „Suchen und Finden im Internet" wird die Suche mit der „sprichwörtlichen Suche nach der berühmten Nadel im Heuhaufen" verglichen. Dieser populäre Vergleich trifft den Sachverhalt der Suche im Internet nur unzureichend, denn die Suche nach der „metallischen" Nadel im „nichtmetallischen" Heuhaufen ist beim Einsatz des geeigneten Werkzeuges (Magnet) trivial. Dies gilt für die Suche im Internet - auch bei Auswahl des geeigneten Werzeuges - leider nicht.

Die Informationsquelle des Internets sind Hunderte von Millionen Adressen des Internets. Unter diesen sind Daten vielfältiger Natur und zu fast jedem Themengebiet des täglichen und beruflichen Lebens gespeichert.

Eine Information kann im allgemeinen einem bestimmten Informationsbereich zugeordnet werden. Betrachtet man das Internet, so werden die Informationen logischen Ressourcen (siehe Abb. 3.1) zugeordnet. Dabei kann die Information auf vielfältige Art gestaltet sein:

- Person
- Nachricht
- Software
- allgemeiner Text
- wissenschaftlicher Text

- technischer Report
- Bild
- Film
- Video
- usw.

So ist es möglich, daß die gesuchte Information in verschiedenen Darstellungen und auf Millionen von Internetadressen mehrfach präsent ist.

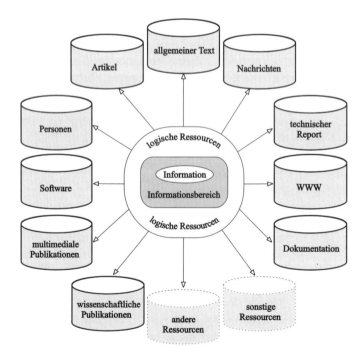

Abbildung 3.1: Logische Ressourcen des Internets

Zur Erleichterung der Navigation im Internet sind viele Informationsrecherchesysteme (siehe Abb. 3.2 und Kapitel 2) entwickelt worden. Eine weitere Hilfe bei der Suche nach Adressen stellt die Informationsstruktur (siehe Abb. 3.2) des Internets dar. Diese Struktur entstand durch die Navigationstätigkeit vieler Millionen von Informationssuchenden bei ihrer Suche im Internet, wobei die physikalische Ressource der Dreh- und Angelpunkt ist und alle anderen Strukturelemente der Informationsstruktur als Informationsverdichtungen (Sammlungen von physikalischen Ressourcen) verstanden werden können.

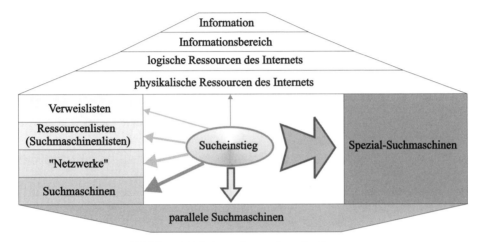

Abbildung 3.2: Informationsstruktur des Internets

Bei der Suche nach den für ihre Arbeit benötigten Informationen haben viele Informationssuchende im Browser persönliche **Bookmarklisten** *(Sammlungen von physikalischen Ressourcen)* erstellt. Nach einer Umorientierung ihrer Tätigkeit haben sie dann diese Navigationsprotokolle zur Erleichterung der Arbeit allen zur Verfügung gestellt. Im Idealfall sind diese Listen mit hilfreichen Kommentaren für jeden aufgeführten Link versehen. Diese **Verweislisten** sind ein Strukturelement der Informationsstruktur und wurden dann von anderen nachfolgenden Informationssuchenden während ihrer Navigationstätigkeit in ihre eigene Arbeit mit eingebunden und durch zusätzliche Verweise ergänzt und verbessert.

Weiterhin wurden die vorgeschlagenen Adressen auf ihre Qualität bezüglich der angebotenen Informationen zum Suchbegriff überprüft und durch andere, eventuell aussagekräftigere Adressen ersetzt. Es erfolgte zudem ein Vergleich mit weiteren zur Verfügung gestellten Verweislisten zum gleichen Themengebiet, wobei aus den einzelnen Verweislisten dann eine neue komplexere Verweisliste durch Verschmelzung der Originallisten entstand. Diese Listen von Internetadressen enthalten dann umfangreiche Informationen und können somit als eine **Ressourcenliste**, ein weiteres Strukturelement der Informationsstruktur, verstanden werden.

Durch die exponentielle Zunahme des Datenvolumens im Internet wurde es notwendig, andere Mechanismen für die Navigation nach Informationen, speziell im Bereich des World Wide Webs, zu entwickeln, um bei diesem immensen Datenvolumen in vertretbaren Zeiträumen an gewünschte Informationen zu gelangen. Ausgehend von Aktivitäten an Universitäten und Hochschulen wurden verschiedene Ansätze zur Verbesserung der Informationsrecherche im Internet bzw. im WWW verfolgt und zu Lösungen weiterentwikkelt. Ein Ansatz war, eine Datenbank von kommentierten Ressourcenlisten zu fast allen Themengebieten des Wissens und des täglichen Lebens zu erstellen. Ein anderer Ansatz war der Wunsch, eine durchsuchbare Datenbank aller Informationen aus dem WWW, die auf den physikalischen Ressourcen zu allen Themengebieten gespeichert sind, zu entwikkeln. Diese Datenbank sollte komfortabel nach den gewünschten Informationen durchsucht werden können.

Beide Ansätze führten zur Entwicklung der **globalen Suchmaschinen**, ein weiteres Strukturelement der Informationstruktur.

Aus der Vielzahl der komplexen Ressourcenlisten entstanden durch weitere Informationsverdichtungen dann thematisierte und kommentierte (redaktionell überarbeitete) Ressourcenlistensammlungen, sogenannte **Subject-Kataloge** *(Web-Directories, u.a. Bezeichnun-gen)*, die unter Berücksichtigung einer bezüglich der ausgewählten Themengebiete hierarchisch gegliederten Informationsstruktur themenspezifisch „durchgeblättert" werden können und deren Datenbestand nach den gewünschten Informationen durchsucht werden kann.

Eine weitere Entwicklungsrichtung war der Versuch, wenn nicht den gesamten Datenbestand des Internets, dann zumindest einen großen Teil in einer Datenbank zusammenzufassen. Dazu wurden sogenannte Suchroboter entwickelt, die das Internet unter der Maßgabe bestimmter Gesichtspunkte nach Informationen absuchen und diese dann in einer durchsuchbaren Datenbank - dem **Index-Katalog** - abspeichern.

> *Wenn man das Internet als den Informationsinhalt eines Buches versteht, dann können die Subject-Kataloge als das Inhaltsverzeichnis dieses Buches und die Index-Kataloge als dessen Index interpretiert werden.*

Ein idealer Index-Katalog verfügt über alle Internetadressen und damit die auf ihnen gespeicherten Informationen. In der Realität allerdings enthalten die leistungsfähigsten Index-Kataloge ca. 50% (eher weniger) der verfügbaren Informationen. Weiterhin unterscheiden sich die verschiedenen Index-Kataloge in ihrem Datenbestand. Daher ist es sinnvoll, mehrere dieser Index-Kataloge bei der Suche einzusetzen.

Es wurden Ressourcenlisten erstellt, in denen eine Sammlung der meisten Suchmaschinen zusammengestellt ist. Diese speziellen Ressourcenlisten können als **Suchmaschinenlisten** bezeichnet werden und sind ein weiteres Strukturelement der Informationsstruktur.
Ausgehend von diesen Suchmaschinenlisten wurden neue Konzepte der Informationsrecherche unter Verwendung der globalen Suchmaschinen (Subject-Kataloge, Index-Kataloge) entwickelt. Die Überlegung war, von einem Startpunkt aus möglichst viele globale Suchmaschinen parallel für die Informationsrecherche einzusetzen und die ermittelten Informationen aufbereitet den Suchenden zur Verfügung zu stellen.

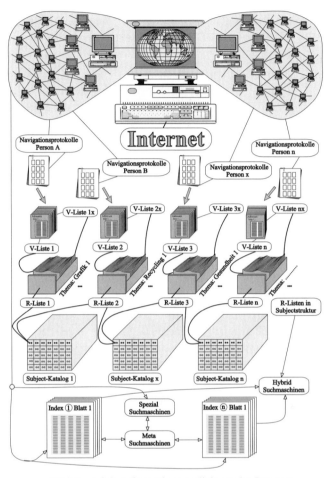

Abbildung 3.3: Informationsverdichtung im Internet

Diese **parallelen Suchmaschinen** (*Meta-Sucher, multithreaded search engines, u.a. Bezeichnungen*) sind ein weiteres Strukturelement der Informationsstruktur.

Eine noch größere Informationsverdichtung wird erreicht, wenn alle bisher besprochenen Recherche-Hilfsmittel wie physikalische Ressourcen, Verweislisten, Ressourcenlisten, Bookmarklisten, globale Suchmaschinen und Suchmaschinenlisten auf einer Informationsquelle (eventuell mit weiteren Daten wie lokal gespiegelten WWW-Dokumenten, Bildern, Texten, usw.) verfügbar gemacht werden. Diese Informationsquellen können als „**Netzwerke**" bezeichnet werden und sind ebenfalls ein Strukturelement der Informationsstruktur.

Wird nur eine bestimmte Software, eine Person oder eine Information zu einem ganz spezifischen Thema gesucht, dann erscheinen die großen globalen Suchmaschinen etwas unhandlich bezüglich des in ihnen vorhandenen Datenvolumens und die parallelen Suchmaschinen nicht aussagekräftig genug (siehe Kapitel 9.1). Daher wurden **Spezielle-Suchmaschinen** entwickelt. Es gibt für fast alle Themengebiete solche speziellen Suchmaschinen. In ihnen wird die größte Informationsverdichtung zu dem jeweiligen Themengebiet, für das sie konzipiert wurden, erreicht. Sie sind ein wichtiges Strukturelement der Informationsstruktur.

Die **Intelligenten Suchmaschinen** (siehe Kapitel 9.2) können den speziellen Suchmaschinen zugerechnet werden, nicht wegen einer wie auch immer gearteten thematisierten Ausrichtung, sondern hinsichtlich ihrer Einsatzvielfalt und ihrer beliebigen Ausrichtung auf ein bestimmtes Suchgebiet sowohl innerhalb des Internets wie durch die Festlegung des Suchbegriffs. Sie erlauben also eine individuell konzipierte Suche und Beschaffung von Informationen aus dem Internet.

Im Laufe der Entwicklung wurden weitere Strategien zur Recherche von Informationen im Internet erarbeitet. Dieser Entwicklungsprozeß ist noch nicht beendet.

3.5   Beschaffungsquellen für Adressen

Da letztendlich alle Strukturelemente der Informationsstruktur auch nur auf physikalischen Ressourcen - den Internetadressen - realisiert sind, ist ein wichtiger Punkt die Beschaffung solcher Adressen. Beispiele für Beschaffungsquellen von Internetadressen entnehmen Sie bitte der untenstehenden Aufstellung, die sich beliebig verfeinern und fortsetzen ließe. Alle erwähnten Beschaffungsquellen gelten gleichermaßen für alle in den nachfolgenden Kapiteln vorgestellten Sucheinstiegspunkte (physikalische Ressourcen, Verweislisten, Ressourcenlisten, Suchmaschinen, Suchmaschinenlisten, Netzwerke, parallele Suchmaschinen, spezielle Suchmaschinen und intelligente Suchmaschinen). Die Beschaffungsquellen für Adressen sind generell in zwei große Gruppen einteilbar.

ON-Line	OFF-Line
• elektronische Publikationen	• Print Publikationen

– Artikel
   – Hilfeseiten
   – Magazine
   – FAQ´s
   – usw.
	– PC-Zeitschriften
	   – Bücher zum Thema
	   – Magazine
	   – Zeitungen
	   – usw.

• interaktive Kommunikation	• Persönliche Kommunikation

– Chat
   – Usenet-Groups
   – EMail-Anfragen
   – usw.
	– Bekannte
	   – Fachleute
	   – Funk und Fernsehen
	   – usw.

• Listensammlungen	• Listensammlungen

– Suchmaschinen
   – usw.
	– spez. Veröffentlichungen
	   – usw.

Eine Beschaffungsquelle für Internetadressen läßt sich keiner der beiden oben genannten Gruppen zuordnen. Es handelt sich dabei um das „gezielte Raten" der Adresse. Raten ist im allgemeinen kein besonders zielgerichteter Ansatz. Im Fall des „Ratens" von Internetadressen bestehen allerdings gute Aussichten. Dies liegt an der Reglementierung bei der Vergabe der Adressen, beziehungsweise bei deren Gestaltung.

In Kapitel 2 wurde schon auf den Aufbau von Internetadressen näher eingegangen. Daher sollen an dieser Stelle die vermittelten Kenntnisse nur aufgefrischt werden. Bei den Internetadressen muß man zwischen der physikalischen Adressierung infolge der Vergabe von IP-Adressen (numerische Adresse) und der symbolischen Adressierung durch die Vergabe von Namensadressen (logische Adresse) unterscheiden. Das Raten von IP-Adressen ist im Unterschied zum Raten der logischen Namen der Internetadressen nicht möglich.

Eine logische Namensadresse im Internet hat im allgemeinen folgende Struktur:

(logische Ressourcenbezeichnung).(logische Adresse).(Domainbezeichnung)

Die logische Ressourcenbezeichnung steht für die logische Ressource des Internets und kann verschiedene Werte annehmen.

Werte				**Raten ist**
http://	$\Rightarrow$	steht für das World Wide Web	$\Leftrightarrow$	erfolgreich
(ftp://	$\Rightarrow$	steht für FTP-Server	$\Leftrightarrow$	problematisch)

Bei Verwendung des Domain-Name-Systems (DNS) sind die in der obigen Darstellung verwendeten Bezeichnungen „logische Adresse,, und „Domainbezeichnung,, im allgemeinen zusammengesehen als Domainnamen zu verstehen und haben die unten angegebene Struktur:

[hostname. [subdomain. [subdomain. [........]]]]. domain. topleveldomain

Dabei entspricht die Bezeichnung **topleveldomain** dem oben verwendeten Begriff **Domainbezeichnung**.

Folgende Werte können dem Begriff Domainbezeichnung zugeordnet werden:

. com   Bezeichnung für Firmen
. edu   Bezeichnung für Ausbildung, Universitäten
. ...

Die Grundlagen für das Raten von Internetadressen des WWW sind damit verfügbar. Anhand einiger Beispiele soll das Raten von Adressen veranschaulicht werden.

**Beispiel 1:   Sie besitzen einen Drucker der Firma CANON
                    und suchen die Internetadresse der Firma im WWW.**

Gesucht ist eine Firma $\Rightarrow$ die Domainbezeichnung lautet somit **.com**
Der Name der Firma ist CANON $\Rightarrow$ der Firmenname ist Teil des logischen Namens
Die Adresse ist im WWW $\Rightarrow$ ein weiterer Teil des logischen Namens

Damit lautet die Adresse nach dem richtigen Zusammensetzen

```
http://www.canon.com/
```

**Beispiel 2:   Sie suchen Informationen zu den Softwarepaketen
                    der Firma MICROSOFT im WWW**

Gesucht ist eine Firma $\Rightarrow$ die Domainbezeichnung lautet somit **.com**
Der Firmenname ist Microsoft $\Rightarrow$ der Firmenname ist Teil des logischen Namens
Die Adresse ist im WWW $\Rightarrow$ ein weiterer Teil des logischen Namens

Damit lautet die Adresse, nach dem richtigen Zusammensetzen

```
http://www.microsoft.com/
```

Beispiel 3:   **Sie suchen die deutsche Internetadresse der Suchmaschine Yahoo und kennen die amerikanische Adresse auch nicht.**

Gesucht ist eine Firma   ⇒ die Domainbezeichnung lautet somit **.com**
Der Firmenname ist Yahoo   ⇒ der Firmenname ist Teil des logischen Namens
Die Adresse ist im WWW   ⇒ ein weiterer Teil des logischen Namens

Damit lautet die Adresse, nach dem richtigen Zusammensetzen

```
http://www.yahoo.com/
```

Eigentlich suchten Sie jedoch die deutsche Adresse dieser Suchmaschine.

Rateansatz: Die Topleveldomainbezeichnungen sind nach der Internationalisierung des Internets durch internationale Länderkennzeichen erweitert worden (siehe untenstehende Beispiele)

at	Österreich
ch	Schweiz
de	Deutschland

Mit den gewonnenen Kenntnissen ist es relativ leicht, die deutsche Adresse der Suchmaschine zu ermitteln. Als erster Ansatz kann die amerikanische Adresse genutzt werden.

```
http://www.yahoo.com/
```

Für die Aufstellung der deutschen Adresse muß nur die Domainbezeichnung ausgetauscht werden.

```
http://www.yahoo.de/
```

Durch das gezielte Raten ist es möglich, Internetadressen zu ermitteln. Es funktioniert aber nicht generell, da bei der Namensgebung fast alles erlaubt ist. So kann z.B. das „www" im Namen weggelassen oder großgeschrieben sein, oder in folgender Weise „www-otto" modifiziert sein.

Ihnen wird vielleicht aufgefallen sein, daß alle oben angegebenen Internetadressen mit einem Slash (/) enden. Das hat seinen Grund. Wenn Sie zum Beispiel über einen Proxy-Server die Internetverbindung geschaltet haben, ist diese Angabe dringend erforderlich, besonders dann, wenn Sie auf FTP-Server zugreifen. Der Proxy-Server setzt eine Software (z.B. ftpget) ein, um die Directory-Struktur des FTP-Servers in ein HTML-Dokument zu übertragen, von dem aus Sie dann komfortabel innerhalb der Directory-Struktur des Servers navigieren können. Haben Sie den Slash (/) vergessen, kann es geschehen, daß Sie beim Wechsel innerhalb der Directory-Struktur eine Fehlermeldung erhalten. Der Grund dafür ist, daß der Link in dem generierten HTML-Dokument durch die verwendete Software des Proxy-Servers falsch

deklariert wurde. Die Software setzt die logische Ressourcenbezeichnung vor und hängt die
Bezeichnung des Links einfach an. Ein Beispiel soll den geschilderten Sachverhalt verdeutlichen.

Beispiel: **Ihre gewählte Adresse lautete ftp://ftp.funet.fi, und Sie haben
                      vergessen, den Slash (/) anzugeben.**

Reaktion: **Sie bekommen ein HTML-Dokument, in dem die Directory-Struktur
                      des FTP-Servers verzeichnet ist.**

In der Anzeige des HTML-Dokuments ist unter anderem das Unterverzeichnis „pub"
aufgeführt. Wenn Sie den Link auf das Unterverzeichnis auswählen, wird als Adresse
ftp://pub/ angezeigt, welche als vollständige URL falsch ist. Die richtige und vollständige Adresse des Links im Dokument ist ftp://ftp.funet.fi/pub/. Dieses Verhalten der
Behandlung von URLs ist abhängig vom eingesetzten Web-Browser.

Eine weitere Möglichkeit, Internetadressen zu raten, ergibt sich durch die Kenntnis der
EMail-Adresse einer Person, die auf dem gleichen Server eine Homepage besitzt. Dabei hilft
der prinzipielle Aufbau der EMail-Adresse.

User ID @ Domain Name

Beispiel für eine EMail-Adresse

August @	bpt.com
-- User ID ---	--- Domain name --

Rateversuch: **Die Adresse soll im World Wide Web sein**

	Beispieladresse	Erläuterung
	http://www.bpt.com/~August	persönliche Internetadresse
oder	http://www.bpt.com/%7EAugust	(%7E steht für die Tilde ~)
oder	http://www.bpt.com/August	Homepage bei einem Provider
oder	http://bpt.com/~August	s.o., nur mit Name ohne Zusatz www
oder	http://bpt.com/%7EAugust	s.o., nur mit Name ohne Zusatz www
oder	http://bpt.com/August	s.o., nur mit Name ohne Zusatz www

Über eine bekannte EMail-Adresse läßt sich also ein Rückschluß auf eine zugeordnete
WWW-Adresse ziehen beziehungsweise diese Adresse ermitteln. Bedauerlicherweise gilt
dies nicht generell, sondern ist davon abhängig, daß die EMail-Adresse auf dem gleichen Server vorliegt. Ist dies nicht der Fall, funktioniert der oben angesprochene Weg nicht.

3.6   Verfügbarkeit von Internetadressen

Die Beschaffung einer Internetadresse - aus welcher Beschaffungsquelle sie auch immer gewonnen wurde - ist noch lange kein Garant für ihre Verfügbarkeit. Erfahrene Internet-Surfer sind mit verschiedenen Fehlermeldungen vertraut. Wenn Sie eine Fehlermeldung beim Anwählen einer Internetadresse erhalten, dürfen Sie bitte nicht den Schluß ziehen, daß diese Adresse nicht vorhanden ist. Es gibt noch weitere Gründe für Fehlermeldungen, die hauptsächlich aus Verbindungsproblemen, bzw. Kommunikationsproblemen von Servern im Internet, herrühren.

3.6.1   Auftretende Fehlermeldungen

Es gibt also Fehlermeldungen beim Anwählen der Internetadressen, die aus Kommunikations- und Verbindungsproblemen mit dem Internet entstehen. Zum anderen gibt es Fehlermeldungen, die aus der Nicht-Verfügbarkeit von Adressen resultieren, wobei Überschneidungen entstehen können. Im nachfolgenden wird, soweit nötig, auf diese Fehlermeldungen etwas näher eingegangen.

Verbindungs- und Kommunikations Fehlermeldungen

Der Verbindungsweg von Ihrem Rechner aus ins Internet zum Zielrechner kann als eine Kette von Verbindungswegen zwischen einzelnen Rechnern (wie auch von Netzwerken) verstanden werden, wobei der Verbindungsweg *ZUM Zielrechner* eine andere Verbindungskette hat als der *VOM Zielrechner* zu Ihrem Rechner.

Fehlermeldungen des ersten Verbindungsweges

Dabei beginnt der Verbindungsweg mit der Netzwerkkonfiguration auf Ihrem Rechner, der Installation Ihres Rechners in einem Netzwerkverbund und der Konfiguration Ihres Browsers für die Navigation im Internet. Hieraus können verschiedene Fehlermeldungen resultieren, die hier nicht weiter betrachtet werden sollen. Lesen Sie die Fehlermeldungen bitte aufmerksam durch, und notieren Sie sich diese Meldungen. Sprechen Sie dann diejenige Person an, die Ihnen als Ansprechpartner für Problembewältigung (Support) von Ihrem Provider bzw. dem Softwarehersteller der Kommunikationssoftware (Browser, u.a.) empfohlen wurde, und legen Sie dieser die Fehlermeldung vor.

Fehlermeldungen des nachfolgenden Verbindungsweges

Das nächste Verbindungsglied in der Kommunikationskette mit dem Internet wird im allgemeinen ein Proxy-Server sein, wenn die Verbindung mit dem Internet über einen Firewall aufgebaut worden ist. Infolge Konfigurationsproblemen bei gecachten Proxy-Servern treten verschiedene Fehlermeldungen auf, die Sie mit dem eingesetzten Browser (Print-Button) ausdrucken können. Legen Sie diese Fehlermeldungen bitte Ihrem zuständigen Administrator (Web-, Netzwerk-, Systemadministrator) vor.

Je nachdem, von welchem Softwarehersteller der Proxy-Server erstellt worden ist, können sich die Fehlermeldungen unterscheiden.

Beispiel für eine Proxy-Server-Fehlermeldung:

Error

The requested item could not be loaded by the proxy.

Netscape Proxy was unable to connect to the next proxy server in the proxy chain. The proxy server may be temporarily down or may be incorrectly configured. If this condition persists, you should contact your proxy server administrator.

Proxy server at cumin.hensa.ac.uk on port 8080

Der Grund für diese Fehlermeldung ist folgender Sachverhalt: Der Proxy-Server, von dem der Zugriff ins Internet erfolgt, hat einen eigenen Cache. Von diesem Server gehen viele Verbindungen zu weiteren Proxy-Servern, je nachdem wie die Konfiguration erfolgt ist, mit ihren eigenen Caches und von den jeweiligen Servern weitere Verbindungen zu anderen Proxy-Servern usw., bis zuletzt die Internetadresse des Web-Dokuments erreicht wird. Es entsteht eine Hierarchie-Struktur der verschiedenen Proxy-Caches, sowohl auf der Startadresse, von der der Zugriff ins Internet erfolgt, als auch auf dem Zielrechner, solange diese über Firewalls vom Internet abgesichert sind. Fällt einer der Proxy-Server in der Hierarchiekette aus, wird die oben genannte Fehlermeldung geniert.

Fehlermeldungen des letzten Abschnitts des Verbindungsweges

Die nächste Gruppe von Fehlermeldungen bezieht sich auf die logische Ressource, der der Zielrechner mit seiner Internetadresse zugeordnet ist. Sie können diese Ressource aus der URL ablesen. Beispiel: ftp:// - hier wird ein FTP-Server angewählt.

Weitere mögliche logische Ressourcen:

ftp://	archie://	mailto://	telnet://
gopher://	wais://	news://	http://

Jedem Server sind spezielle Fehlermeldungen zugeordnet. Lesen Sie bitte diese Fehlermeldungen sorgfältig durch und notieren Sie sich diese, um sie (wenn notwendig) den Ansprechpartnern zur Behebung der Probleme vorzulegen.

Auf die Fehlermeldungen der HTTP-Server soll hier etwas näher eingegangen werden. Nachstehend sind die Fehlercodes des HTTP-Servers an der Universität Buffalo aufgelistet.

HTTP Error Codes			
200	HTERR_OK = 0	**304**	HTERR_NOT_MODIFIED
201	HTERR_CREATED	**400**	HTERR_BAD_REQUEST
202	HTERR_ACCEPTED	**401**	HTERR_UNAUTHORIZED

HTTP Error Codes			
203	HTERR_PARTIAL	**402**	HTERR_PAYMENT_REQUIRED
204	HTERR_NO_RESPONSE	**403**	HTERR_FORBIDDEN
301	HTERR_MOVED	**404**	HTERR_NOT_FOUND
302	HTERR_FOUND	**500**	HTERR_INTERNAL
303	HTERR_METHOD	**501**	HTERR_NOT_IMPLEMENTED

Oder in einer nicht so kryptischen Darstellung bezogen auf die Softwareprodukte der Firma NETSCAPE:

The most common HTTP error codes are:	
"200"	OK. Successful transmission.
"302"	Redirection to a new URL.
"304"	Use local copy. The client asked for a document and the server told it to fetch the document from its cache.
"401"	Unauthorized. The user asked for a document and did not provide a username or password.
"403"	Forbidden. Access is explicitly denied.
"404"	Not found. Also used to deny access to a resource along with making the user think it doesn't exist.
"500"	Server error. A server-related error occurred; the sysadmin should check the error log.
"8181"	Certificate has expired (secure server only).

Da verschiedenste Fehlermeldungen der Server die Nicht-Verfügbarkeit der Internetadresse dokumentieren, sollen hier nur wenige Beispiele betrachtet werden.

Beispiele für Fehlermeldungen:

> Requested URL not found
>
> The URL http://www.formtwo.demon.co.uk/ does not exist.

Hier besagt die Meldung, daß der Rechnername nicht mehr existiert, d.h. Sie können nicht mit diesem Rechner verbunden werden. Dafür kann es verschiedene Gründe geben (siehe Kapitel 3.6.2).

> Error
>
> 403 - Forbidden. Access is explicitly denied.

Hier ist der Zugriff auf die Adresse explizit verboten. Mögliche Gründe können sein:

a) In einem Intranet (wie z.B. beim Provider AOL) gibt es Bereiche, die als unsichtbare und sichtbare Bereiche für das Internet bezeichnet werden können. Auf die unsichtbaren Bereiche können nur registrierte Benutzer zugreifen, während auf die sichtbaren Bereiche jeder User, auch Surfer aus dem allgemein zugänglichen Internet, Zugangsberechtigung haben. Wurde keine jeweils eigenständige Lösung (ein Server für den unsichtbaren Teil, einer für den sichtbaren Teil) vorgesehen, entsteht bei einer Mischlösung (ein Server für beide Teile) die Problematik, daß, wenn innerhalb der Serverhierarchie navigiert wird, zwischen „unsichtbaren Daten" und „sichtbaren Daten" gewechselt wird und der User einmal eine Zugangsberechtigung braucht und einmal nicht. Beim Zugriff auf den unsichtbaren Teil (kein Zugangscode, da User nicht registriert) wird dann die obengenannte Fehlermeldung generiert. Neuerdings gehen solche Anbieter dazu über, getrennte Lösungen der Mischform vorzuziehen.

b) Es gibt Anbieter von Dienstleistungen im Internet, die bestimmte Informationen wegen Marketingstrategien werbewirksam ins allgemein zugängliche Internet (z.B. in Suchmaschinen) plazieren, um User auf eigene Dienstleistungen aufmerksam zu machen. Dies sind zum Beispiel Anbieter von Online-Magazinen, die sogenannte Schnupperangebote für alle Surfer zugänglich machen. Sie bieten als Schnupperangebot z.B. eine Monatsausgabe frei an, damit sich der Interessent ein Bild von der Qualität des Angebots machen kann. Wird versucht, eine andere Ausgabe des Online-Magazins anzuwählen, z.B. durch den Wechsel der Hierarchie-Ebene, dann wird die obengenannte Fehlermeldung generiert oder darauf hingewiesen, daß dieses Angebot nur bei Registrierung (und nicht kostenlos) verfügbar ist.

Andere Server (FTP, Gopher, Archie, WAIS, Telnet, SHTTP usw.) erzeugen vergleichbare Fehlermeldungen, auf die hier nicht näher eingegangen wird.

3.6.2 Gründe für die Nicht-Verfügbarkeit von Internetadressen

Die Fehlermeldungen *URL not found* bzw. *FILE not found* dokumentieren die NICHT-Verfügbarkeit von Internetadressen. Hierbei muß zwischen scheinbarer und echter NICHT-Verfügbarkeit unterschieden werden.

Scheinbare NICHT-Verfügbarkeit

Ein Beispiel hierfür: Die Fehlermeldung *URL not found* kann irreführend sein. Solange Sie keinen Schreibfehler (Groß- bzw. Kleinschreibung beachten usw.) begehen und die ausgewählte Adresse aus Ihrer Bookmarkliste stammt (was ja bedeutet, daß Sie diese Adresse schon einmal angewählt und eine korrekte Verbindung aufgebaut hatten), liegt möglicherweise ein allgemeiner Netzwerkfehler vor, oder die Verbindung kann wegen einer wie auch immer gearteten Überlastung des Internets (Time-Out-Meldung - wegen Konfigurationsproblemen) nicht geschaltet werden. Dann sollte versucht werden, diese Verbindung zu einem späteren Zeitpunkt nochmals aufzubauen. Andererseits kann es möglich sein, daß die gesuchte Information infolge Umstellungsarbeiten am Server innerhalb der Directory-Struktur an eine andere Stelle verschoben wurde und daher durch Navigieren durch die Directory-Struktur doch noch gefunden werden kann.

Echte NICHT-Verfügbarkeit

Es gibt viele Gründe dafür, daß eine Internetadresse zum Zeitpunkt der Verbindung nicht mehr verfügbar ist. In Abbildung 3.5 werden diese Gründe schematisch dargestellt. Nachfolgend sollen sie näher betrachtet werden.

Zeitliche Verfügbarkeit von Internetadressen

Die zeitliche Terminierung kann sich auf den Inhalt des Web-Dokuments beziehen, d.h. das Dokument befaßt sich mit der Ankündigung von Konferenzen, Messen, Bildungs- bzw. Forschungsreisen oder Vorträgen sowie Kursen an Universitäten und Schulen, Anhörungen (technisch-wissenschaftliche, politische usw.), Aktionstagen von Parteien, Organisationen. Damit ist diese Adresse zu einem bestimmten Zeitpunkt nicht mehr aktuell. Ein weiterer Punkt ist, daß spezielle Server mit Informations-Inhalten, die z.B. einem Großereignis wie den Olympischen Spielen oder Weltmeisterschaften oder anderen Ereignissen (Expo u.a.) zugeordnet sind, zeitlich begrenzt verfügbar sind. Nach Ablauf der Ereignisse verlieren sie ihre Berechtigung und werden vom Netz genommen.

Thematischer Inhalt von Dokumenten bzw. ihr Informationsgehalt

Ein weiterer Aspekt betrifft den thematischen Inhalt des Dokuments. So kann der Autor das Dokument inhaltlich überarbeiten und es daher eventuell zeitweise nicht verfügbar sein. Weiterhin kann der Autor das bisherige Dokument durch ein anderes, inhaltlich aufgewertetes, ersetzt und unter einer anderen Internetadresse abgelegt haben. Daher ist das „alte" nicht mehr vorhanden.

Wechsel des Arbeitsplatzes des Autors, bzw. Wechsel des Providers

Sehr viele Dokumente im Internet werden von Privatpersonen, Beschäftigten bei Firmen, Studierenden an Universitäten, Fachhochschulen, Schulen, Mitgliedern von Parteien, Organisationen, und anderen entwickelt und der Allgemeinheit zur Verfügung gestellt. Der Wechsel des Arbeitsplatzes, des Studienplatzes, der Mitgliedschaft in Gremien, Parteien, Organisationen etc. sowie der Wechsel des Anbieters für die Bereitstellung der Dokumente im Internet (Provider - Rechenzentrum, kommerzielle Anbieter wie: AOL, T-Online, Compuserve usw.) führen dazu, daß die bisher verfügbaren Dokumente nicht mehr erreichbar sind.

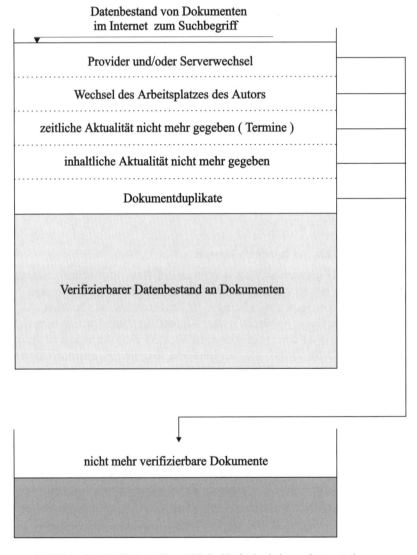

Abbildung 3.4: Verfügbarkeit und Nicht-Verfügbarkeit von Internetadressen

Das Problem der Verfügbarkeit von Internetadressen bzw. Informationen erzwingt die Schaffung von Beurteilungskriterien zur Begutachtung der verschiedenen Sucheinstiegspunkte. Notwendig ist ein Kriterium für die *Verfügbarkeit* der Daten und Adressen, die durch eine Adresse erreichbar sind. Weiterhin läßt sich fordern, daß mehrere Alternativadressen für die Suche nach der Information bereitstehen müssen.

Beispiel: Ihnen ist nur eine Adresse (die Sie von einem Bekannten o.ä. erhalten haben) bekannt. Sie müssen leider feststellen, daß diese Adresse nicht mehr verfügbar ist. Dann haben Sie Pech gehabt und wünschen sich weitere Adressen für Ihre Suche.

Es wird also ein gewisses *Minimum* an Adressen notwendig sein, um bei NICHT-Verfügbarkeit einzelner doch noch den Sucherfolg zu haben, den man sich erhofft. Im nachfolgenden Kapitel sollen verschiedene Kriterien entwickelt werden, die für die Beurteilung der einzelnen Sucheinstiegspunkte auf Effektivität und Leistungsvermögen hilfreich sein können.

3.6.3   Virtuelle Internetadressen

Ein weiteres Problem für Suchmaschinen (Suchroboter) und Informationssuchende stellen die infolge der Dynamisierung des Web-Designs (Verwendung von Programmen wie: Scriptsprachen CGI, TCL/TK, Javascript, Visual Basic Script, u.a.) und spezieller Schnittstellen zu Datenbanken (CGI, SAPI, NSAPI u.a.) erzeugten virtuellen HTML-Dokumente und damit virtuellen Internetadressen dar.

Diese virtuellen HTML-Dokumente werden erst zum Zeitpunkt der Interaktion des Informationssuchenden durch Ausführung der obenerwähnten Programme dynamisch generiert und unter Verwendung des Client-Server-Prinzips in den Cache des Rechners (Proxy-Cache, Browser-Cache) des Informationssuchenden übertragen. Jeder Informationssuchende hat solche HTML-Dokumente während einer Suchanfrage bei einem Indexkatalog schon kennengelernt. Es werden aus dem Index Informationen extrahiert und als Ergebnisse in einem speziell generierten Web-Dokument in den Cache des Rechners des Informationssuchenden übertragen. Diese Art von virtuellen Internetadressen ist im allgemeinen nicht problematisch. Sie wird wieder erzeugt. Dazu ein Beispiel: Sie haben eine Suche durchgeführt und die Adresse eines Ergebnisprotokolls abgespeichert. Wenn Sie nach geraumer Zeit diese Adresse wieder aufrufen, erfolgt automatisch eine erneute Suchanfrage an das Retrievalsystem des Indexkataloges, wobei die gespeicherte Adresse als Parameter an das eingesetzte Programm übergeben wird. Das Programm generiert daraufhin ein HTML-Dokument mit der gleichen Internetadresse, aber im allgemeinen mit unterschiedlichem Informationsgehalt.

Problematischer ist die Art von virtuellen Internetadressen, die nicht durch eine Parameterüberprüfung erzeugt wird, sondern sich auf ein bestimmtes Web-Dokument aus einem Paket von hierarchisch verbundenen Web-Dokumenten, die durch das Programm erzeugt wurden, bezieht. Bedauerlicherweise wird bei der Weitergabe so erzeugter Internetadressen (PC-Zeitschriften, u.a.) eventuell aus Unkenntnis des Sachverhalts oder aus einer gewissen Nachlässigkeit aus dem Location-Feld des Browsers die Adresse übernommen und nicht immer in ausreichendem Maße die Verfügbarkeit dieser Adresse überprüft. Zur Überprüfung reicht es nicht aus, die Adresse einzugeben, wenn der gleiche Cache (Proxy-, Browser-Cache) für den Internetzugang genutzt wird, da in diesem noch die zugesendeten virtuellen Dokumente enthalten sein können. Sind diese infolge der Time-Print-Beschränkung der Gültigkeit des Cache-Inhaltes entfernt worden, erfolgt beim Zugriff auf eines dieser virtuellen Dokumente eine Fehlermeldung. Das geschieht auch, wenn ein Informationssuchender eine solche Adresse eingibt. Diese kann nicht generiert werden, weil das erzeugende Programm nicht ausgeführt wurde. Tritt ein solcher Fehler auf, sollte der Informationssuchende durch Wechsel der Hierarchieebene innerhalb der virtuellen Adresse versuchen, das erzeugende Programm auszuführen.

3.6.4 Kriterien für die Beurteilung von Sucheinstiegspunkten

Häufig sind Adressen zum Zeitpunkt ihrer Verifikation nicht mehr verfügbar. Daher ist zu fordern, daß für die Anzahl der Internetadressen, die für die Suche nach Informationen eingesetzt werden sollen bzw. eingesetzt werden müssen, eine gewisse Mindestanzahl vorzusehen ist. Diese Mindestanzahl variiert je nachdem, ob eine Suche nach einer spezifischen Information oder ob eine komplexe Recherche (möglichst alle Informationen, eventuell mit statistischer Auswertung der Daten) zum Suchbegriff gefordert ist. Mit dieser Forderung läßt sich ein wichtiges Beurteilungskriterium für die Sucheinstiegspunkte im Internet formulieren:

Das Kriterium K1:	Das Datenvolumen (die Anzahl) der bei der Suche verwendeten Internetadressen muß ein bestimmtes Mindestvolumen (Mindestanzahl) aufweisen, um die Effektivität bzw. den Erfolg der Suche zu gewährleisten.

Gleichermaßen erleichtert die Anwendung des Kriteriums K1 die Beurteilung der Sucheinstiegspunkte.

Es besteht eine gewisse Diskrepanz zwischen dem Wunschdenken, daß im Internet z.B. interaktiv Spiele oder Online-Videokonferenzen ohne Zeitverluste (also in Echtzeit) durchführbar sind, und der Realität der Transferbedingungen für den Datenvolumentransport. Es besteht eine Abhängigkeit vom Zeitpunkt des Zugriffs ins Internet und dem gewählten Kommunikationsweg. In der Realität muß zu bestimmten Interaktionszeitpunkten und bei bestimmten Kommunikationswegen (z.B. Deutschland - USA) mit Datentransferleistungen von ca. 10 Bytes pro Sekunde gerechnet werden. Damit leitet sich ein weiteres wichtiges Kriterium ab:

Das Kriterium K2:	Die Größe des bei der Suche nach den gewünschten Informationen eingesetzten Datenvolumens an Internetadressen sollte, wenn Termingründe und eine Kostenminimierung bei der Suche eine wichtige Bedingung sind, nicht zu komplex sein.

Bei der Suche nach einer spezifischen Information ist es notwendig, den Sucheinstiegspunkt zu finden, der es ermöglicht, möglichst schnell und insofern mit einem Minimum an Kosten die gesuchte Information zu ermitteln. Das Kriterium K2 erleichtert dabei die Auswahl des Sucheinstiegspunktes, besonders bei den Einstiegspunkten, die für den Suchstart mehr oder weniger komplexe Sammellisten von Internetadressen bis hin zu den Suchmaschinen anbieten. Bei der Beurteilung bzw. der Auswahl von zur Recherche geeigneten Einstiegspunkten ist dieses Kriterium (K2) nicht von entscheidender Bedeutung, solange es nicht um die Erreichung der absoluten Kostenminimierung bei der Suche geht.

Der nächste Punkt betrifft die Verfügbarkeit. Hier ist nicht allein die Verfügbarkeit der Internetadresse des Sucheinstiegspunktes gemeint, sondern darüber hinaus (besonders bei den Adreßsammlungen) die Verfügbarkeit, d.h. Aktualität der in diesen Adressen-Listen bereitgehaltenen Internetadressen.

Weiterhin ist die freie Verfügbarkeit dieser Informationsquellen für „alle" Interessierten, in bezug auf die Einstiegspunkte selbst wie auch die in ihnen bereitgestellten Datensammlungen, von Bedeutung. Hiermit läßt sich ein weiteres Kriterium ableiten.

Das Kriterium K3:	Alle gefundenen Adressen (besonders diejenigen in Adreßlistensammlungen) einschließlich der Suchmaschinen müssen verfügbar sein. Diese Verfügbarkeit betrifft auch alle mit diesen Listen bereitgestellten Datensammlungen von Informationen zum Suchbegriff.

Gerade für den freien und möglichst kostenlosen Zugriff auf die Adreßlistensammlungen selbst, wie auch auf die von ihnen bereitgestellten Daten, ist die Erfüllung des Kriteriums K3 von nicht zu unterschätzender Bedeutung. Bei der Besprechung der verschiedenen Adreßsammlungen wird das Problem der Verfügbarkeit der Daten nochmals etwas näher betrachtet.

Um eine effektive und kostenminimierte Suche speziell in komplexen Adreßsammlungen besser zu gewährleisten, sind verschiedene Methodiken bezüglich der Suchstrategie wie auch in Bezugnahme auf die Verfeinerung bzw. Präzisierung der Suche unerläßlich. Dabei sind für die spezifische Suche nach einer bestimmten Information und für komplexe Recherchen unterschiedliche Suchstrategien wie auch Suchverfeinerungsmethodiken einzusetzen. Mit der Formulierung eines diesen Sachverhalt berücksichtigenden Kriteriums für die Suchverfeinerung lassen sich auch sehr komplexe Adreßlistensammlungen, wie sie von globalen Suchmaschinen zur Verfügung gestellt werden, und damit die Suchmaschinen selbst, auf ihre Leistungsfähigkeit hinsichtlich der spezifischen Suche und auch hinsichtlich ihrer Eignung als Recherchemedium besser beurteilen. Unter Beachtung dieses Sachverhaltes läßt sich ein geeignetes Kriterium formulieren.

Das Kriterium K4: Um große Adreßlisten von Suchmaschinen in vertretbaren Zeiträumen nach den gesuchten Informationen effizient durchsuchen zu können, muß die Suchmaschine entsprechende Methodiken (Suchlupen) für die Erfassung der gesuchten Information in den Daten der gespeicherten Dokumente bereitstellen (Volltextsuche, Schlüsselwortsuche, mehrfache Schlüsselworte verknüpft mit Booleschen Operatoren, Suche verwandter Suchbegriffe, Wildcard-Suche, Formulierung der Suche in „natürlicher Sprache", Phrasensuche und andere Methodiken zur Ermittlung von „Texten" in großen „Text-Dokumenten"). Dabei ist eine Suchmaschine als um so leistungsfähiger zu beurteilen, je mehr solcher Suchverfeinerungs-Methodiken von ihr angeboten werden.

Andere Suchverfeinerungs-Methodiken, mit deren Einsatz eine bestimmte Sichtweise auf den Ergebnisdatenbestand ermöglicht werden kann, lassen eine statistische Auswertung des Ergebnisdatenmaterials zu (alle Ergebnisdaten von Hochschulen [.edu] oder Firmen [.com], Ergebnisdaten bezogen auf einen bestimmten Zeitraum [Erstellungstermine von Daten, u.a.], Darstellungsart des Dokuments [Dateiendung - .pdf; .gif, u.a.], etc.). Je mehr solcher Verfeinerungsmethodiken bereitgestellt werden, desto variantenreicher sind die Gestaltungsmöglichkeiten bei der statistischen Auswertung des vorhandenen Datenmaterials.

Die Anwendung des Kriteriums K4 auf diejenigen Sucheinstiegspunkte, die zu sehr komplexen Adreßlistensammlungen führen - hier sind im besonderen Maße die globalen Suchmaschinen gemeint - erleichtert die Auswahl der Suchmaschine zum einen für den Einsatz bei einer spezifischen Suche nach einer speziellen Information und zum anderen für die Auswahl des am besten geeigneten Daten-Katalogs (Suchmaschine) für eine komplexe Recherche mit statistischer Auswertung.

In den nachfolgenden Kapiteln werden die verschiedenen Sucheinstiegspunkte im einzelnen betrachtet und ihre Leistungsfähigkeit bei der spezifischen Suche wie bei einer komplexen Recherche durch die Anwendung der Kriterien K1 bis K4 näher untersucht. Darüber hinaus werden Vorschläge für die Suche nach Informationen im Internet bezogen auf diese logischen Einstiegspunkte durch eine kleine, keineswegs vollständige, aber sorgfältige Auswahl von Adressen unterbreitet. Trotz aller Sorgfalt, die auf die Auswahl der Adressen verwandt wurde, muß damit gerechnet werden, daß einzelne Adressen zum Zeitpunkt der Veröffentlichung des Buches nicht mehr verfügbar sind.

3.7   Optimale Zeitpunkte für die Suche im Internet

Leider können keine generell gültigen Zeitpunkte für die Suche nach Informationen im Internet vorgeschlagen werden. Dafür gibt es verschiedene Gründe. Wegen der Heterogenität der im Internet vernetzten Computer und Netzwerke entstehen durch ihre unterschiedliche Leistungsqualität bezüglich der Datentransfers Bereiche, in denen die Transferleistung minimal ist. Diese Bereiche beeinflussen dann in entscheidendem Maße die Gesamttransferleistung der Verbindung. Da von vornherein keine Aussage über deren Lage (während der Verbindung) und deren Einflußnahmezeitpunkt getroffen werden kann, gibt es auch keine quantitative Einschätzung über deren Einflußnahme auf den Datentransfer durch die geschaltete Verbindung. Ein weiterer Aspekt ist die exponentiell wachsende Teilnehmeranzahl der Internetnutzer. Diese verursachen, ganz besonders in Verbindungswegen, die technisch nicht mehr auf dem neuesten Stand sind, Konfigurationsprobleme, die zu einer Reduzierung der Datentransferleistung im Internet, speziell auf diesem Verbindungsweg, führen. In verschiedenen Veröffentlichungen werden pauschale Vorschläge zum günstigsten Zeitpunkt einer Internetverbindung an Hand von Beispielen zu Internetadressen, die die Endungen .com, .net, .mil, .edu usw. haben, gegeben. Diese Pauschalisierung ist recht problematisch, da alle obenerwähnten Endungen bei Adressen auftreten können, die weltweit gestreut sind. Beispielsweise gibt es .com-Adressen in Australien, in Deutschland, in den USA (Ostküste - New York, Westküste - Los Angeles). Bei diesen ist eine Pauschalierung nicht richtig.

Wenn ein günstiger Zugriffszeitpunkt im Internet angegeben werden soll, dann sind Zugriffszeitpunkte außerhalb der sogenannten „Bürostunden" (ca. 7 Uhr morgens bis 17 Uhr nachmittags), also vor dem Arbeitsbeginn und nach dem Arbeitsende, gute Anhaltspunkte, wobei die verschiedenen Weltzeitzonen wie auch eventuell die unterschiedlichen „Sommerzeiten" der Länder ihre Berücksichtigung finden müssen. Gerade im Hinblick auf anfallende Kosten, hervorgerufen durch die Dauer der Telefonverbindung, ist die Beachtung des Zugriffszeitpunktes von Bedeutung.

Für die nähere Zukunft sind größere Leistungssteigerungen bei den Verbindungswegen bezüglich des Datentransfers innerhalb des Internets zu erwarten, die allerdings von der erwarteten Steigerung der Teilnehmeranzahl einerseits und der Erweiterung des Informationsangebots im Internet andererseits wieder aufgefangen werden. So ist auch in den nächsten Jahren mit keiner erheblichen Verbesserung der Datentransferleistung insgesamt zu rechnen.

4 Die schnelle Suche

In den nachfolgenden Kapiteln sollen die verschiedenen Sucheinstiegspunkte, die sich als Startpunkte für eine effektive Suche nach Informationen im Internet und speziell in einem Teilbereich - dem World Wide Web - eignen, näher betrachtet und die jeweiligen Leistungsgrenzen dieser Startpunkte aufgezeigt werden.

Für eine schnelle Suche können nicht so komplexe Sammellisten von Internetadressen und spezifizierte Suchmaschinen der bessere Sucheinstieg sein. Aufgrund der Informationsverdichtung (s. Abbildung 3.3, Informationsstruktur des Internets) bieten sich verschiedene Einstiegspunkte für die schnelle Suche an. Diese werden hier näher betrachtet.

Die unterschiedlichen Arten von Suchmaschinen werden in den Kapiteln 5 bis 11 näher im Hinblick auf ihre Effektivität für die spezifische Suche wie auch im Hinblick auf ihren Einsatz bei komplexen Recherchen untersucht, und es werden Empfehlungen ausgesprochen.

4.1 Einstiegspunkt physikalische Ressource

Der Einstiegspunkt „physikalische Ressource" ist im stärksten Maße von der Qualität der gewählten, bzw. vorhandenen Internetadresse bezüglich der gesuchten Daten abhängig. Wegen dieser starken Abhängigkeit und der fehlenden Alternativen (nur eine Adresse, bzw. ein paar Adressen) sind die Erfolgsaussichten für die Suche hauptsächlich zufälliger Natur.

Anwendung der Kriterien K1 - K4 (s. Kapitel 3.7) auf physikalische Ressourcen

Kriterium K1:   Die Mindestgröße ist nur dann erfüllt, wenn die Adresse verfügbar ist und wenn die gesuchte Information hier gefunden werden kann. Das ist bei diesem Einstiegspunkt nicht generell der Fall.

Kriterium K2:   Da im allgemeinen nur eine Adresse vorliegt, ist dieses Kriterium zwar erfüllt; werden allerdings die gesuchten Daten unter der Adresse nicht gefunden, besteht nur die Möglichkeit des Surfens von dieser Adresse aus unter Verwendung eventuell vorhandener Links, um die gesuchten Informationen doch noch zu finden. Dieses Verfahren ist sehr zeit- und damit kostenaufwendig und oftmals nicht vom gewünschten Erfolg gekrönt.

Kriterium K3:   Im allgemeinen werden solche Adressen und damit die auf ihnen bereitgestellten Daten verfügbar sein. Natürlich liegt diese Verfügbarkeit hauptsächlich in der freien Verfügbarkeit der Adresse begründet.

Kriterium K4:   Dieses Kriterium kommt bei einzelnen Adressen nicht zur Anwendung.

Gleichgültig, woher Sie sich die Adresse besorgt haben, entscheidend für die Suche ist - wie schon erwähnt - die Qualität dieser Adresse. Wenn Sie „Glück" haben, gibt es speziell zum Themengebiet des Suchbegriffs auf dieser Adresse die gesuchten Informationen, wenn nicht, eventuell qualitativ hochwertige Verweise (Links) auf andere Adressen. Im Nachfolgenden werden einige Startpunkte für die Suche nach Informationen für einige ausgesuchte Themengebiete vorgeschlagen.

Beispiele für Adressen zu verschiedenen Themengebieten

TV-Spielfilm

`http://tvspielfilm.compuserve.de/`

Aktuelle Informationen rund um den Themenbereich Film und Fernsehen mit einer Schnellübersicht für Eilige, mit den besten Spielfilmen auf einen Blick sowie dem Filmarchiv. Für die Suche nach diesem Themengebiet ist TV-Spielfilm ein vergleichsweise guter bis hervorragender Einstiegspunkt, da von hieraus auch eine größere Anzahl weiterer Ressourcen zugänglich wird.

WDR-Online

`http://www.wdr.de/`

Die Homepage des WDR mit Informationen zum Fernseh- und Radioprogramm des Senders sowie aktuellen Nachrichten. Die dargebotenen Informationen sind sehr umfangreich und kompetent, so daß man sich schnell einen Überblick über den aktuellen Diskussionsstand zum gesuchten Themengebiet (insbesondere im Bereich Nachrichten und Sport) verschaffen kann. Was jedoch für eine gezielte weitergehende Informationsrecherche fehlt, sind auch hier Verweise auf Informationsbestände außerhalb des WDR.

WISO - das Wirtschaftsmagazin des ZDF

`http://www.zdfmsn.de/ratgeber/wiso/index.htm`

Hier erhält man Informationen über Aktuelles, Sparen, Urteile, Hypotheken, Geldanlage sowie die WISO-Tips. Die dargebotenen Informationen sind immer aktuell und ausgezeichnet aufbereitet. Für die intensivere Suche fehlen weiterführende Verweise.

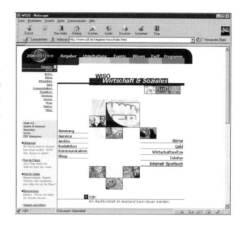

NASA - National Aeronautics & Space Administration

`http://www.nasa.gov/`

Die NASA bietet einen umfassenden Einstieg in die Themengebiete Aeronautik und Weltraumwissenschaften sowie einen guten Abriß über die Erforschung des Weltraums durch den Menschen. Wer sich für den Weltraum interessiert, sollte hier seine Suche beginnen.

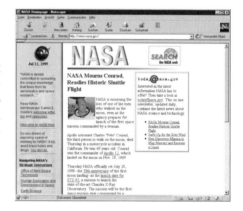

4.2 Verweislisten

Auf der physikalischen Ressource findet man, wie schon erwähnt, sehr oft neben Informationen und allgemeinen Links weitere Orientierungshilfen im World Wide Web, sogenannte *Verweislisten*. Über diese ist es möglich, zu anderen Rechnern im Internet zu surfen, auf denen weitere Informationen zu den gleichen oder ähnlichen Themengebieten verfügbar sind oder völlig andere Themengebiete erschlossen werden. Durch diese Verweislisten wird eine Ressourcenauswahl und Informationsverdichtung realisiert.

Erläuterungen zur Informationsverdichtung durch Verweislisten

Während einer Navigation im Internet, hier der Einfachheit halber im World Wide Web, werden viele Internetadressen aufgesucht. Diejenigen Adressen, die von besonderem Interesse sind, werden in der Bookmarkliste des Browsers eingetragen. Damit ist es zu einem späteren Zeitpunkt einfacher, eine bestimmte Adresse auszuwählen. Man muß die Adressen, die während der Navigation aufgesucht wurden, nicht erneut aufsuchen, um an die gewünschte Adresse zu gelangen.

Der Unterschied zwischen einer komplexen und einer flachen Navigation im Internet kann am Beispiel der Historie-Liste des Browsers verdeutlicht werden.

Beispiel: Sie haben bisher 20 verschiedene Internetadressen während Ihrer Navigationstätigkeit aufgesucht und wollen auf eine bestimmte der vorher aufgesuchten Adressen zugreifen. Es stehen dann beim Einsatz des Netscape-Browsers zwei verschiedene Verfahrenswege zur Verfügung. Für den ersten Verfahrensweg der „komplexen Navigation" werden der BACK- und FOREWARD-Button verwendet. Dabei betätigen Sie diesen Button so oft, bis Sie die richtige Adresse nach erfolgtem Bildaufbau im Browser identifizieren. Der Nachteil dieser Art der Navigation ist, daß Sie immer den Bildaufbau der ausgewählten Adresse abwarten müssen, bevor Sie zur nächsten Seite wechseln können.

Die zweite Verfahrensweise ist der Einsatz der „flachen Navigation". Hierbei wird in der Menüleiste des (Netscape)Browsers der Menübefehl *GO* aktiviert. Im Browser wird ein kleines Fenster geöffnet und die Historie-Liste - sie kann auch als eine Verweisliste verstanden werden - der bisher aufgesuchten Internetadressen eingeblendet. Bei ungefährer Kenntnis der Adreßbezeichnung kann dann die gewünschte Adresse aus dieser Liste ausgewählt werden, und man wird direkt mit dieser verbunden.

Innerhalb der Historie-Liste des Browsers wird eine Informationsverdichtung realisiert. Ähnliches wird in Verweislisten erreicht (Näheres siehe unten).

Es gibt zu fast allen Themen solche Verweislisten im Internet, die sich hinsichtlich ihres Umfanges und ihrer Qualität sehr unterscheiden können. Diese Listen sind während der Navigationstätigkeit einer oder mehrerer Personen bei ihrer Suche nach Informationen zum jeweiligen Arbeitsgebiet (zuerst als persönliche Bookmarklisten) entstanden. Man kann diese Art von Verweislisten anhand der erreichten Informationsverdichtung unterscheiden.

Listen der ersten Stufe der Informationsverdichtung sind im allgemeinen Sammlungen einzelner Internetadressen, auf denen eventuell Verweislisten mit weiteren Adressen vorliegen. Diese Verweislisten müssen dabei nicht in gleichem Maße thematisiert sein, d.h. sie führen selten auf Informationsquellen zu einem gesuchten Begriff. Verweislisten der n-ten Stufe besitzen eine extrem hohe Informationsverdichtung. In diesen Listen sind Adressensammlungen von anderen Verweislisten zu einem speziellen Themengebiet zusammengefaßt, die im allgemeinen zu weiteren Verweislisten führen und so weiter.

Anwendung der Beurteilungskriterien K1-K4 auf Verweislisten

Kriterium K1:   Je komplexer die Verweisliste ist, desto besser wird das Kriterium erfüllt, wobei Verweislisten der n-ten Entwicklungsstufe in Hinsicht auf die größeren Auswahlmöglichkeiten, jedoch nicht generell in Hinsicht auf die Qualität der Adressen, besser sind als diejenigen niedriger Stufe. Hier ist der Einstieg auch mehr oder weniger zufällig. Das Suchergebnis ist in starkem Maße abhängig von der Qualität der bereitgestellten Verweisliste.

Beispiel: Sie kennen die Adresse einer Verweisliste. Nun kommt es darauf an, welche Interessen die Person, von der Sie diese erhalten haben, im einzelnen hat. Eine Person, deren Interessengebiet die Programmierung ist, wird Ihnen zum gleichen Themengebiet eine andere Adresse vermitteln als eine anwendungsorientierte Person usw..

Bei qualitativ schlechten Verweislisten, bezogen auf die gesuchten Informationen, müssen sehr viele Links überprüft werden. Es kann trotzdem geschehen, daß es notwendig wird, weitere Informationsquellen durch Surfen zu finden.

Kriterium K2: Auch bei sehr komplexen Verweislisten wird das Kriterium im allgemeinen erfüllt sein.

Kriterium K3: Wenn keine „unsichtbare" Informationsquelle (Registrierung erforderlich oder Anfall von Kosten) mit der angegebenen Adresse verbunden ist, wird dieses Kriterium erfüllt sein.

Die Daten innerhalb solcher Verweislisten sind kritisch bezüglich ihrer Verfügbarkeit. Dies gilt in besonderem Maße, je komplexer eine solche Liste ist. Über die Hyperlinks in dieser Liste wird eine Auswahl von Internetadressen zum gesuchten Themengebiet angeboten, die - je nachdem, wie gepflegt diese Liste ist (Ausführlichkeit, Qualität der Links) -, die Erfolgschancen der Suche verbessern.

Sind in der Verweisliste mehr als 100 verschiedene Adressen zum Suchbegriff enthalten, erfordert es im allgemeinen einen sehr großen Zeit- und Kostenaufwand *(Überprüfung von durchschnittlich 25 Links pro 8h-Tag erfordert 4 Tage zur Überprüfung der Links, in der Summe 32h Telefonkosten)*, diese Adressen zu aktualisieren, d. h. eine ständige Überprüfung dieser Adressen auf sog. „tote Links" ist notwendig.

Kriterium K4: Normalerweise sind diese Verweislisten nicht derart komplex, daß eine Suche innerhalb des Datenbestandes notwendig ist. Das Kriterium kommt daher bei solchen Listen nicht zur Anwendung.

Nachteilig ist es, daß man zur Verifikation der Links der Verweisliste diese Adressen aufsuchen und damit viel Zeit zur Beurteilung der Qualität der Informationen zum gesuchten Begriff investieren muß. Daher sind diejenigen Verweislisten vorzuziehen, in denen jeder Verweis (Link) ausführlich kommentiert ist, so daß zumindest eine Vorauswahl an Links getroffen werden kann.

Für eine Recherche ist eine solche Vorgehensweise (hoher Zeitaufwand, wenige Ergebnisse) ungeeignet, allerdings ergeben sich - um das nochmals zu unterstreichen - bei der spezifischen Suche gute Ergebnisse, wenn die verwendete Verweisliste eine qualitativ hochwertige Zusammenstellung von Links zu anderen Informationsquellen darstellt.

Ausgesuchte Beispiele für thematisierte Verweislisten

Stellenmärkte und Jobbörsen

`http://intern.de/ts_jobs.htm`

Wer auf der Suche nach einem neuen Job ist,
sollte auf dieser WWW-Seite seine Suche beginnen. In der kommentierten Verweisliste
sind Online-Jobbörsen (vom Arbeitsamt über
viele kommerzielle Job-Vermittler bis hin zur
WDR-Jobbörse) aufgenommen, so daß der
Stellensuchende sich einen nahezu vollständi-
gen Überblick über freie Stellen machen und
sich zum Teil direkt online bewerben kann.

Manfred Weber's Link Page

`http://www.student.uni-augsburg.de/`
`~mweber/links.htm`

Eine ausgezeichnete Übersicht zu den verschiedenen Themenbereichen: Bücherrecher-
che, Chat, Diverses, Essen & Trinken, Fernsehen, Firmen/Unternehmen, Hardware, Informationsquellen, Jobs, Kino, Körper & Seele,
Mode, Musik, People, Reisen, Shopping, Software, Spiele, Veranstaltungen, Weihnachten,
Wirtschaft, Zeitschriften.

Institut für Recycling

`http://www.fh-wolfenbuettel.de/fb/p/`
`RE/datenbank/test.htm`

Am Institut für Recycling wurden Internet-
Recherchen zum Thema „Kunststoffrecycling", "Recycling" und „Abgasreinigung"
durchgeführt. Die aufbereiteten Ergebnisse
stehen als kategorisierte Verweislisten zur
Verfügung. Es werden u.a. folgende Bereiche
unterschieden:

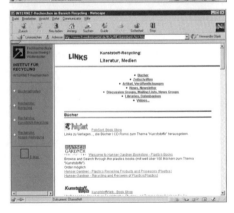

- Netze, Datenbanken, Links
- Handel, Firmen, Dienstleistungen, Produk-
  te
- Methoden, Verfahren, Stoffinformationen
- Literatur, Medien
- Öffentliche Programme und Informationen

- Ausbildung, Weiterbildung, Forschung
- Ein Einstiegspunkt für die Informationssuche zum Thema „Recycling".

The Big Eye

`http://www.bigeye.com/`

The BIG EYE ist eine nicht kategorisierte Verweisliste. Da keine Kategorien existieren, sollten bei der Suche alle Seiten eingesehen werden, was aber durch die eingebundene Grafik sehr viel Spaß macht. Die angebotenen Verweise reichen vom Kochen über die MIR-Weltraumstation bis hin zu Börsennotierungen. Um das Durchblättern zu vermeiden bzw. zu erleichtern, ist eine Suchmaschine integriert.

4.3   Ressourcenlisten als Einstiegspunkt für die Suche

Eine noch größere Informationsverdichtung wird durch die *Ressourcenlisten*, die Zusammenstellungen vieler Verweislisten zu einem Themengebiet darstellen, realisiert. Hier bekommt man die Möglichkeit, viele weitere Informationsquellen von einem Startpunkt aus zu erreichen.

Die Ressourcenliste als reinen Zusammenschluß vieler Verweislisten aus dem Internet zu einem speziellen Informationsbereich bzw. Themengebiet aufzufassen wäre eine vereinfachte Betrachtungsweise. In Ressourcenlisten werden Ressourcen zusammengefaßt, und dies sind nicht allein Verweislisten. Ressourcen des Internets können unter anderem sein:

- Listen existierender WWW-Server (weltweit oder regional)
- Listen von logischen Ressourcen des Internets (FTP-, ARCHIE-, Gopher-, LISTSERV-Server, UseNet usw.)
- Listen von Themenbereichen, Kategorien des Internets (wissenschaftliche, technische, soziale Themen)
- Listen von Bibliotheken
- Listen von öffentlichen Einrichtungen
- Listen von Universitäten (weltweit, regional)
- Listen von Organisationen (politisch, gesellschaftspolitisch, etc.) und Firmen
- Listen von Informationsrecherchesystemen des Internets (Suchmaschinen, Datenbanken).

Weiterhin gibt es auch „Listen von Listen" und sogenannte „Subject-Kataloge" (diese werden im Kapitel Suchmaschinen näher betrachtet), die zu fast allen Kategorien von Informationsbereichen teilweise kommentierte Ressourcenlisten bereitstellen.

Anwendung der Beurteilungskriterien K1-K4 auf Ressourcenlisten

Kriterium K1:   Je komplexer die Ressourcenliste ist, desto besser wird das Kriterium erfüllt. Auch hier ist der Einstieg mehr oder weniger zufällig. Das Suchergebnis ist in starkem Maße von der Qualität der bereitgestellten Ressourcenliste abhängig.

Bei qualitativ schlechten Ressourcenlisten müssen sehr viele Links überprüft werden, um die gesuchten Informationen zu erhalten. Es kann trotzdem geschehen, daß weitere Informationsquellen durch Surfen gefunden werden müssen.

Kriterium K2:   Auch bei sehr komplexen Ressourcenlisten wird das Kriterium im allgemeinen erfüllt sein.

Kriterium K3:   Wenn keine „unsichtbare" Informationsquelle (Registrierung erforderlich oder Anfall von Kosten) mit der angegebenen Adresse verbunden ist, wird dieses Kriterium erfüllt sein.

Die Daten innerhalb solcher Ressourcenlisten sind kritisch bezüglich ihrer Verfügbarkeit. Dies gilt in besonderem Maße, je komplexer eine solche Liste ist. Über die Hyperlinks in dieser Liste wird eine Auswahl von Internetadressen zum gesuchten Themengebiet angeboten, die - je nachdem, wie gepflegt diese Liste ist (Ausführlichkeit, Qualität der Links) -, die Erfolgschancen der Suche verbessern.

Kriterium K4:   Normalerweise sind auch Ressourcenlisten nicht derart komplex, daß eine Suche innerhalb des Datenbestandes notwendig ist. Suchverfeinerungen werden nicht angeboten. Das Kriterium kommt daher bei solchen Listen nicht zur Anwendung.

Nachteilig ist es, daß man zur Verifikation der Links der Ressourcenliste die Adressen aufsuchen und damit viel Zeit zur Beurteilung der Qualität der Informationen zum gesuchten Begriff investieren muß. Daher sind diejenigen Ressourcenlisten vorzuziehen, in denen jeder Verweis (Link) ausführlich kommentiert ist, so daß zumindest eine Vorauswahl an Links getroffen werden kann.

Beim Sucheinstieg werden viele neue Informationsquellen verfügbar. Dennoch ist dieser Einstiegspunkt der Suche für eine Recherche nicht gut geeignet, da in der Regel ein hoher Zeitaufwand zur Überprüfung des Informationsinhaltes aufzuwenden ist.

Beispiele für Ressourcenlisten

The LLNL List of Lists

`http://www.llnl.gov/llnl/lists/`
`listsc.html`

Die *LLNL List of Lists* ist eine Ressourcenliste, in der viele Ressourcenlisten, nach Kategorien unterteilt, zusammengestellt sind. Folgende Kategorien sind u.a. berücksichtigt: Internet Searching, Science Lists, Government Lists, Research Laboratory Lists, World Wide Web Lists (Anonymous FTP Sites, Mother-of-all BBS u.a.) und Publication Lists.

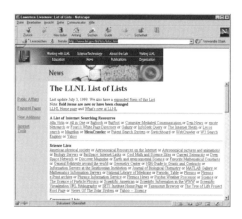

YAHOO

`http://www.yahoo.de/`

Yahoo ist ein hierarchisch Kategorie-orientierter „Ratgeber" des WWW und des Internets, aber auch eine Suchmaschinenliste bzw. ein „Subject-Katalog". Innerhalb des Subject-Katalogs setzt Yahoo eine eigene Suchmaschine ein. Mit Hunderttausenden Ressourcenlisten aller Art ist Yahoo eine der größten Ressourcenlistenzusammenstellungen.

List of USENET FAQ's

`http://www.cis.ohio-state.edu/`
`hypertext/faq/usenet/top.html`

Einen hervorragenden Einstieg in die Recherche bieten die FAQ's (frequently asked questions) des USENETS, die in dieser Liste, alphabetisch geordnet, aufgeführt sind. Von hier aus lassen sich relativ schnell weitere Web- und Internet-Dokumente erschließen. Da in den News-Gruppen des USENETS über alle Bereiche des Lebens diskutiert wird, findet der Suchende auch zu weniger gängigen Themen (z.B. Studium im Ausland) viele gute Einstiegspunkte für seine Suche.

REFLECTIONS - List of Lists

`http://handel.pacific.net.sg/~tonylau/`
`listlist.htm`

In dieser Zusammenstellung werden verschiedene Listen von Listen aufgeführt. Jeder dieser Verweise ist vom Umfang mit der LLNL-List of Lists vergleichbar. Teilweise handelt es sich um kategorisierte, z.T. um alphabetische Listen.

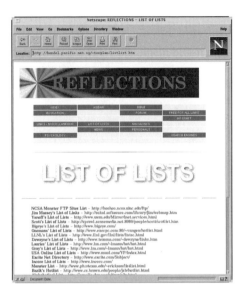

4.4   Sucheinstieg: Netzwerke

Im Internet bzw. WWW existieren Netzwerke, die jeweils speziell auf ein bestimmtes Themengebiet (z.B. Physik, Medizin, Biologie, Mathematik, 3D-Computergrafik usw.) ausgerichtet sind. Netzwerke als Sucheinstiegspunkt bieten eine große Informationsverdichtung, d.h. eine Ansammlung vieler Internetadressen zum Thema an. Inzwischen existiert zu fast jedem Themengebiet ein mehr oder weniger leistungsfähiges Netzwerk im Internet. Diese Netzwerke verfügen zwar nicht über „alle möglichen" Informationen, doch bieten sie eine große Auswahl von Informationsquellen speziell zum jeweiligen Themengebiet an.

Ein schematischer Überblick zu einem „idealen Netzwerk" wird in Abbildung 4.1 skizzenhaft aufgezeigt, wobei alle möglichen Informationsquellen, die ein solches Netzwerk beinhalten kann, berücksichtigt sind. Gute Netzwerke enthalten in der Regel *Verweislisten*, *Ressourcenlisten*, *lokal verfügbare Web-Dokumente* anderer Internetadressen, *Suchmaschinen* und *andere* Informationsquellen. Somit stellen Netzwerke einen hervorragenden Sucheinstiegspunkt für die Suche nach Informationen im Internet dar.

Es sei jedoch bemerkt, daß einige dieser Netzwerke aus sogenannten Intra-Netzen, d.h. firmen- oder institutionsinternen Datennetzen hervorgegangen sind, mit denen kommerzielle Interessen verbunden sind. Dies bedeutet für den Informationssuchenden, daß ab einer bestimmten Suchtiefe innerhalb des Netzwerkes mit zusätzlichen Kosten zu rechnen ist, die sich in der Regel an der möglichen Wertschöpfung orientieren. Das trifft insbesondere auf den Bereich Handel zu, der in einigen Netzwerken integriert ist. So erhält der Internet-Nutzer z.B. zwar die Information, welche Rohstoffe auf dem Internet-Markt verfügbar sind, jedoch erfährt er nicht, wer der Anbieter ist und zu welchen Konditionen der Rohstoff abgegeben wird. Diese Informationen können erst nach kostenpflichtiger Registrierung abgerufen werden.

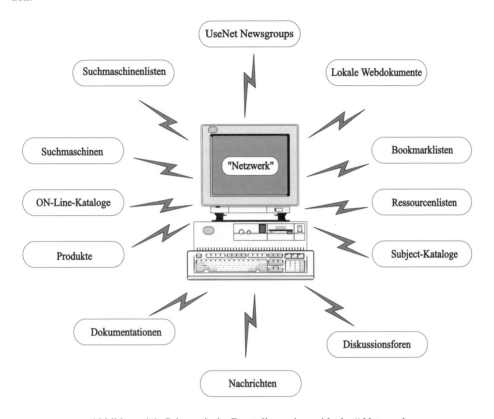

Abbildung 4.1: Schematische Darstellung eines „idealen" Netzwerks

Anwendung der Beurteilungskriterien K1-K4 auf Netzwerke

Kriterium K1:   Je komplexer das Netzwerk ist, desto besser wird das Kriterium erfüllt. Die Mindestgröße ist in der Regel ausreichend für einen Sucheinstieg. Das Suchergebnis ist aber ebenfalls in starkem Maße abhängig von der Qualität des bereitgestellten Netzwerks.

Kriterium K2:   Da im allgemeinen nur eine Adresse vorliegt, ist dieses Kriterium zwar erfüllt. Werden allerdings die gesuchten Daten unter der Adresse nicht gefunden, so besteht nur die Möglichkeit des Surfens von dieser Adresse aus unter Verwendung eventuell vorhandener Links, um die gesuchten Informationen doch noch zu finden. Dieses Verfahren ist sehr zeit- und damit kostenaufwendig und wahrscheinlich nicht vom gewünschten Erfolg gekrönt.

Auch bei sehr komplexen Netzwerken wird das Kriterium im allgemeinen erfüllt.

Kriterium K3:   In der Regel werden Netzwerke und damit die auf ihnen bereitgestellten Daten verfügbar sein. Es ist jedoch bei größeren Netzwerken, bei denen ein „Marktplatz" integriert ist, davon auszugehen, daß „unsichtbare" Informationsquellen mit der angegebenen Adresse verbunden sind (Registrierung erforderlich oder Anfall von Kosten).

Soll bei der Suche auf Verweislisten innerhalb des Netzwerks zurückgegriffen werden, gilt hier ebenfalls, daß die Daten in solchen Verweislisten kritisch bezüglich ihrer Verfügbarkeit sind. Dies gilt insbesondere bei komplexen Verweislisten und ist natürlich abhängig von der Pflege dieser Listen. Hier haben kommerzielle Interessen der Netzwerk-Anbieter auch einmal Vorteile: Es läßt sich feststellen, daß in solchen Fällen die verfügbaren Verweislisten sehr häufig aktualisiert werden.

Kriterium K4:   Bei Netzwerken findet sich zu diesem Kriterium kein einheitliches Bild. Einige Netzwerke sind noch überschaubar, so daß dieses Kriterium nicht zur Anwendung kommt.

Bei größeren Netzwerken sind Suchroutinen, die den Datenbestand des Netzwerks durchsuchen, fast schon Standard, aber noch nicht durchgängig zu finden. Will der Informationsanbieter, daß sein Datenbestand schnell erschlossen werden kann (also wiederum bei kommerziellem Interesse oder aber, um den Verkehr auf seinem Server zu optimieren), werden fast immer Suchroutinen angeboten. Über deren Qualität und Leistungsfähigkeit wird im Kapitel „Suchmaschinen" mehr gesagt werden.

Ausgesuchte Beispiele für thematisierte Netzwerke

Pedago Net

`http://www.pedagonet.com/`

Lehr- und Lernmaterialien sind das Themengebiet. Mittels einer Suchmaschine läßt sich das gewünschte Material ermitteln.

„All" Engineering Resources on the Internet (EELS)

`http://www.ub2.lu.se/eel/eelhome.html`

EELS ist ein Informationssystem hochqualifizierter Internet-Ressourcen bezüglich der technischen Wissenschaften. Im Datenbestand sind bisher mehr als 1.200 Ressourcen berücksichtigt. Der Zugriff auf die Daten ist im allgemeinen frei. Es gibt allerdings bei einigen Ressourcen keinen freien Zugriff.

Environmental Organization Web Directory

`http://www.webdirectory.com/`

Eine Suchmaschine und ein Subject-Katalog (groß) zu umweltrelevanten Themen.

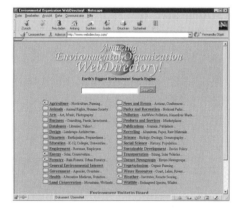

Physics Around the World

`http://www.tp.umu.se/TIPTOP/`

Es werden viele Ressourcen/Listen aus dem Internet bezüglich physikalischer Themengebiete angeboten.

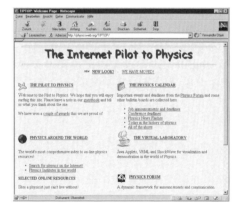

EMIS (European Mathematical Information Services)

`http://www.EMIS.DE/`

Das europäische mathematische Informations-system bietet fast alle relevanten mathematischen Ressourcen des Internets.

Mathematics Archives

`http://archives.math.utk.edu/`
`newindex.html`

Eine weitere Zusammenstellung von Ressour-cen zu mathematisch orientierten Angeboten aus dem Web.

Biosciences

`http://golgi.harvard.edu/biopages.html`

Biowissenschaftliche Themen sind das Hauptgebiet. Suchen in Katalogen wie auch Suchen im WWW sind möglich.

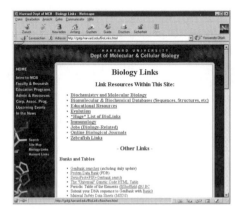

US National Library of Medicine

`http://www.nlm.nih.gov/`

Nach eigenen Angaben die „größte biomedizinische Bibliothek der Welt". Jedes wichtige Programm der Library wird bezüglich seiner Historie bis hin zu seiner biotechnologischen Realisierung dargestellt. Suchen im Datenbestand ist möglich.

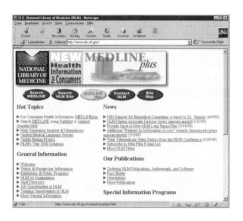

Astro Web

`http://www.stsci.edu/astroweb/`
`astronomy.html`

Eine Zusammenstellung von Links zum Themengebiet Astronomie. In der Datenbank sind mehr als 2.400 Einträge über „Astro"-Ressourcen berücksichtigt. Innerhalb des angebotenen Datenbestands kann nach Informationen gesucht werden.

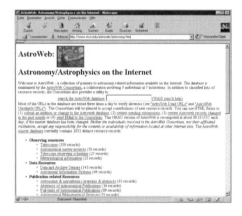

The SocioWeb

`http://www.sonic.net/~markbl/socioweb/`

Ein guter Einstiegspunkt für den Themenkomplex „Soziologie" mit Unterverzeichnissen u.a. zu den Bereichen: Soziologische Theorie, Giganten der Soziologie, Journale und Magazine.

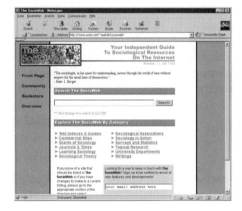

Abschließend sollen noch zwei Beispiele für Netzwerke vorgestellt werden, die eine ausgezeichnete Qualität als Sucheinstiegspunkt für die Suche nach Informationen besitzen.

Ein Netzwerk, das sämtliche Informationen zum Themengebiet der „evolutionären Algorithmen" verfügbar macht, ist **The ENCORE EvolutioNary COmputation REpository Network** und kann über den deutschen Spiegel erreicht werden

(`ftp://ftp.Germany.EU.net/pub/research/softcomp/EC/Welcome.html`).

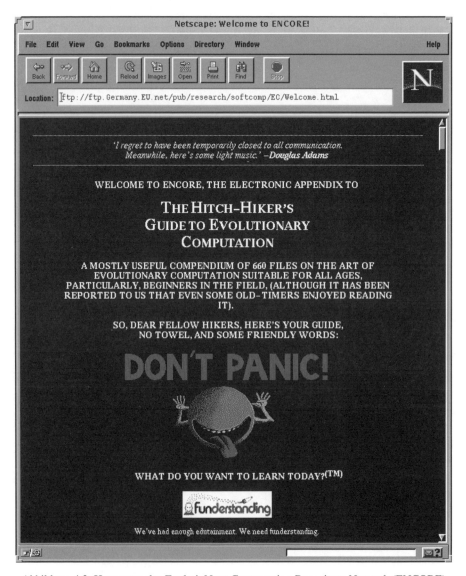

Abbildung 4.2: Homepage des EvolutioNary Computation Repository Network (ENCORE)

Das **GRN (Global Recycling Network)** ist ein Netzwerk speziell zum Themengebiet Recycling (*http://grn.com/*). Hier finden sich Dokumente zu vielen Unterthemen aus dem Recycling, u.a. Firmeninformationen, Marktplatz für Recyclingmaterialien, Börsenno-tierungen
von Recyclingfirmen, Publikationen, Serviceleistungen und der Recycle Talk, ein interakti-
ves Diskussionsforum für Industrie und Verbraucher.

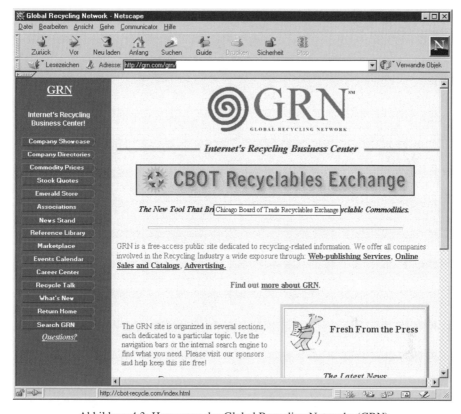

Abbildung 4.3: Homepage des Global Recycling Networks (GRN)

4.5   Suchmaschinenübersicht

Im Internet gibt es eine große Anzahl frei zugänglicher durchsuchbarer Datenbanken. Der
Zugriff auf diese Datenbanken und die in diesen Datenbanken vorgehaltenen Informationen
ist im allgemeinen ohne Registrierung und ohne Kosten möglich. Eine Untermenge dieser
Datenbanken sind die Suchmaschinen. In Abb. 4.4 ist eine Klassifizierung der Suchmaschinen schematisch skizziert.

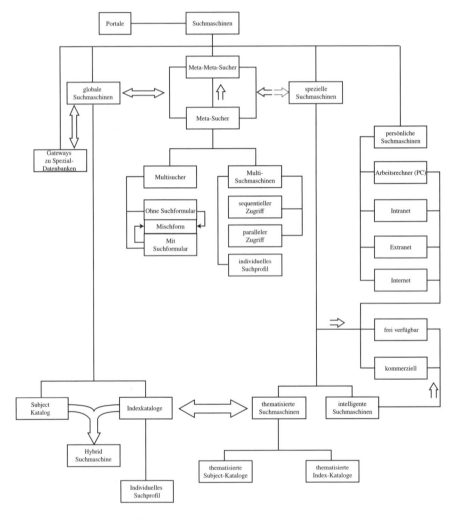

Abbildung 4.4: Suchmaschinenübersicht

Wie aus der Abbildung zu ersehen ist, können die Suchmaschinen in vier Gruppen aufgeteilt
werden, wobei sich diese wiederum hierarchisch feiner strukturieren lassen. Bei den vier
Gruppen handelt es sich um folgende Arten von Suchmaschinen:

Gruppe 1:	**Portale**
Gruppe 2:	**Gateways zu Spezial-Datenbanken (als Suchmaschine gestaltet)**
Gruppe 3:	**Globale (universelle) Suchmaschinen**
Gruppe 4:	**Meta-Sucher**
Gruppe 5:	**Spezielle Suchmaschinen**

Die Abbildung stellt die allgemeine und spezifische Hierarchie-Struktur zu den einzelnen Gruppen dar. Wegen der Übersichtlichkeit und zur Demonstration der logischen Zuordnung zueinander ist die jeweilige Hierarchie-Struktur farblich (verschiedene Graustufen) unterschiedlich gestaltet.

In diesem Kapitel sollen nur einige einführende Bemerkungen zu der Thematik der Suchmaschinen, hauptsächlich zu ihrer Gliederung (s. Abbildung 4.4) und ihrer generellen Funktionalität gemacht werden. Eine detaillierte Beschreibung ist den entsprechenden nachfolgenden Kapiteln vorbehalten.

Portale

Seit 1998 gibt es als einen Einstiegspunkt ins Internet das Portal. Zuerst boten die großen Provider, wie AOL u.a., Dienste an, die den heutigen Portalen vergleichbar sind. Das Leistungsspektrum eines Portals (doorway pages, entry pages) kann wie folgt beschrieben werden:

Es gibt Suchmaschinen, die im Portal und im Web suchen. Große Informationscenter mit Register, Wegweiser und Kanäle bzw. Kategorien werden bereitgestellt (Wetterbericht, Aktienkurse, Hobby u.a.), ebenso aktuelle Nachrichten-Ticker (Sport, Börse u.a.) und Shopping-Center (Bücher, Autos, Reisen u.a.) sowie Internet-Sites des Tages (Cool Sites). Auch die thematisierte Suche nach Personen, Software u.a. sowie Homepages, free Email, Chat-Räume und anderer Service (z.B. Spaß und Unterhaltung) werden angeboten.

Neuerdings entwickeln sich sowohl die großen Index-Kataloge (Excite, Infoseek, Hotbot, Lycos, Alta Vista USA) wie auch einige parallele Suchmaschinen (Savvy Search, WebCrawler) und Kataloge (Yahoo, Geo Cities, Snap, Pathfinder u.a.) in Richtung von Internet-Portalen.

Die großen Hersteller von Browsern haben ein eigenständiges Portalangebot (Netcenter von Netscape, MSN von Microsoft). Auch größere Unternehmen bieten auf ihren Intranetzen solche Portale an.

Der Besucher des Portals kann seine persönliche Portal-Einstiegsseite maßschneidern. Er stellt einmal seine Präferenzen ein und bekommt eine nach seinen Wünschen dynamisch erstellte Webseite (persönliche Portal-Webseite) zur Ansicht bereitgestellt.

Gateways zu Spezialdatenbanken

Das Gateway ist eigentlich ebenfalls eine Suchmaschine. Diese greift auf eine mehr oder weniger große Anzahl (> 500) von oft kommerziell betriebenen und thematisch spezifizierten durchsuchbaren Datenbanken zu, d.h. die Suchanfrage wird vom Gateway an diese Datenbanken weitergeleitet. Die Ergebnisse der jeweilig eingesetzten Datenbanken bezüglich der Suchanfrage werden von diesen zur Weiterbearbeitung an das Gateway geleitet. Von den übermittelten Ergebnisdaten (Gesamtdatenbestand) legt die Suchmaschine des Gateways ein kommentiertes Inhaltsverzeichnis an. Auf dieses kann im allgemeinen jeder Informationssuchende ohne Registrierung und anfallende Kosten zugreifen. Möchte der Benutzer allerdings möglichst alle dem jeweiligen Eintrag im Inhaltsverzeichnis zugeordneten Informationen erhalten, dann muß er sich registrieren lassen, und es fallen, abhängig vom Informationsvolumen, Kosten an. Je mehr Einträge aus dem Inhaltsverzeichnis ausgewählt wurden, desto größer werden das anfallende Informationsvolumen und somit die zu entrichtenden Kosten sein. Oft werden über die Gateways auch Dienste von frei verfügbaren Suchmaschinen des Internet (in der Abbildung durch den Doppelpfeil dokumentiert) zugänglich gemacht. In naher Zukunft ist mit einem wachsenden Angebot solcher Gateways zu rechnen.

Globale (universelle) Suchmaschinen

Die zweite und größte Gruppe der Suchmaschinen – globale (universelle) Suchmaschinen – kann in zwei Untergruppen eingeteilt werden:

Subject-Kataloge sind durchsuchbare, kategorienorientierte komplexe Ressourcenlistensammlungen. Diese Kataloge (s. Kapitel 6) sind auch unter anderen Bezeichnungen wie Web-Directory, Directory u. ä. bekannt. Ihnen ist ein eigenes Kapitel gewidmet.

Index-Kataloge sind gemeint, wenn von den Suchmaschinen (s. Kapitel 7) gesprochen wird. Sie bilden die Basis für die Gruppe 3, die Meta-Sucher. In ihnen sind eine große Anzahl von Internetadressen enthalten, wie auch ein großer Teil der diesen Adressen zugeordneten Informationen.

Wie aus der Abbildung zu ersehen ist (dokumentiert durch den verschmolzenen Doppelpfeil), gibt es Mischformen zwischen den Subject- und den Index-Katalogen, die hier als *Hybrid-Suchmaschinen* bezeichnet wurden. Es ist zu beobachten, daß sich größere Subject-Kataloge durch Kooperation mit Anbietern von Index-Katalogen in solche Hybrid-Suchmaschinen umwandeln. Weiterhin bieten alle größeren und bedeutenden Index-Kataloge für die schnelle Suche kategorienorientierte und hierarchisch strukturierte Ressourcenlisten an. In dieser Hierarchie-Struktur kann der Informationssuchende in ausgewählten Themengebieten nach den gesuchten Informationen blättern (browsen).

Die größeren Index-Kataloge bieten zusätzliche, das eigene Angebot erweiternde Dienste an. Das ist zum einen die Möglichkeit, ohne die Internetadresse zu wechseln das Angebot spezieller Suchdienste (Personensuche, Adreßsuche, Softwaresuche, u.a.) in Anspruch zu nehmen (in der Abbildung durch den unterbrochenen Pfeil dokumentiert), und zum anderen die Möglichkeit für den Informationssuchenden, das eigene spezielle Suchprofil der Suchanfrage als individuelles Suchprofil beim Index-Katalog abzuspeichern, um es bei weiteren Suchanfragen ohne Neueingabe zu verwenden.

Meta-Sucher

Bei den *Meta-Suchern* handelt es sich zum einen um mehr oder weniger komfortable Ressourcenlistensammlungen von globalen wie auch speziellen Suchmaschinen und zum anderen um eine ganz spezielle Art von Suchmaschinen, die eine gewisse Anzahl von globalen wie auch speziellen Suchmaschinen im Suchprozeß gleichzeitig einsetzen. Dieser Sachverhalt wird in der Abbildung durch die beiden Doppelpfeile dokumentiert, wobei der unterbrochene Doppelpfeil die Ausklammerung der intelligenten Suchmaschinen bei der Zuordnung aufzeigen soll.

Die Meta-Sucher lassen sich in drei Untergruppen einteilen.

*   *Multi-Sucher ohne Suchformular* sind im eigentlichen Sinn mehr oder weniger komplexe Ressourcenlisten zum Themengebiet der Suchmaschinen. In diesen Listen können sowohl globale Suchmaschinen wie auch spezielle Suchmaschinen - eventuell strukturiert nach bestimmten Themengebieten - aufgelistet sein. Im Web-Dokument werden die Listeneinträge als Hyperlinks gestaltet, so daß der Informationssuchende die gewünschte Suchmaschine nach Auswahl des entsprechenden Links in der Liste direkt aufsucht und das Benutzerinterface dieser Suchmaschine zur Eingabe der Suchanfrage nutzt.

*   *Multi-Sucher mit Suchformular* unterscheiden sich in ihrer allgemeinen thematischen Ausrichtung nicht von den Multi-Suchern ohne Suchformular. In der Ressourcenliste ist jeweils für jede Suchmaschine ein Eingabeformular oder ein Eingabeformular für alle aufgeführten Suchmaschinen vorgesehen. In dieses Formular werden die Parameter für die Gestaltung der Suchanfrage eingetragen und bei Auswahl einer Suchmaschine an diese übertragen. Im allgemeinen stellen diese Suchformulare nur eine Untermenge aus dem jeweiligen Benutzerinterface der entsprechenden Suchmaschine dar. Demzufolge hat der Informationssuchende dann nicht die ideale Kontrolle über seine Suche.

*   *Parallele Suchmaschinen* sind unter verschiedenen anderen Begriffen (multithreaded search engines, usw.) bekannt. Es sind Suchmaschinen, die über ein Benutzerinterface die Suchanfrage aufnehmen und diese dann anschließend parallel an eine mehr oder weniger große Anzahl von globalen wie auch speziellen Suchmaschinen weiterleiten. Die Ergebnisse dieser Suchmaschinen werden entsprechend aufbereitet dem Benutzer zur Verfügung gestellt. Manche dieser parallelen Suchmaschinen gestatten die Abspeicherung eines individuellen Suchprofils für einen leichteren Einstieg in weitere Suchprojekte.

Alle obenerwähnten Meta-Sucher werden im Kapitel 9.1 detailliert besprochen und ihre Leistungsfähigkeiten wie auch ihre -grenzen näher betrachtet.

Spezielle Suchmaschinen

Spezielle Suchmaschinen sind im Gegensatz zu der Gruppe der globalen, universellen („allumfassenden") Suchmaschinen thematisch eingeschränkt. Eine weitere Unterteilung kann vorgenommen werden:

*   *Thematisierte Suchmaschinen* (s. Kapitel 8) existieren für fast alle Themengebiete. Dabei können sie sehr eingeschränkt, nur auf ein kleines Teilgebiet (Bahnfahrpläne), auf ein größeres Themengebiet (Informatik) oder auf eine bestimmte logische Ressource (Softwaresuche, u.a.) zugeschnitten sein.

*   Bei den *Intelligenten Suchmaschinen* (s. Kapitel 9.2) handelt es sich um ein neues Gebiet im Bereich der Entwicklung von Suchmaschinen. Sie sind vergleichbar mit den bekannten Suchmaschinen mit dem Unterschied, daß sie, individuell konfiguriert und trainiert, bzw. instruiert, vom Informationssuchenden selbst auf seiner Adresse gestartet werden.

Das Internet wird von der Suchmaschine nach Informationen hin abgesucht. Wenn Daten zum Suchbegriff gefunden wurden, werden alle relevanten Daten aus dem Internet auf die Festplatte des Informationssuchenden gesichert.

Meta-Meta-Sucher

Diese stellen eine neue Qualität von Suchmaschinen dar. Sie benutzen zum einen Index-Suchmaschinen und durchsuchbare Subject-Kataloge und zum anderen weitere parallele Suchmaschinen. Diese setzen ihrerseits für die Suche eine Anzahl von Index-Suchmaschinen sowie durchsuchbare Subject-Kataloge ein, wobei sich die Auswahl von der des Meta-Suchers unterscheidet.

Persönliche Suchmaschinen

Dies ist eine weitere Gruppe von Suchmaschinen. Suchmaschinen-Software kann zum Indizieren der Informationen auf dem eigenen Rechner, innerhalb eines Intranets, Extranets und der gesammelten Daten aus dem Internet, die auf dem eigenen Rechner plaziert werden, genutzt werden. Dabei können Software-Produkte eingesetzt werden, bei denen die Daten in Webdirectory-Struktur (Subject-Katalog-Form) oder Index-Katalog-Form plaziert werden. Weiterhin ist es möglich, Meta-Software und spezielle Such-Software in Form von speziellen oder intelligenten Suchmaschinen einzusetzen. Frei verfügbare und kommerzielle Software-produkte sind erhältlich (siehe Kapitel 11.6.1).

5   Globale Suchmaschinen

Globale oder universelle Suchmaschinen decken in ihrem Datenbestand eine große Anzahl unterschiedlichster Themengebiete ab. Sie ähneln sich in ihrer globalen thematischen Ausrichtung. Dabei werden allerdings nicht „alle möglichen" Themengebiete von den einzelnen globalen Suchmaschinen erfaßt. Dies gilt auch für ihre Gesamtheit.

Die globalen Suchmaschinen lassen sich in die Untergruppen *Subject-Kataloge* und *Index-Kataloge* einteilen. Als erstes soll die Verfügbarkeit dieser Suchmaschinen und die Verfügbarkeit der in ihnen vorgehaltenen Daten etwas näher betrachtet werden, bevor auf diese Suchmaschinen in den nachfolgenden Kapiteln näher eingegangen wird.

Verfügbarkeit der Suchmaschinen und der von ihnen erfaßten Daten

In Abbildung 5.1 ist die Verfügbarkeit der globalen Suchmaschinen schematisch skizziert. Die globalen Suchmaschinen können dabei verschiedenen Verfügbarkeitstypen zugeordnet werden.

Verfügbarkeitstyp a: Der Start der Suche erfolgt ohne Registrierung. Die Suchmaschine stellt einen gewissen Teil der im Datenvolumen zum Suchbegriff enthaltenen Daten zur Verfügung. Es besteht die Möglichkeit, auf alle im Datenvolumen der Suchmaschine vorgehaltenen Informationen zum Suchbegriff zuzugreifen. Die Suche mit der Suchmaschine und die bereitgestellten Daten sind ohne anfallende Kosten (Telefongebühren ausgenommen) verfügbar.

Verfügbarkeitstyp b: Start der Suche ohne Registrierung. Bereitstellung eines Teils der zum Suchbegriff erfaßten Daten (hier nur ein „Schnupperangebot"). Es können keine weiteren Daten - auch wenn vorhanden - angefordert werden. Die Suche mit der Suchmaschine, wie auch der Zugriff auf das „Schnupperangebot" der Ergebnisdaten zum Suchbegriff sind ohne anfallende Kosten möglich.

Verfügbarkeitstyp c: Die Suche kann ohne Registrierung gestartet werden. Ein Teil der gefundenen Daten wird als Teilergebnis zur Verfügung gestellt. Es besteht die Möglichkeit des Zugriffs auf weitere Teilergebnisse. Dabei sind diese Teilergebnisse nur kommentierte Inhaltslisten, d.h. die Originaldokumente können über diese Inhaltslisten ausgewählt werden. Es fallen - abhängig vom Datenvolumen - Kosten an, d.h. der Informationssuchende muß in diesem Fall ein Account (Registrierung) haben.

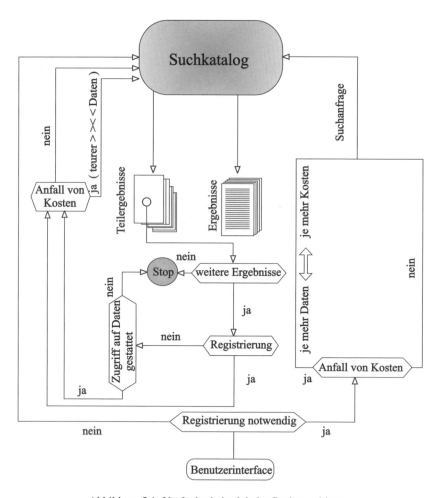

Abbildung 5.1: Verfügbarkeit globaler Suchmaschinen

Verfügbarkeitstyp d: Suchstart ohne Registrierung. Die ersten Teilergebnisse werden ohne Registrierung und ohne Kosten bereitgestellt. Es können nur bei einer Registrierung weitere Ergebnisdaten angefordert werden. Die weitere Nutzung der Suchmaschine und zusätzliche Ergebnisdaten sind dagegen kostenfrei.

Verfügbarkeitstyp e: Ohne Registrierung ist die Nutzung der Suchmaschine (zumindest der Start der Suche) möglich. Die Suchmaschine stellt dem Informationssuchenden einen kleinen Teil der Ergebnisse zur Verfügung. Nur wenn eine Registrierung erfolgt, ist der Zugriff auf weitere Suchergebnisse gestattet. Entsprechend dem anfallenden Informationsvolumen entstehen Kosten.

Verfügbarkeitstyp f: Die Suche mit der Suchmaschine kann nur erfolgen, wenn der Informationssuchende sich vorher registrieren ließ. Zuerst wird dem Benutzer nur ein Teil der Ergebnisse zugewiesen. Auf alle weiteren Suchergebnisse besteht Zugriffsmöglichkeit. Sowohl die Suche selbst wie auch der Zugriff auf die Ergebnisdaten ist ohne Kosten möglich.

Verfügbarkeitstyp g: Vorbedingung für den Suchstart ist die Registrierung. Ein Teil der vorhandenen Suchergebnisse wird dem Informationssuchenden zugänglich gemacht. Weitere Suchergebnisse können angefordert werden, wobei Kosten - bestimmt durch das anfallende Informationsvolumen - erwartet werden müssen.

Die oben aufgezählten Verfügbarkeitstypen gehören zum Kriterium K3, welches in Kapitel 3.7 erläutert und hier auf die Verfügbarkeit der Suchmaschine und der von ihr bereitgestellten Ergebnisse bezogen wurde. Es besteht jedoch kein Bezug zur Verfügbarkeit der Internetadressen der jeweiligen Suchergebnisse.

6 Die Subject-Kataloge

Der schematische Aufbau eines Subject-Katalogs ist in Abbildung 6.1 dargestellt. Die Subject-Kataloge werden auch als thematisierte Verzeichnisse bezeichnet, wobei die Themenauswahl global bzw. universell ist. Es gibt auch thematisierte Verzeichnisse, die auf ein eng begrenztes Themengebiet ausgelegt sind. Diese zählen dann wegen ihrer eingeschränkten thematisierten Ausrichtung zu den speziellen Suchmaschinen.

Funktionsprinzip des Subject-Katalogs

Im eigentlichen Sinn ist ein Subject-Katalog eine komplexe durchsuchbare Ressourcenlistensammlung. Diese Ressourcenlistensammlung ist hierarchisch strukturiert aufgebaut. Die im Katalog erfaßten Ressourcen sind von kompetenten Autoren begutachtet und „besprochen" worden, d.h. diese fertigen Kommentare an und plazieren sie an den entsprechenden Stellen des Katalogs. Aus diesem Grund werden die Subject-Kataloge auch mancherorts als Besprechungsdienste bezeichnet.

Benutzerinterface von Subject-Katalogen

Auf der Startseite werden eine Anzahl von Themengebieten - gegliedert in Haupt- und Unterkategorien - zur Auswahl angeboten. Nach der Auswahl eines Links erfolgt eine Verzweigung in Unterebenen, die wiederum weitere Auswahlmöglichkeiten bereithalten. Diese Links und weiteren Unterebenen sind hierarchisch strukturiert. Zu guter Letzt wird auf dem Strukturast eine reine Linksammlung von Internetadressen zur Verfügung gestellt. Die geschilderte Zugriffsmethode auf die Daten wird als Browsen, bzw. Blättern durch die Subject-Hierarchie des Katalogs bezeichnet. Der Subject-Katalog gestattet noch eine weitere Zugriffsart auf seinen Datenbestand: das Suchen nach Begriffen innerhalb der Kategorienebenen. Dabei werden im Ergebnisausdruck diejenigen Kategorienebenen angegeben, in denen Informationen zum Suchbegriff vorhanden sind. Zusätzlich enthält der Ergebnisausdruck auch die Internetadressen der kommentierten Ressourcen, die der Katalog zum Suchbegriff bereithält.

Navigieren im Datenbestand des Subject-Katalogs

Es gibt, wie schon erwähnt, generell zwei verschiedene Navigationsmethoden in einem Subject-Katalog: Das Blättern (Browsen) in den verschiedenen Kategorien und das Suchen nach der Information innerhalb der einzelnen Kategorien (nicht von jedem Subject-Katalog realisiert) und über den ganzen Datenbestand. In verschiedenen Veröffentlichungen wird das Blättern durch die Kategorienstruktur als ein großer Nachteil im Vergleich mit den Index-Katalogen angesehen, was eigentlich nur für diejenigen thematisierten Verzeichnisse gilt, die die Suche in ihrem Datenbestand nicht vorsehen. Dies trifft für Subject-Kataloge nicht zu.

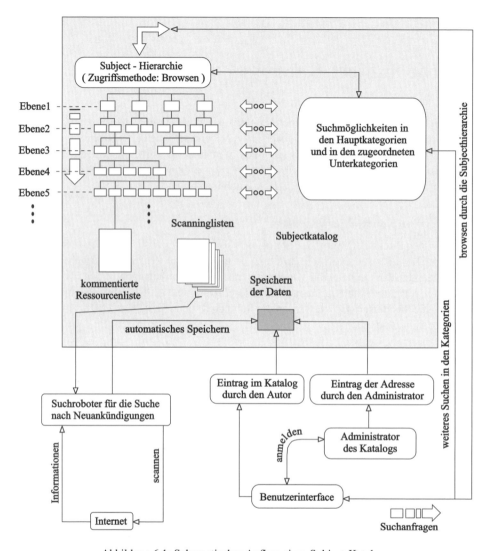

Abbildung 6.1: Schematischer Aufbau eines Subject-Katalogs

Eintrag von neuen Ressourcen bzw. Überarbeitung alter Einträge

Manche der Subject-Kataloge werden rein manuell durch die zuständigen Administratoren des Subject-Katalogs unter Absprache mit dem Autor der Ressource oder durch die Autoren selbst mit Hilfestellung der zuständigen Administratoren auf den neuesten Stand gebracht. Die Neuaufnahme von Ressourcen erfolgt in gleicher Weise. Daneben gibt es einige Subject-Kataloge, die eine halbautomatische Neuaufnahme von Ressourcen wie auch eine halbautomatische Updatemöglichkeit für Ressourcen bieten. Die Neuaufnahme wird durch den Einsatz von Suchrobotern, die, gefüttert mit Adreßinformationen von Web-Ankündigungsdiensten, vorhandenen Adreßlisten und Listen von Adressen von Autoren, die ihre Web-Dokumente dem Subject-Katalog angekündigt haben, das Internet durchwandern, erleichtert. Sie laden entweder die neuen Seiten herunter oder erneuern alte Seiten. Diese heruntergeladenen Dokumente werden dann von dem Autorenteam des Subject-Katalogs begutachtet und - mit Kommentaren versehen - den entsprechenden Kategorien des Katalogs zugeordnet und damit den Informationssuchenden zugänglich gemacht. Der Update-Zyklus der Daten ist von der Eigeninitiative der Autoren der Ressourcen und von der Aktivität des Autorenteams des Subject-Katalogs abhängig. Demzufolge kann für die verschiedenen Subject-Kataloge kein generelles Updateverhalten angegeben werden.

Größenordnung von Subject-Katalogen

In verschiedenen Veröffentlichungen zum Themengebiet der Suchmaschinen wird als eine Schwäche - im Vergleich mit den Index-Katalogen - die geringe Größe der Subject-Kataloge angeführt. Bei diesen Vergleichen werden einige Aspekte der Subject-Kataloge nicht in ausreichendem Maße berücksichtigt. So ist die Anzahl der im Subject-Katalog enthaltenen Ressourcen nicht generell gleichzusetzen mit der Anzahl von Internetadressen. Es stimmt zwar, daß den Ressourcen Internetadressen zugeordnet sind, aber im Gegensatz zu den Index-Katalogen, die im allgemeinen reine Sammlungen von Internetadressen darstellen, sind Subject-Kataloge Sammlungen von Ressourcenlisten. Jede dieser Ressourcenlisten enthält wiederum eine Anzahl von Links. Dabei führen verschiedene Links der Liste wiederum auf neue, möglicherweise erneut gegliederte Listen. Dadurch vergrößert sich die Anzahl der über den Subject-Katalog erreichbaren Internetadressen erheblich.

Aktualität der Daten in einem Subject-Katalog

Als eine weitere Schwäche, im Vergleich mit den Index-Katalogen wird die Update-Problematik der Subject-Kataloge gesehen. Hierbei wird vergessen, daß je komplexer eine Adreßsammlung ist, desto problematischer die Aktualisierung der vorgehaltenen Daten in dem Katalog ist. Daher ist bei einem gut geführten Subject-Katalog die Aktualität der gespeicherten Daten im allgemeinen besser als in einem sehr komplexen Index-Katalog. Das gilt in besonderem Maße für diejenigen Informationsbereiche innerhalb des Subject-Katalogs, die einen großen Zuspruch durch Informationssuchende erfahren. Weiterhin ist eine Aktualisierung mittels Suchrobotern (s. Kapitel 7 „Index-Kataloge") bei einem Subject-Katalog wegen seines geringeren Umfangs leichter durchzuführen.

Qualität der Ressourcen eines Subject-Katalogs

Die Qualität der Ressourcen zu einem Themengebiet (Suchbegriff), falls das Themengebiet im Katalog berücksichtigt ist, ist bei einem gut geführten Katalog normalerweise sehr hoch. Dabei wird die Qualität durch die Kompetenz des Expertenteams bestimmt, welches die Ressourcen begutachtet und nur diejenigen aufnimmt, die von Interesse sind. Es werden zu einem großen Teil meist nur die informativen, qualitativ hochwertigen Ressourcenquellen zu den bereitgestellten Themengebieten im Subject-Katalog aufgenommen. Die Gründe für ein solches Vorgehen sind oft kommerzieller Natur: Bei einem qualitativ hochwertigen Angebot kann der Betreiber des Subject-Katalogs damit rechnen, daß Informationssuchende die Dien-

ste des Subject-Katalogs häufiger in Anspruch nehmen. Es liegt daher im Interesse des Be-
treibers, die bereitgestellten Dienste sowie auch die Informationsqualität der Internetadressen
intensiv zu pflegen, damit Werbeinformationen plaziert werden können.

Anwendung der Beurteilungskriterien K1-K4 (s. Kapitel 3) auf Subject-Kataloge

Kriterium K1:	Ein Minimum an Ressourcen (Internetadressen) zum Suchbegriff besteht zwar nicht für alle Themengebiete im Subject-Katalog. Allerdings ist dieses Kriterium für die Themengebiete, die einen großen Zuspruch bei den Informationssuchenden besitzen, in ausreichendem Maße erfüllt.
Kriterium K2:	Wegen der relativ geringen Anzahl von Ressourcenquellen (in bezug auf die Index-Kataloge gesehen) ist der Subject-Katalog nicht zu komplex für die spezifische Suche.
Kriterium K3:	Auf die im Datenbestand des Subject-Katalogs vorgehaltenen Ressourcen kann frei (ohne Registrierung) und ohne anfallende Kosten zugegriffen werden. Das gilt auch für den Zugriff auf den Katalog selbst. Damit gehört der Subject-Katalog im allgemeinen zum Verfügbarkeitstyp a (s. Kapitel 5). Für einzelne Ressourcen gilt das über die Verfügbarkeit der Adresse (Änderung der Adresse, Wegfall des Web-Dokuments usw.) Gesagte. Diese Verfügbarkeit ist abhängig von der Bedeutung der Ressource.
Kriterium K4:	Manche Subject-Kataloge bieten für die Suche nach Informationen in ihrem Datenbestand verschiedene Suchverfeinerungsmethodiken an.

6.1   Yahoo! - der zur Zeit beste Subject-Katalog

In der nachfolgenden Abbildung (Yahoo USA Abb. 6.2) ist die Startseite des amerikanischen
Subject-Katalogs Yahoo! (**www.yahoo.com/**) zu sehen. Die Browsing-Hierarchie des Sub-
ject-Katalogs ist in Hauptkategorien eingeteilt. Neben diesen werden Unterkategorien als
Startpunkte für das Browsen angeboten. Jede der angebotenen Hauptkategorien öffnet,
abhängig von der Komplexität des Themengebiets, eine unterschiedlich große Anzahl von
Unterkategorien. Sehr oft werden auf diesen Unterebenen neben weiteren Ebenen (weitere
Unterkategorien) zur Verzweigung eine jeweils unterschiedliche Anzahl von kommentierten
Ressourcenadressen angeboten.

Abbildung 6.2: Yahoo USA

Wie auf der Startseite zu sehen ist, besteht die Möglichkeit der Suche nach Begriffen innerhalb des Datenbestands von Yahoo. Diese Möglichkeit der Suche ist dabei nicht nur auf den
ganzen Datenbestand gegeben. Das Angebot besteht auch innerhalb jeder Unterkategorie.

Yahoo ist nicht allein ein Subject-Katalog, sondern bietet weitere interessante Dienstleistun-
gen wie: Yellow Pages (gelbe Seiten - Suche nach Firmen), People Search (Personensuche),
Maps (Straßenkarten, Städte-Verbindungen), Classifieds (Regionale Informationen über
Städte und Gemeinden, bzw. Bundesstaaten in den USA, mit Einkaufstips), Stock-Quotes
(Börseninformationen) und zu guter letzt Sportnachrichten, bzw. -ergebnisse.

Über die Startseite von Yahoo-Amerika können verschiedene regionale Angebote des Subject-Katalogs Yahoo erreicht werden, z.B. Yahoo-Deutschland (**www.yahoo.de/**).

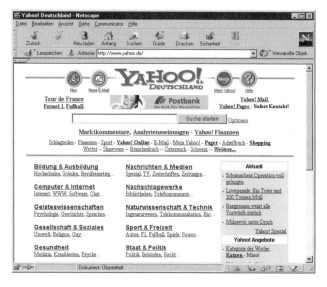

Abbildung 6.3: Yahoo Deutschland

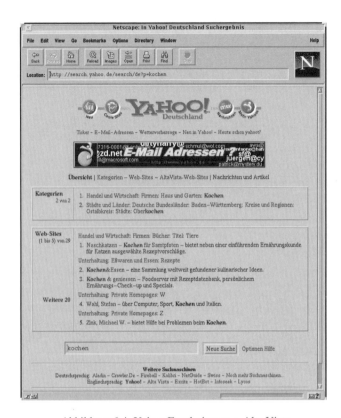

Abbildung 6.4: Yahoo Ergebnisse von Alta Vista

Durch die Kooperation mit dem Anbieter des Index-Kataloges Alta Vista (siehe Abbildung 6.4) wird aus dem reinen Subject-Katalog eine Hybrid-Suchmaschine. Sind keine Daten bezüglich eines Suchbegriffes im Datenbestand von Yahoo erfaßt, wird die Suche direkt und ohne erneute Eingabe der Suchparameter an den Index-Katalog Alta Vista übergeben. Die gefundenen Ergebnisse werden von Yahoo aufbereitet und dem Informationssuchenden, ohne Wechsel der Internetadresse, zur Verfügung gestellt. Nachteilig sind allein die eingeschränkten Möglichkeiten der Steuerung der Suche bei Yahoo im Gegensatz zu Alta Vista.

Der Subject-Katalog Yahoo ist zudem ein sogenannter Meta-Sucher. Es besteht die Möglichkeit, ohne erneute Eingabe der Suchparameter Suchergebnisse von weiteren Index-Katalogen anzufordern.

Wird einer der oben aufgeführten Index-Kataloge ausgewählt, dann stellt Yahoo eine direkte Verbindung mit diesem her. Der Informationssuchende erhält die Ergebnisse in der Originaldarstellung der jeweiligen Suchmaschine, und zwar ohne Neueingabe der Suchparameter. Es stehen nur die eingeschränkten Steuerungsmöglichkeiten für die Suche zur Verfügung, die Yahoo im Gegensatz zu den auswählbaren Index-Katalogen bietet.

6.2 Weitere ausgesuchte Beispiele von Subject-Katalogen

In diesem Kapitel sollen einige ausgesuchte - in gewisser Weise speziell ausgerichtete - Subject-Kataloge kurz vorgestellt werden.

Middletown Thrall Library

http://www.thrall.org/guides

Dies ist ein umfangreicher Subject-Katalog, der über eine Menüleiste gesteuert werden kann. Suche im Internet und in der Web-Site sind möglich. Werden die Internet Guides (s. obige Adresse) ausgewählt, dann erhält man eine größere kategorisierte Liste von Ressourcen. Bei Auswahl einer der Kategorien werden zum Themengebiet teilweise kommentierte größere Ressourcenlisten bereitgestellt.

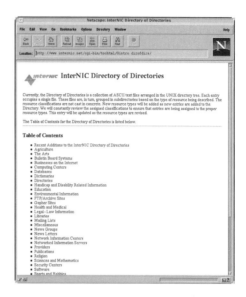

OCLC Online Computer Library Center

http://www.oclc.org/oclc/menu/

OCLC ist ein nichtprofitorientierter Computer Library-Service und eine Forschungsorganisation. Die Dienste sind nicht kostenlos. Man muß sich registrieren lassen und für die Nutzung der Informationen aus den verschiedenen Datenbanken je nach anfallendem Informationsvolumen Kosten entrichten. Es besteht auch ein kostenloses Angebot: Dem Suchenden werden Informationsquellen aufgelistet, die Informationen zum Suchbegriff enthalten und die über die Mitgliedschaft beim OCLC verfügbar werden. Die Beurteilungskriterien sind im allgemeinen erfüllt.

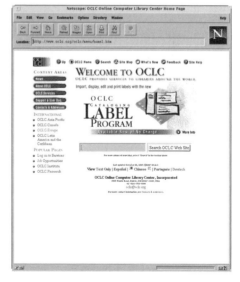

Galaxy The professional Guide to a World of Information

`http://galaxy.tradewave.com/`

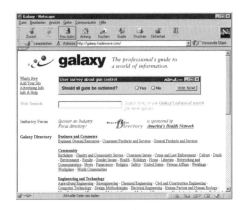

Qualitativ hochwertige Ressourcen. Browsen und Suchen im Datenbestand des Katalogs sind gestattet. Bei der erweiterten Suche können neben dem Datenbestand des Katalogs ausgewählte Gopher-Quellen, Telnet-Ressourcen und Ressourcen des WWW genutzt werden. Methoden der Suchverfeinerung (Boolesche Operatoren) werden bereitgestellt. Die Beurteilungskriterien werden erfüllt. Die Ergebnisdarstellung ist sehr gut.

Magellan Internet Guide

`http://www.mckinley.com/`

Magellan ist schon eine Hybrid-Suchmaschine (Angebote zur Personensuche, Yellow Pages, Karten usw.) und in gewisser Hinsicht auch ein Meta-Sucher (die Suche läßt sich an die Index-Kataloge Excite und WebCrawler weiterleiten). Im WWW wird die Suchmaschine Excite eingesetzt. Einige ausgesuchte Kategorien werden ebenfalls angeboten. Diese können sowohl durchblättert wie auch durchsucht werden. Es handelt sich dabei um kommentierte, hierarchisch geordnete Ressourcen des Internets.

Time Warners Pathfinder

`http://www.pathfinder.com/`

Mehr als ein Subject-Katalog: eine Art Netzwerk für Nachrichten, Informationen und Unterhaltung. Im Network-Guide können sehr viele Informationsressourcen des Internets als Link ausgewählt werden. Innerhalb der Datenbasis von Pathfinder (unter anderem in den Publikationen der Time Warner Group) sowie auch im Internet (mit einem Suchsystem) kann gesucht werden. Der Katalog ist vom Verfügbarkeitstyp a (freier Zugriff). Die Beurteilungskriterien sind erfüllt. Die Suche im Web wird von Alta Vista Software durchgeführt.

The Argus Clearinghouse

http://www.clearinghouse.net/

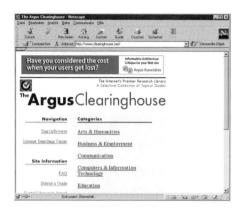

Im Datenbestand des Subject-Katalogs kann gesucht und in hierarchisch strukturierten Kategorien geblättert werden. Für die Suche im Internet werden verschiedene, als Linklisten gestaltete Suchmaschinenlisten angeboten. Listen zu Web-Directories, Index- und Spezialsuchmaschinen (Personensuche, u.a.) sowie weiteren Web-Libraries sind aufgeführt. Somit kann der Subject-Katalog als Metasucher bezeichnet werden.

6.3   Deutsche Subject-Kataloge

WEB.DE Das deutsche Internet Verzeichnis

`http://web.de/`

Mehr als 170.000 (Stand: Februar 99) deutschsprachige HomePages werden im Datenbestand des Subject-Katalogs berücksichtigt. Die
Anbieter dieser Homepages sind, zugeordnet
nach bestimmten Kategorien über die Navigationsmethode „Blättern" erreichbar. Weiterhin
kann innerhalb des Datenbestandes nach Homepages, gesteuert über Suchbegriffe, recherchiert werden. Durch eine Kooperation mit
dem Index-Katalog Lycos (Lycos-Deutsch-
land) kann die Suche international durchgeführt werden. Chat-Räume und free Email werden ebenfalls angeboten.

DINO-Online

`http://www.dino-online.de/`

DINO (Deutsches InterNet-Organisationssy-
stem) ist ein Subject-Katalog. Innerhalb des
Datenbestands des Katalogs kann sowohl kate-
gorien-orientiert geblättert (über 9.000 The-
menseiten sind verfügbar) als auch gesucht
werden. Für die Suche im Datenbestand werden verschiedene Möglichkeiten geboten. Es
kann nach redaktionell bearbeiteten und kommentierten Dokumenten im Datenbestand gesucht werden. Weiterhin ist die Suche im Internet nach deutschsprachigen Dokumenten
(durch Lotse) möglich.

7 Die Index-Kataloge

Eine große Bedeutung bei der Recherche haben die Index-Kataloge oder die sogenannten Suchmaschinen. Während einer Suchanfrage bei einer dieser Suchmaschinen sucht man nur scheinbar im Internet nach den gewünschten Informationen.

Die Index-Kataloge wurden zuvor von einem Teilprogramm der Suchmaschine erstellt und werden laufend aktualisiert. Dabei differiert das indizierte Datenvolumen von Suchmaschine zu Suchmaschine. Die Suchmaschinen enthalten unterschiedlich umfangreiche Informationen über die Inhalte der indizierten Web-Dokumente. Über ein mehr oder weniger komfortables Benutzerinterface greift der Informationssuchende dann unter Verwendung eines weiteren Teilprogramms der Suchmaschine auf die Daten zu. In Abbildung 7.1 ist der schematische Aufbau solcher Index-Kataloge skizziert.

Robotbasierte Index-Kataloge bestehen aus vier funktionellen Einheiten:

*   Harvesting Roboter (folgende Bezeichnungen sind ebenfalls gebräuchlich: Agentenprogramm, Searcher, Gatherer, Spider, Worm usw.)

*   Indizierungsprozeß (Analysieren und Indizieren der Daten für die Speicherung in der Datenbank)

*   Retrievalsystem (Wiederfinden der Daten in der Datenbank)

*   Anwendungsoberfläche (Benutzerinterface)

Nachfolgend werden diese näher beschrieben.

Die Index-Kataloge sind für eine spezifische Informationssuche nur unter gewissen Voraussetzungen hilfreich. Oft werden sie durch ihre Komplexität (bis zu mehreren Millionen Internetadressen zum Suchbegriff) unübersichtlich, und der gewünschte Sucherfolg kann zweifelhaft sein bzw. nur unter großem Zeit- und Kostenaufwand realisiert werden.

Die derzeit gebräuchlichsten Index-Kataloge sind in Tabelle 7.1 mit ihren Internetadressen zusammengestellt. Eine nähere Betrachtung bezüglich der Leistungsfähigkeit der einzelnen Kataloge erfolgt in Kapitel 11, in dem dann auch deutsche Index-Kataloge aufgeführt sind.

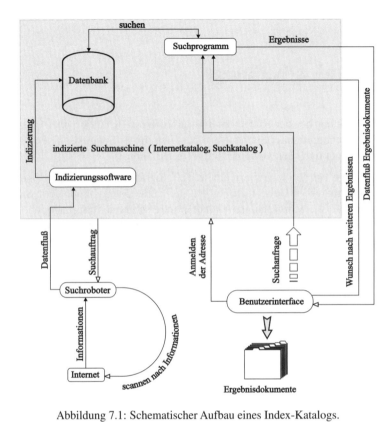

Abbildung 7.1: Schematischer Aufbau eines Index-Katalogs.

Tabelle 7.1: Index-Kataloge und ihre Internetadressen

Index-Katalog	Internetadresse
Alta Vista deutscher Spiegel	`http://www.altavista.digital.com/` `http://www.altavista.telia.com/`
Excite deutscher Spiegel	`http://www.excite.com/` `http://www.excite.de/`
Hotbot	`http://www.hotbot.com/`
InfoSeek deutscher Spiegel	`http://www.infoseek.com/` `http://www.infoseek.com/Home?pg=Home.html&sv=DE`
Lycos deutscher Spiegel	`http://www.lycos.de/`
Northern Light	`http://www.northernlight.com/`
WebCrawler	`http://www.webcrawler.com/`

Die vorgenannten funktionellen Einheiten haben eine Hardwareseite und eine Softwareseite. Am Beispiel des Index-Katalogs Alta Vista sollen die immensen Anforderungen an die Hardware eines Index-Katalogs demonstriert werden.

Anforderungen an den Harvesting Robot von Alta Vista namens „Scooter"

Die Aufgabe von Scooter besteht einzig und allein darin, Adressen im Internet aufzusuchen und die auf diesen Adressen verfügbaren Informationen (im WWW die Web-Dokumente u.a.) herunterzuladen und auf großen Festplatten zur Weiterbearbeitung zwischenzuspeichern, d.h. die gesicherten Daten an den Indizierungsprozeß weiterzuleiten. Scooter ist in der Lage (Stand Mitte 97), etwa 6 Millionen Web-Dokumente pro Tag aus dem WWW zu beschaffen. Hardwaremäßig ist Super-Spider Scooter ein AlphaServer 4100 5/300 mit 1.5 GB Arbeitsspeicher und 30 GB RAID-Festplattenspeicher[1].

Anforderungen an die Indizierungssoftware bzw. den Indizierungsprozeß

Alle vom Roboter beschafften Daten werden an Vista, den Web-Index, bestehend aus einer Datenbank und der Indizierungssoftware namens N12, übergeben. N12 indiziert alle Worte jedes Web-Dokuments. Dabei werden alle Schreibweisen von Worten (Beispiel: Recycling, recycling, ReCycling, RECycling usw.) und weitere Indizierungsmerkmale (die Internetadresse des Dokuments usw.), auf die hier nicht näher eingegangen werden soll, berücksichtigt. Hardwareseitig besteht dieser Indexer aus einem AlphaServer 4100 5/300 mit zwei Prozessoren, zwei GB Arbeitsspeicher und einer 180 GB großen RAID-Festplatte. Der Index hat zur Zeit (Mitte 97) eine Größe von ca. 60 GB, bei einer Indizierung von mehr als 30 Millionen Web-Dokumenten.

Anforderungen an das Retrieval-System (Wiedergewinnung der Daten aus dem Index)

Das Retrievalsystem besteht aus einem Netzwerk von sieben parallel arbeitenden AlphaServern 8400 5/300, jeder mit 10 Prozessoren und jeweils 6 GB Arbeitsspeicher bestückt, sowie jeweils einer RAID-Festplatte mit 210 GB Kapazität. Jeder Server hält eine komplette Kopie des Web-Index (Stand Mitte 97: 60 GB) bereit, um die Antwortzeiten bei Suchanfragen zu optimieren. Das Netzwerk des Retrievalsystems wird ständig erweitert bzw. ausgebaut.

---

[1] RAID-Systeme sind Sets von mehreren Festplatten, die miteinander verschaltet und auf denen jeweils Kopien der gespeicherten Daten vorhanden sind. Fällt eine dieser Platten aus, übernimmt eine andere aus dem Set die Bereitstellung der Daten, ohne daß es zu einem Datenverlust kommt. RAID-Systeme erlauben eine größere Zugriffsgeschwindigkeit auf die Daten.

**Anforderungen an die Anwendungsoberfläche der Suchmaschine,
das Benutzerinterface**

Das Benutzerinterface, das sich darbietet, wenn die Adresse der Suchmaschine angewählt
wurde, läuft auf drei Digital Equipment Corporation AlphaStations. Jede dieser AlphaStations mit der Bezeichnung 500/333s ist mit 256 MB Arbeitsspeicher und 6 GB Festplatte ausgestattet. Diese drei Server bilden dabei eine Einheit, die es gestattet, daß mehrere Benutzer
ihre Suchanfragen parallel bearbeiten lassen können. Hierzu wird jedem Benutzer ein eigenes
Interface für die Eingabe der Suchanfrage zur Verfügung gestellt. Nach erfolgter Eingabe
wird die Anfrage dem Retrievalsystem zur Beantwortung (Bereitstellung der Suchergebnisse) übergeben.

Wie zu sehen ist, werden große Ansprüche an die Hard- und die Software einer Index-Suchmaschine (Index-Katalog) gestellt. In den nachfolgenden Kapiteln wird etwas näher auf die
einzelnen funktionellen Einheiten von Index-Katalogen eingegangen. Dabei sollen die
Gemeinsamkeiten, aber auch die Unterschiede der funktionellen Einheiten der verschiedenen
Suchmaschinen aufgezeigt und ihre Leistungsmöglichkeiten allgemein betrachtet werden.
Seit der ersten Auflage hat sich der Umfang des Index erheblich erweitert; daher haben sich
die Hardware-Anforderungen verändert (dies ist nachzulesen unter: `http://www.altavista.de/ar/content/about_our_technology.htm`)

7.1 Der Suchroboter der Index-Kataloge

Die allgemeine Funktionsweise der Suchroboter ist, das Internet nach vorhandenen Informationen abzusuchen und diese zur Analyse und Indizierung bzw. Speicherung in eine Datenbank aus dem Internet herunterzuladen. Möglicherweise besteht die Auffassung, daß die

Tabelle 7.2: Suchroboter der Index-Suchmaschinen

Suchmaschine	Suchroboter	Größe des Index (in Millionen)
Alta Vista	Scooter	150
Excite	Architext Spider	60
Hotbot / Inktomi	Slurp the Web Hound	110
InfoSeek	Sidewinder	45
Lycos	T-Rex	50
Northern Light	?	125
WebCrawler	Spidey	2

Suchroboter dabei an irgendeinem Punkt (Internetadresse) des Internets angesetzt werden
und dann davon ausgehend das Internet in eigener Regie Adresse für Adresse aufsuchen, d.h.

durch das Internet surfen und die vorgefundenen Daten heruntersichern. Diese Auffassung bezüglich der Arbeitsweise von Suchrobotern ist bei den Suchrobotern der Index-Kataloge falsch. Vielmehr ist es so, daß die Suchroboter die Suche nach Informationen im Internet basierend auf Listen von Internetadressen durchführen. Dabei wird die Liste Eintrag für Eintrag durchgearbeitet. Die Vorgehensweise der Roboter unterscheidet sich in diesem Fall nicht vom Surfen eines Informationssuchenden im Internet, der unter Verwendung des Browsers Internetadressen aufsucht. Der Roboter lädt alle gefundenen Informationen auf die Festplatte der Suchmaschine. Roboter sind Programme, die mehr oder weniger leistungsfähig sind und zur Bewältigung der Aufgaben, für die sie konzipiert wurden, bestimmte Instruktionen (Festlegungen ihrer Aufgaben in Instruktionslisten) ausführen.

Instruktionslisten der Suchroboter

In diesen Instruktionslisten können verschiedene Anweisungen enthalten sein, die letztendlich bestimmend sind, welche Informationen der Suchroboter von welchen Internetadressen sichert und welche logischen Ressourcen des Internets (FTP, Gopher, WWW usw.) er bei der Beschaffung der Informationen berücksichtigen soll.

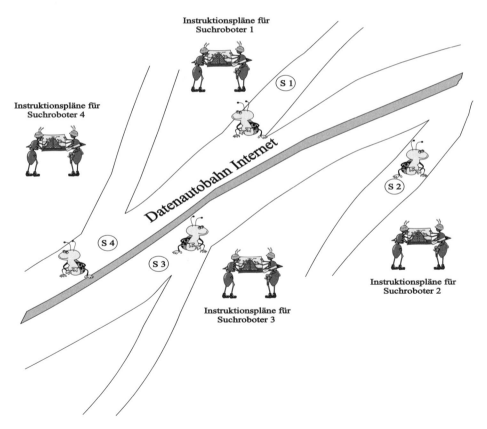

Abbildung 7.2: Suchroboter auf der Datenautobahn

Adressenlisten

Die Adressen, die der Suchroboter bei seiner Arbeit aufsuchen soll, werden aus verschiedenen Quellen gewonnen:

Eine der Hauptquellen für Internetadressen sind die Subject-Kataloge, Ressourcenlisten zu Internetadressen, wie z.B. die WWW Virtual Library (vom W3 Consortium). Zusätzlich werden spezielle Suchmaschinen für die Ermittlung von Internetadressen genutzt. Weiterhin werden Adressen von Ankündigungsdiensten von WWW-Adressen auszugsweise mitberücksichtigt.

Benutzer können ihre Internetadresse der Suchmaschine mitteilen („Add URL" - Funktion bei der Suchmaschine), oder sie verwenden sogenannte Submit-Dienste, um ihre Adresse einer größeren Anzahl von Suchmaschinen mitzuteilen. Diese Adresse wird in die Adreßliste des Suchroboters aufgenommen, und der Suchroboter kann sie bei seiner Suchtätigkeit mitverwenden.

Der Suchroboter verfolgt rekursiv die WWW-Hyperlinks in den jeweilig gefundenen WWW-Dokumenten.

Es bestehen teilweise große Unterschiede bei den Suchrobotern bezüglich der Mächtigkeit der von ihnen verwendeten Adreßlistensammlungen. So berücksichtigt keiner der Suchroboter alle im WWW bekannten Internetadressen. In der Regel wird mit einer Anzahl von ca. 320 Millionen gerechnet. Die leistungsstärksten Suchroboter nutzen im Moment etwa 50% der bekannten Adressen, wobei diese Zahlenangabe mit Vorsicht betrachtet werden muß, da sie von den kommerziellen Betreibern der Index-Kataloge in ihren Marketingpapieren erwähnt wird, d.h. der angegebene Wert müßte eigentlich nach unten korrigiert werden. Selbst wenn alle Internetadressen, die die Suchmaschinen nutzen, addiert würden, dürfte sich die Gesamtzahl auf maximal ca. 60% der ansonsten verfügbaren WWW-Internetadressen einpendeln. Dieser Sachverhalt wird in Abbildung 7.3 dokumentiert.

Infolge des großen Wachstums des Internets im allgemeinen und des WWW im speziellen ist im Jahr 1999 mit einer Verdoppelung der Anzahl der im WWW verfügbaren Internetadressen zu rechnen gewesen, d.h. es waren zu diesem Zeitpunkt mehr als 600 Millionen WWW-Internetadressen bekannt. Zur Jahrtausendwende (2000) ist eher mit ca. 1 Milliarde zu rechnen.

Das Fehlen von Internetadressen in den Instruktionslisten der Roboter hat einen großen Einfluß auf die im Index der Suchmaschinen enthaltenen Informationen. Fehlt zum Beispiel die Internetadresse der Fachhochschule Braunschweig/Wolfenbüttel, dann sind die an der Fachhochschule verfügbaren Informationen auch nicht in der Datenbank der Suchmaschine. Sind an der Fachhochschule Informationen zu bestimmten Suchbegriffen vorhanden, dann fehlen diese in den Datenbanken der Suchmaschine. Vergleichstests von Suchmaschinen, die Informationen zu Suchbegriffen vergleichen, sind entsprechend zu bewerten. Nach neuesten Schätzungen ist zu erwarten, daß die leistungsstärksten Index-Kataloge ca. 200 Millionen Internetadressen (WWW) enthalten. Allerdings gibt es Tendenzen hin zu verteilten Datenbanken regionaler Index-Kataloge. Damit wäre eine Aktualisierung dieser Kataloge leichter und die Erfassung aller Adressen möglich.

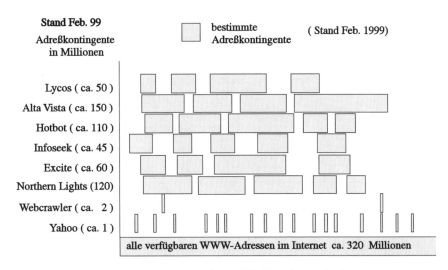

Abbildung 7.3: Verfügbarkeit von WWW-Adressen im Internet

Ressourcen für die Informationssuche

Die Suchroboter nutzen eine unterschiedliche Anzahl von logischen Ressourcen des Internets für die Beschaffung von Informationen:

• HTML-Dokumente (HTTP-Protokoll), auch als WWW-Seiten bezeichnet, sind die primäre Ressource für die Suchroboter.

• News-Gruppen sind eine weitere Ressource für Roboter, allerdings mit der Einschränkung, daß nur die populärsten und wichtigsten über das WWW zugänglichen News-Gruppen genutzt werden.

• FAQ-Quellen werden von Suchrobotern ebenfalls genutzt, wobei zwei alternative Möglichkeiten der Beschaffung - hauptsächlich das WWW aber auch FTP - gegeben sind.

• FTP-Ressourcen sind eine weitere Quelle für Suchroboter.

• Gopher-Ressourcen gehören ebenfalls zu den genutzten Ressourcen von Robotern.

• Auch Telnet-Ressourcen können berücksichtigt werden. Allerdings sind die wenigsten Roboter in der Lage, diese Quellen zu nutzen.

• Es gibt noch eine größere Anzahl von Ressourcen (kommerzielle Datenbanken, freie Datenbanken usw.), die bisher nicht in der Nutzung durch die Roboter vorgesehen sind.

Keiner der bisher eingesetzten Suchroboter berücksichtigt gleichzeitig alle oben erwähnten Ressourcen für die Beschaffung von Informationen. Weiterhin können infolge der Programmierung der Suchroboter Probleme bei der Nutzung bestimmter Ressourcen entstehen.

Tabelle 7.3: Umfang der Datenerfassung durch den Suchroboter

Suchmaschine/ Suchroboter	Erfassung von ALT(Tag) Text	Erfassung von Kommentaren	Erfassung, wie oft ein Dokument sich ändert
Alta Vista	X	-	X
Excite	-	-	-
Hotbot / Inktomi	-	X	-
Info Seek	X	-	X
Lycos	X	-	-
Northern Light	-	-	-
Web Crawler	-	-	-

Weitere Beispiele für den Umfang der Daten, die der Suchroboter aus dem Web-Dokument beschafft, werden in der Tabelle aufgezeigt.

Häufig schalten erfahrene Internet-Surfer im Browser das Laden der Grafiken aus. Das führt zu Problemen, wenn bestimmte Grafiken als Navigationssteuerung im Dokument, innerhalb der Server-Hierarchie oder im Internet (im WWW) verwendet werden. Im Web-Dokument ist die Adresse, auf die der Hyperlink der Grafik verweist, dann nicht direkt ablesbar, es sei denn, der Designer des Web-Dokuments verwendet den ALT-Tag. Der Text des ALT-Tags beschreibt, wohin der Link führt (Text wird alternativ dargestellt, wenn die Grafik nicht erkennbar ist). Bei den Kommentaren (Comment-Tags - HTML) wird der Text vom Suchroboter erfaßt.

Tabelle 7.4: Aufgabenprofil von Suchrobotern (Teil 1)

Suchmaschine / Suchroboter	Verfolgung von Links in Image-maps	Sicherung Paßwort	Ermittlung der Popularität von Dokumenten
Alta Vista / Scooter	X	-	-
Excite / Architext Spider	-	X	X
Hotbot / Slurp the Web H.	-	-	X
InfoSeek / Sidewinder	X	X	-
Lycos / T-Rex	-	X	X
Northern Light	X	X	-
WebCrawler / Spidey	X	-	X

Probleme für die Beschaffung von Informationen aus den Ressourcenquellen

Bei der Akquisition von Informationen aus den Ressourcen können Schwierigkeiten auftreten, die durch entsprechende Programmierung der Suchroboter behoben werden können. Allerdings führt dies zur Zeit zu Einschränkungen bei der Beschaffung der Informationen aus diesen Quellen.

- Ressourcenquelle WWW (HTML-Dokumente)
  - HTML-Dokumente mit Frames. Nur sehr wenige Suchroboter verarbeiten Frame-Dokumente außerhalb der statischen Startseite, da Schwierigkeiten auftreten, die Frame-Dokumente als Treffer in die richtige Kombination zu anderen Frame-Bereichen zu bringen.
  - Linkzugriffe aus Bereichen von Grafiken (Imagemaps, u.ä.). Die wenigsten Suchroboter sind in der Lage, Links, die als Verweise in Teilen einer Grafik unterlegt sind, zu verfolgen.
  - Aktualisierte, bzw. neuerstellte Dokumente. Es können große Zeiträume zwischen der manuellen Eintragung der aktualisierten, bzw. neuerstellten Seite und der tatsächlichen Erfassung und Analyse dieser Seite durch den Suchroboter und der letztendlichen Indizierung liegen (teilweise bis zu 4 Wochen).

- Ressourcenquellen FTP, Gopher, Telnet
  - Erfaßt werden hauptsächlich Verzeichnisse und Textdateien.
  - Programme, Bilder, Sounddateien usw. können nur über deren Namen beschafft werden.

- Ressourcenquelle News-Gruppen und FAQ´s
  - Nur die im WWW am meisten nachgefragten, aktuellsten News-Gruppen und FAQ´s werden berücksichtigt.

In welchem Maß die im Internet eingesetzten Suchroboter diese genannten Problembereiche bearbeiten können, welche Restriktionen und Beschränkungen sie auf den Zugriff der in den Ressourcen vorgehaltenen Informationen haben, kann der Tabelle 7.5 entnommen werden. Es werden jedoch nur die Suchroboter der leistungsfähigsten Index-Kataloge näher betrachtet.

Tabelle 7.5: Aufgabenprofil von Suchrobotern (Teil 2)

Suchmaschine / Suchroboter	Erfassung von Webdokument- änderungen	Berücksichtigung Robot Exclusion oder Meta-Tags	Link-Weiterver- weisung / Zuordnung neuer URL´s
Alta Vista	X	X / X	X
Excite	-	X / X	-
Hotbot / Inktomi	-	X / X	X
InfoSeek	X	X / X	X
Lycos	-	X / X	Meldung

Tabelle 7.5: Aufgabenprofil von Suchrobotern (Teil 2)

Suchmaschine / Suchroboter	Erfassung von Webdokument- änderungen	Berücksichtigung Robot Exclusion oder Meta-Tags	Link-Weiterver- weisung / Zuordnung neuer URL´s
Northern Light	-	X / X	./.
WebCrawler	-	X / X	./.

Bisher aus den Ressourcenquellen ausgeschlossene Informationsquellen

Folgende Bereiche innerhalb der Ressourcen können von Suchrobotern bisher nicht erfaßt werden (ebenfalls eine Frage der Programmierung der Suchroboter):

* HTML-Dokumente
    - Dokumente, auf die kein Link verweist und die nicht bei einer Suchmaschine einge-tragen wurden.
    - Geschützte Dokumente, auf die entweder nach einer erfolgten Registrierung, nach der Eingabe eines Paßwortes oder durch einen FIREWALL[1] zugegriffen werden kann.
    - Dynamische Dokumente. Diese Dokumente werden über Formulare oder andere Me-thodiken dynamisch geniert (CGI-Scripts[2], Zugriff auf Datenbanken).
    - robot.txt. Die meisten Suchmaschinen halten sich an den Roboter-Exclusion-Stan-dard[3].
* E-Mail
    - E-Mailadressen können nicht automatisch beschafft werden.
* Dateien (außerhalb des WWW-Server-Bereichs)
    - Dateien, welche über den WWW-Browser mit "file": erreichbar sind, können im all-gemeinen von den Suchrobotern nicht erfaßt werden.
* Informationen, die erst über spezielle Anwendungsprogramme zugänglich werden (Akti-veX, Visual Basic, Java usw.)

---

[1]   Ein Firewall ist ein Programm oder ein Computer, auf dem dieses läuft, normalerweise ein Internet-Gateway-Server (ein Server, über den der Zugang ins Internet geleitet wird). Dieser schützt die Ressourcen eines Netzwerks vor Benutzern aus anderen Netzwerken.

[2]   Das Common Gateway Interface (CGI) ist der Standardweg für einen Web-Server, die Kon-trolle an ein Anwendungsprogramm zu übergeben und die ermittelten Daten zurückzuschleusen, wenn es beendet ist. Oft werden über dieses Interface Programme dazu verwendet, um auf den Inhalt von Da-tenbanken zuzugreifen. Die Anwendungsprogramme können in verschiedenen Programmiersprachen verfaßt werden.

[3]   Zur Verhinderung einer zu großen Belastung der Netzwerke durch die Suchroboter wurde dieser Standard geschaffen. Will man einen Suchroboter bei der Suche ausschließen bzw. ihm verbie-ten, bestimmte Verzeichnisse zu durchsuchen, dann wird eine Datei .../robots.txt im Root-Verzeichnis des Servers angelegt, in der bestimmte Informationen stehen. Der Suchroboter bearbeitet zwangsläufig als erstes diese Datei und hält sich, wenn er den Standard akzeptiert, an die Instruktionen, die in ihr ent-halten sind.

- Informationen, die über Virtual Reality-Systeme verfügbar gemacht werden (VRML-Dokumente, XML-Dokumente usw.).

Tabelle 7.6: Aufgabenprofil von Suchrobotern (Teil 3)

Suchmaschine / Suchroboter	gesicherte Web-Dokumente pro Tag (in Millionen)	Zeitraum bis zur Erfassung angemeldeter Dokumente	Zeitraum bis zur Erfassung nicht angemeldeter Dokumente
Alta Vista	10	1-2 Tage	1 Tag -1 Monat
Excite	3	innerhalb 2 Wochen	bis zu 6 Wochen
Hotbot / Inktomi	bis zu 10	innerhalb 2 Wochen	2 Wochen
InfoSeek	./.	innerhalb von 2 Tagen	1-2 Monate
Lycos	6-10	2-3 Wochen	2-3 Wochen
Northern Light	3 und mehr	2-4 Wochen	2-4 Wochen
WebCrawler	-	innerhalb 2 Wochen	innerhalb 2 Wochen

Der Umfang der von Suchrobotern aus dem Internet beschafften Informationen wird von mehreren Faktoren bestimmt. Ein Faktor ist die schon erwähnte Adreßliste des Suchroboters. Je umfangreicher diese Adreßliste ist, desto umfangreicher sind im allgemeinen die gesicherten Daten.

Umfang der Informationen, die die Suchroboter aus dem Internet beschaffen

Der Umfang der von Suchrobotern aus dem Internet beschafften Informationen wird von mehreren Faktoren bestimmt. Ein Faktor ist die schon erwähnte Adreßliste des Suchroboters. Je umfangreicher diese Adreßliste ist, desto umfangreicher sind im allgemeinen die gesicherten Daten.

Tabelle 7.7: Aufgabenprofil von Suchrobotern (Teil 4)

Suchmaschine / Suchroboter	Beschaffungs- umfang an Web-Dokumenten	durchscannte Suchtiefe	Auffinden Frame-gesteuerter Web-Dokumente
Alta Vista	ganzes Dokument	keine Beschränkung	X
Excite	ganzes Dokument	keine Beschränkung	-
Hotbot	ganzes Dokument	keine Beschränkung	-
InfoSeek	ganzes Dokument	abhängig von Popularität	-
Lycos	ganzes Dokument	abhängig von Popularität	eingeschränkt

Tabelle 7.7: Aufgabenprofil von Suchrobotern (Teil 4)

Suchmaschine / Suchroboter	Beschaffungs- umfang an Web-Dokumenten	durchscannte Suchtiefe	Auffinden Frame-gesteuerter Web-Dokumente
Northern Light	ganzes Dokument	keine Beschränkung	X
WebCrawler	ganzes Dokument	abhängig von Popularität	-

Ein weiterer Faktor ist die Suchtiefe, die der Suchroboter beim Durcharbeiten der Hierarchie des Servers von der Startadresse aus berücksichtigt. Je größer die Suchtiefe ist, desto mehr Informationen werden für die Weiterbearbeitung und die Speicherung in der Datenbank der Suchmaschine beschafft. Einige Suchroboter variieren die Suchtiefe in Abhängigkeit von der Popularität der Internetadresse. Je populärer diese ist, desto mehr Daten werden gesichert, d.h. desto tiefer wird die Hierarchie des Servers durchgearbeitet.

Manche Suchroboter scannen die Serverhierarchie vollständig durch, d.h. die Suchtiefe wird hier bestimmt durch die Anzahl der Ebenen in der Hierarchiestruktur des Servers und ist damit nicht abhängig von der Popularität der Internetadresse. Diese Suchroboter beschaffen also in der Regel mehr Informationen bei gleicher Anzahl zu bearbeitender Internetadressen einer Liste. Einige Suchroboter verfolgen zusätzlich die in den vorgefundenen Dokumenten eingelagerten Links zu anderen Internetadressen. Ein Teil dieser Roboter zählt dabei nur die Anzahl der Links und sichert deren Adressen. Andere verfolgen die vorgefundenen Links und suchen die Dokumente auf, bzw. sichern diese. Der Umfang der aus dem Internet beschafften Informationen wird auch dadurch bestimmt, welche Informationen der jeweilige Suchroboter für die Indizierung und Speicherung in der Datenbank der Suchmaschinen beschaffen soll. Die Suchroboter der leistungsfähigsten Suchmaschinen, die in Tabelle 7.7 betrachtet werden, besorgen in der Regel die ganzen Web-Dokumente.

Tabelle 7.8 beschreibt, in welcher Form die Suchroboter und die eingesetzten Indizierungs-programme das Update der gesammelten Daten vornehmen und welchen Einfluß das Web-Design auf die Indizierung der Internet-Dokumente im Index hat.

Dokumente mit unsichtbarem Text für Browser (Farbe des Textes ist gleich der des Hinter-grundes im HTML-Dokument) können als Spam aufgefaßt werden. Werden im Dokument das Schlüsselwort und andere Texte in sehr kleiner Schriftgröße wiederholt, um die Rankie-rung zu erhöhen, so kann es ebenso dazu führen, daß diese Designmethode als Spam aufge-faßt wird.

Tabelle 7.8: Aufgabenprofil von Suchrobotern (Teil 5)

Suchmaschine / Suchroboter	Aktualität des Index Update-Frequenz	Dokumente mit unsichtbarem Text	Dokumente mit sehr kleinem Text
Alta Vista	1 Tag-4 Wochen	als Spam aufgefaßt	als Spam aufgefaßt
Excite	1 Tag-3 Wochen	indiziert	indiziert

Tabelle 7.8: Aufgabenprofil von Suchrobotern (Teil 5)

Suchmaschine / Suchroboter	Aktualität des Index Update-Frequenz	Dokumente mit unsichtbarem Text	Dokumente mit sehr kleinem Text
Hotbot / Inktomi	1 Tag-4 Wochen	als Spam aufgefaßt	als Spam aufgefaßt
InfoSeek	1 Tag-2 Monate	als Spam aufgefaßt	indiziert
Lycos	2-5 Wochen	als Spam aufgefaßt	als Spam aufgefaßt
Northern Light	1 Tag-4 Wochen	als Spam aufgefaßt	indiziert
WebCrawler	wöchentlich	indiziert	als Spam aufgefaßt

Aktualisierung der Informationen

Die Aktualisierung der Daten, die der Suchroboter beschafft hat, ist in verschiedener Hinsicht problematisch. Ein Problem stellt die große Anzahl von Internetadressen (Stand Mitte 98 ca. 320 Millionen WWW-Internetadressen) dar. Die leistungsfähigsten Suchroboter suchen an einem Tag bestenfalls 10 Millionen Internetadressen auf. Um die Datenbasis der größten Index-Kataloge (Stand Mitte 1999 ca. 150 Millionen Internetadressen) zu aktualisieren, braucht der Roboter etwa 15 Tage. Hierbei ist noch nicht berücksichtigt, daß bei Übertragungsproblemen mehrere Kontaktversuche vorgenommen werden müssen. Manche Suchroboter brechen diese vorzeitig ab. Wenn nach einer gewissen Anzahl von Versuchen keine Verbindung aufgebaut werden kann, wird die Adresse aus der Adressenliste gelöscht. Der Eintrag in der Datenbank der Suchmaschine wird entfernt.

Es muß weiterhin unterschieden werden zwischen der Anzahl von WWW-Internetadressen, die verfügbar sind, und der im Index der Suchmaschine berücksichtigten Anzahl. Im Index sind alle vom Suchroboter vorgefundenen Dokumente (Adressen) zusammengezählt. Es ist nicht berücksichtigt, ob es sich um eine „echte" Adresse handelt oder ob es sich um ins WWW übertragene Fehlerlisten von Programmabstürzen, Log-Dateien (die beinhalten, wann und welcher Suchroboter den Server belastet hat) oder Dokumente ähnlichen Inhalts handelt. Diese scheinbaren Adressen machen einen erheblichen Anteil an gesammelten Dokumenten (Adressen) aus, ohne einen relevanten Inhalt zu bieten.

Die Beschaffung der Dokumente ist die eine Seite, die Analysierung der Inhalte der gesicherten Dokumente und die Indizierung der in ihnen enthaltenen Informationen sowie die Speicherung in der Datenbank der Suchmaschine die andere Seite. Dieser Prozeß dauert je nach Umfang der Aktualisierung unterschiedlich lange. Die Aktualisierungszeiträume der Index-Kataloge schwanken zwischen einigen Tagen (kleine Kataloge wie WWWWorm) und mehreren Monaten (große Kataloge). Daher wird von manchen Suchrobotern nur eine selektive Aktualisierung der Daten vorgenommen. Dabei werden diejenigen Dokumente häufiger aktualisiert, auf die im Katalog mehrfach zugegriffen wird. Ähnlich verhält es sich mit der Popularität der Internetadressen: Je populärer sie sind, um so öfter wird aktualisiert. Ebenso unterscheidet sich die Aktualisierungsfrequenz bei Web-Dokumenten, die von Autoren direkt bei der Suchmaschine angemeldet wurden, von den Web-Dokumenten (Internetadressen), die bei der Suchmaschine nicht direkt angemeldet wurden. Hier gibt es Unterschiede in der Aktualisierungsfrequenz bei angemeldeten Dokumenten von einigen Minuten (InfoSeek) bis zu (in der Regel) mehreren Wochen. Bei unangemeldeten Dokumenten ist die Aktualisierungsfrequenz schlechter. Sie liegt zwischen einigen Wochen und einigen Monaten. Beim WebCrawler werden solche Dokumente in der Regel nicht berücksichtigt.

Die Aktualität der Daten ist oft nicht gegeben und von der Suchmaschine abhängig. Im Katalog gibt es Daten, die tagesaktuell (populäre Adressen), wochen-, monats- und in vielen Fällen jahresaktuell (unpopuläre Adressen) sind. Dabei führen oft schon Adressen, die nur wenige Tage alt sind, auf sogenannte „tote Links", d.h. diese Adressen sind nicht mehr verfügbar. Dies gilt in verstärktem Maße für noch ältere Adressen.

7.2 Der Indizierungsprozeß

Nur diejenigen Web-Dokumente (Daten), die der Suchroboter aus dem Internet heruntergeladen hat, können analysiert und indiziert werden. Dabei bestimmt der Suchroboter die Qualität bzw. die Leistungsfähigkeit der Suchmaschine entscheidend mit.

Welche Informationen in der Datenbank (im Index) der Suchmaschine indiziert und unter Verwendung von Suchmethoden und -operatoren wiedergefunden werden können, bestimmt der Indizierungsprozeß. Dabei sind zum einen die im Prozeß eingesetzten Analysemethoden und zum anderen der Umfang der Indizierung der einzelnen WWW-Seiten (Teilbereiche des Dokuments oder das gesamte Dokument usw.) von großer Bedeutung für die Informationsqualität der Suchmaschine.

Dokumentanalyse

Bei der Dokumentanalyse werden von den verschiedenen Suchmaschinen spezielle Methoden eingesetzt.

- Extraktion von Worten unter der Verwendung von Stopwortlisten
- Berücksichtigung der Position von Worten im Dokument
- Erfassung der funktionellen Bedeutung von Worten (URL, Titel, Überschrift, Link usw.)
- HTML-Sprachelemente (Dateinamen von Bildern, Java-Applets, Kommentare, unbekannte Elemente, die nicht von Browsern angezeigt werden)
- Einsatz von mathematischen Verfahren zur Berechnung von Dokumentähnlichkeiten (Alta Vista)

Nach der Dokumentanalyse wird festgelegt, welche Informationen und in welchem Umfang diese dem Informationssuchenden zur Verfügung gestellt werden sollen.

Umfang der Indizierung

Das jeweilige Web-Dokument wird unter verschiedenen Gesichtspunkten indiziert und wiederauffindbar in einer Datenbank gespeichert. Nachfolgend werden einige Gesichtspunkte für die Indizierung der Daten aus den Webdokumenten aufgezählt.

- Volltext: Bei den meisten (leistungsfähigsten) Suchmaschinen werden alle relevanten Begriffe indiziert.

- Teilindex: Nur gewisse Teile der Dokumente werden indiziert wie: URL, Titel (Titel-Tag) und Überschriften.

- Spezielle Daten
  - META-Tag
    ist ein spezielles, optionales HTML-Element, über das der Autor des Web-Dokuments selbst Beschreibungen und Zusatzinformationen bezüglich des Dokuments übergeben kann. Findet eine Suchmaschine (falls sie META-Tags in der Analyse berücksichtigt) solch ein META-Tag-Element, so endet die Gesamtanalyse des Dokuments schon bei der Auswertung des META-Tags, d.h. die Informationen aus dem META-Tag werden übernommen, und es erfolgt keine weitere Analyse des Dokuments.
  - Kommentare, Beschreibungen und zusätzliche Angaben, die bei Eintragung des Dokuments bei der Suchmaschine angegeben werden.
  - Spezielle Indexdateien, z.B. IAFA-Dateien beim Suchdienst ALIWEB
  - Einige Suchmaschinen (fast alle der leistungsfähigsten) erlauben auch das Abfragen und Löschen eigener URL's.

Wieder gilt, daß nur diejenigen Daten, die analysiert und indiziert und in der Datenbank gespeichert wurden, durch das Such- und Wiedergewinnungsprogamm (das Retrievalsystem) gefunden werden können.

Erfolgt eine Sortierung der Links im Ergebnisprotokoll nach der Popularität der zugeordneten Internetadressen? Erhöht die Verwendung des Meta-Tags die Rankierung beim Sortieren der Ergebnis-Links? Werden sogenannte Brückenseiten bei den gesammelten Internetadressen verwendet, und erfolgt eine Verbindung zu anderen Internetadressen von dieser Brückenseite unter Verwendung des Meta-Tags? Wie behandelt der Indizierer solche Internetadressen? Werden bei den Hybrid-Index-Suchmaschinen die besprochenen Internetadressen, wenn sie als Links im Ergebnisprotokoll aufgenommen wurden, höher rankiert als die anderen?

Dieses Aufgabenprofil des Indizierungsprogramms der Index-Suchmaschine ist Gegenstand der Tabelle 7.9.

Tabelle 7.9: Aufgabenprofil des Indizierers (Teil 1)

Suchmaschine/ Indizierer	Sortierung nach Link-Popularität	Sortierung nach in der Directory betrachteten Dokumenten	Erhöhung der Rankierung durch Meta-Tag	Brückenseiten-verbindung unter Verwendung des Meta-Tags
Alta Vista	-	./.	-	Spam
Excite	X	X	-	indiziert
Hotbot	-	./.	X	indiziert
InfoSeek	X	X	X	Spam

Suchmaschine/ Indizierer	Sortierung nach Link- Popularität	Sortierung nach in der Directory betrachteten Dokumenten	Erhöhung der Rankierung durch Meta-Tag	Brückenseiten- verbindung unter Verwen- dung des Meta-Tags
Lycos	X	-	-	indiziert
Northern Light	-	./.	-	indiziert
WebCrawler	X	X	-	indiziert

Inhalt der Tabelle 7.10 ist, in welcher Form die Indizierung der gesammelten Web-Dokumente in der Datenbank der Index-Suchmaschine vorgenommen wird: Berücksichtigung von Stopwort-Listen, Auswertung von Wortvariationen und Beachtung der Groß- und Kleinschreibung (Case sensitivity) von Worten.

Tabelle 7.10: Aufgabenprofil des Indizierers (Teil 2)

Suchmaschine / Indizierer	Stop-Worte	Wortvariationen	Groß- und Klein- schreibung
Alta Vista	X	-	X
Excite	X	-	-
Hotbot / Inktomi	X	-	gemischt
InfoSeek	-	X	X
Lycos	X	X	-
Northern Light	-	X	gemischt
WebCrawler	-	-	-

7.3   Das Retrievalsystem

Die meisten Index-Kataloge versuchen, mehr oder weniger den gesamten Text (Volltext) der eingesammelten Web-Dokumente zu indizieren, was das Suchen von speziellen Informationen ermöglicht bzw. unterstützt. In einigen Fällen wird auch versucht, spezifische Elemente der HTML-Sprache (HTML-Tags), andere die Wiedererfassung der Daten des Web-Dokuments (indizierte) erleichternde Informationen und bestimmte Feldstrukturen des Webdokuments beizubehalten, was, wenn das Retrievalsystem entsprechende Begrenzungs- und Auswahlmöglichkeiten bereitstellt, die Treffergenauigkeit bei den Suchergebnissen verbessert.

Bei den meisten Index-Katalogen ist der Aspekt der Treffergenauigkeit bei den erhaltenen Suchergebnissen dem Aspekt der Trefferanzahl untergeordnet. Nur wenige, die Treffergenauigkeiten steigernde Suchfunktionen, sind bisher bei einigen Index-Katalogen berücksichtigt.

Auch Metadaten (Auswertungen des META-Tags) werden bei den Index-Katalogen nur selten für die Verbesserung der Retrievalleistung indiziert. Wenn dies der Fall ist, werden sie jedoch bedauerlicherweise nicht korrekt genutzt bzw. umgesetzt.

Sogenannte *Best Match Retrievalsysteme* werden in der Regel von den meisten Index-Katalogen eingesetzt. Manche (von den leistungsfähigsten Index-Katalogen alle) erlauben die *Boolesche Suche*. Einige der Index-Kataloge kombinieren *beide* Retrievalmethoden und bieten den Informationssuchenden diese als *einfache,* bzw. *erweiterte* Suche an.

7.3.1 Best Match Retrievalsysteme

Best Match Retrieval oder *Probabilistic Retrieval* oder in manchen Veröffentlichungen *„unscharfe Suche"* genannt, erwartet bei der Formulierung der Suchanfrage die Eingabe einer unstrukturierten Liste von Termen (Worte, Phrasen, Teilworte, u.a.), wobei die gefundenen Ergebnisse in eine gewisse Reihenfolge unter der Prämisse gebracht werden, daß es die bestmögliche Übereinstimmung beim Vergleich der Suchanfrage mit den Informationen der Suchergebnisse gibt. Beim einfachsten probabilistischen Suchmodell wird danach keine Relevanzermittlung (beste Übereinstimmung) und Sortierung der Suchergebnisse durchgeführt.

Die Index-Kataloge führen beim Best Match Retrieval erfreulicherweise eine Relevanzermittlung mit Gewichtung durch. Damit erfolgt eine Sortierung der Suchergebnisse.

Ein Beispiel soll das Best Match Retrieval anschaulich darstellen. Innerhalb der Datenbank des Index-Katalogs soll nach folgenden Begriffen gesucht werden: „Recycling", „Kunststoff", „PVC" und „Entsorgung". Dabei wird das Web-Dokument gesucht, in dem im Titel die Begriffe in folgender Weise verknüpft sind: „Das Recycling von Kunststoff, speziell PVC, und die abschließende Entsorgung ....".

Bei der Suchanfrage werden die Begriffe als unstrukturierte Liste (Reihenfolge gleichgültig) eingegeben, z. B in der Form: recycling entsorgung pvc kunststoff. Tabelle 7.11 demonstriert den Grad der Übereinstimmung von Suchanfrage und Dokumentinhalt (z.B. Überschrift).

Tabelle 7.11: Best Match Retrieval

Grad der Über-einstimmung	Best Match	Dokumenttext in der Über-schrift (Textbeispiele)
4 | 4 Worte	Alle Dokumente werden berücksichtigt, in denen die vier Worte in beliebiger Reihenfolge stehen.	Das Recycling von Kunststoff, speziell PVC, und die abschließende Entsorgung
4 | 4 Worte	(Beispiel für eine andere Reihenfolge der gesuchten Worte im Dokument)	Recycling und Entsorgung von Kunststoff am Beispiel von PVC
3 | 4 Worte	Dokumente, in denen nur 3 Worte vorhanden sind.	PVC-Entsorgung bzw. Recycling
2 | 4 Worte	Dokumente, in denen nur jeweils 2 Worte berücksichtigt sind.	Entsorgung von PVC
1 | 4 Worte	Dokumente, in denen nur eines der Worte vorhanden ist.	Entsorgung in Wolfsburg

Wenn die Datenbank Dokumente enthält, in denen die vier Terme (hier: Worte) bzw. ein Teil der Terme in verschiedenen Zusammenhängen stehen, sind diese auch im Suchergebnis vorhanden. Je größer die unstrukturierte Liste der Terme ist, desto größer ist auch der Ergebnisdatenbestand, in dem unrelevante Ergebnisdokumente enthalten sind. Beim ungewichteten Retrieval erfolgt keine Sortierung. Daher ist der Datenbestand der Ergebnisse chaotisch.

Die Index-Kataloge setzen das gewichtete Retrieval ein, bei dem eine Sortierung anhand bestimmter Gewichtungskriterien vorgenommen wird, d.h. beim obigen Beispiel, daß diejenigen Dokumente oben in der Rangfolge plaziert werden, in denen alle Terme enthalten sind.

Gewichtungkriterien der Best Match Retrievalsysteme

- *Kollektionshäufigkeit*
  Als Kollektion kann die Zahl der Terme aufgefaßt werden. Tritt eine Kollektion nur in einigen wenigen Dokumenten auf, werden diese den Dokumenten in der Rangfolge übergeordnet, bei denen eine Kollektion öfter auftritt. Beispiel: Die Kollektion besteht aus vier Termen. Dann werden die Dokumente als erste eingeordnet, in denen alle 4 Terme stehen, als nächstes in der Rangfolge werden die Dokumente plaziert, in denen 3 Terme stehen usw. Dabei werden diejenigen Dokumente in der Rangfolge höher plaziert, in denen bestimmte Kollektionen von Termen seltener auftreten.

- *Termhäufigkeit im Dokument*
  Je öfter ein bestimmter Term in einem Dokument auftritt, desto wichtiger ist dieser Term für das Dokument. Das gilt natürlich dann auch für die Gesamtzahl der Dokumente, d.h. die Dokumente, in denen der Term vorkommt, der die größte Häufigkeit im Ergebnisdatenbestand hat, werden höher plaziert.

• *Dokumentlänge*
  Ein Term, der x-mal in einem kurzen Dokument auftritt, ist wichtiger für das Dokument
  als ein Term, der ebensooft in einem langen Dokument auftritt.

Ermittlung der Gesamtgewichtung

Jeder der Gewichtungsfaktoren wird eingesetzt, um zu ermitteln, welche Kombination von
Termen-Dokumenten den größten Gesamtwert bezüglich der Übereinstimmung mit der
Suchanfrage hat. Diese Dokumente werden im Ergebnisdatenbestand die oberen Plätze in der
Rangfolge einnehmen.

Best Match Retrieval bei Index-Katalogen

Viele der Index-Kataloge bieten das Best Match Retrieval an. Bei manchen ist diese Suchmethodik als Defaultwert voreingestellt. Wird die unstrukturierte Liste von Termen - Term für
Term durch ein Leerzeichen getrennt - eingegeben und die Suche gestartet, dann ermittelt die
Suchmaschine die Ergebnisse durch Best Match Retrieval. Leider wird dieser Sachverhalt im
Ergebnisausdruck der jeweiligen Suchmaschine nicht angegeben. Ebenfalls wird in der Regel
nicht angegeben, wie viele Terme in dem Ergebnisdokument enthalten sind. Eine Ausnahme
bei den Suchmaschinen ist der Index-Katalog Lycos.

Alta Vista und Excite bieten das Best Match Retrieval in der *einfachen Suche* an, während
die *erweiterte Suche* bei beiden Index-Katalogen die exakte Boolesche Suche bedeutet. Bei
Infoseek gibt es keine Auswahlmöglichkeit.

Der Index-Katalog Hotbot gestattet das Best Match Retrieval über das Optionsmenü. Dabei
bedeutet *any of the words* das Best Match Retrieval. Die Auswahl von *all of the words* ist eine
Modifikation des Best Match Retrieval. Hier stehen nur die Dokumente im Ergebnisausdruck, in denen alle Worte (Terme) gleichzeitig auftreten.

Lycos bietet über das Best Match Retrieval eine simulierte Boolesche Suche an. Bei der Auswahl der *AND-Verknüpfung* wird die Suche nach dem Best Match Retrieval durchgeführt. Im
Ergebnisausdruck wird darüber informiert, wie viele Terme jeweils im Ergebnisdokument
enthalten sind.

7.3.2 Boolesche Suchmethodik

Boolesches Retrieval ist der Standard bei kommerziellen Informations-Retrievalsystemen.
Für ungeübte Informationssuchende ist ein solches System aus heutiger Sicht im allgemeinen
nicht ganz einfach zu bedienen. Das liegt daran, daß viele Benutzeroberflächen (Benutzerinterfaces) ziemlich primitiv gestaltet sind. Boolesche Suchsysteme liefern auf eine Suchanfrage eine ungeordnete Ergebnismenge von Dokumenten.

Die Grundidee des Booleschen Retrievals ist es, einfache Mengenoperationen auf Mengen
von Dokumenten, die durch bestimmte Attributwerte (im Dokument enthaltene oder nicht
enthaltene Informationen zu einem Suchterm) charakterisiert sind, durchzuführen.

Beim Booleschen Retrieval für Textdokumente gibt der Recherchierende an, welche Worte oder Terme in den Ergebnisdokumenten des Index-Katalogs vorkommen sollen und welche nicht. Der Index-Katalog liefert dann alle Dokumente, die diese Suchbedingungen erfüllen. Indem die Dokumentstruktur (Titel, Überschrift, Autorname usw.) genutzt wird (was nicht alle Index-Kataloge bieten), kann das Boolesche Retrieval verfeinert bzw. verbessert werden. So kann angegeben werden, in welchen Teilen des Dokuments ein Term vorkommen soll, also ob der Term im Titel oder nur bei Autorennamen gesucht wird.

Bei der Suchanfrage können die gesuchten Terme durch die Anwendung von Booleschen Operatoren miteinander verknüpft werden. Es gibt eine Anzahl von Booleschen Operatoren, die im Textretrieval, und eine größere Anzahl, die in anderen Bereichen (Entwurf logischer Schaltungen, Entwicklung von elektrischen-, elektronischen-, hydraulischen- und pneumatischen Steuerungen, in der Mathematik, im Operation Research usw.) benutzt werden.

Folgende boolesche Operatoren werden bei der Textsuche eingesetzt:

	Term 1 **AND** Term 2
AND	Alle Dokumente sind im Ergebnisdatenbestand vorhanden, in denen beide Terme (Term1 und Term2) vorhanden sind. Die Reihenfolge des Auftretens ist ohne Belang.
	Term 1 **OR** Term 2
OR	Alle Dokumente sind im Ergebnisdatenbestand, in denen entweder der eine oder der andere oder beide Terme enthalten sind. Dabei ist die Reihenfolge des Auftretens ohne Belang.
	Term1 **NOT** Term 2
NOT	Alle Dokumente sind im Ergebnisdatenbestand, in denen Term 1 vorkommt, Term 2 aber nicht.

Manche der Index-Kataloge lassen auch Suchanfragen zu, bei denen beliebig viele Terme mit den obengenannten Operatoren verknüpft durch Klammerung verschachtelt werden können. Beispiel:

(Term1 AND Term2 OR Term3 NOT Term4) AND (Term5 NOT (Term6 OR Term7))

Die Klammerung von Ausdrücken ist nur bei einigen Index-Katalogen zulässig.

Für weitere Verfeinerungen der Booleschen Suche werden von verschiedenen Index-Katalogen weitere Möglichkeiten bereitgestellt.

- Bei nur wenigen Index-Katalogen ist die Suche nach Dokumenten, die zu einem bestimmten *Zeitraum* erstellt, bzw. indiziert wurden, durch die Auswahl bestimmter Optionen möglich.

- Es besteht die Möglichkeit der *Trunkierung*, d.h. es können durch Verwendung von Sonderzeichen (Wildcards) alle Terme bei der Suchanfrage bezeichnet werden, die ein bestimmtes Zeichenmuster in einer bestimmten Position des Terms selektieren. Das ist oft ein Wortanfang, der mit einem Trunkierungszeichen endet. Damit werden alle Dokumente im Ergebnisdatenbestand berücksichtigt, in denen Terme, die mit der Zeichenkette beginnen, stehen.

- Diejenigen Index-Kataloge, die eine *Phrasensuche* gestatten, bieten entweder die Möglichkeit, die Phrase direkt einzugeben, indem die Term-Kette zwischen Quotes ('') eingeschlossen wird, oder es wird die Term-Kette ebenfalls direkt formuliert, und die Kennzeichnung der Phrasensuche erfolgt durch die Auswahl der entsprechenden Suchoption.

- Berücksichtigung der Positionen der Terme zueinander im Dokument. Es gibt Funktionen, die den Abstand (*Proximity-Suche*) zwischen zwei Termen in einem Textfeld berücksichtigen, also nur solche Dokumente für den Ergebnisdatenbestand auswählen, bei denen zwischen dem Term 1 und dem Term 2 höchstens (genau) *n* andere Terme stehen. Dabei kann auch die Reihenfolge der Terme vorgegeben werden. Untenstehend sind einige der realisierten Funktionen aufgelistet.

Bei der Nähesuche (Proximity-Suche) werden unter anderem folgende Operatoren genutzt:

	Term 1 **NEAR** Term 2
NEAR	Alle Dokumente befinden sich im Ergebnisdatenbestand, für die gilt, daß beide Terme im Dokument enthalten sind und innerhalb eines bestimmten Abstands (gemessen in Termen / Worten) zueinander stehen. Dieser Default-Abstandswert wird von den Index-Katalogen, die diesen Operator verwenden, unterschiedlich vorgegeben. Normalerweise beträgt der Wert 25 Worte. Die Eingabereihenfolge der Terme ist ohne Belang.
	Term 1 **FAR** Term 2
FAR	Alle Dokumente, in denen beide Terme exakt in einem bestimmten Abstand voneinander entfernt stehen, sind im Ergebnisdatenbestand. Der Default-Abstandswert wird von den Index-Katalogen, die diesen Operator verwenden, unterschiedlich vorgegeben. Normalerweise ist der Wert auf 25 Worte festgelegt. Die Eingabereihenfolge der Terme ist ohne Belang.
	Term 1 **ADJ** Term 2
ADJ (adjacent)	Es sind die Dokumente im Ergebnisdatenbestand enthalten, in denen beide Terme direkt nebeneinander stehen. Dabei ist die Reihenfolge der Terme ohne Belang. Beispiel: Bundesrepublik ADJ Deutschland.
	Term 1 **BEFORE** Term 2
BEFORE	Alle Dokumente sind im Ergebnisdatenbestand enthalten, in denen der zuerst eingegebene Term der Suchanfrage auch im Dokument vor dem zweiten Term steht. Dabei ist der Abstand der beiden Terme voneinander ohne Belang.
	Term 1 **FOLLOWED BY** Term 2
FOLLOWED BY	Alle Dokumente sind im Ergebnisdatenbestand enthalten, in denen Term 1 vor Term 2 steht. Dabei ist der Abstand der beiden Terme voneinander ohne Belang.

7.3.3 Fuzzy-Suche

Die Fuzzy-Suche ist eine andere Retrievalmethode und gehört zum Gebiet der probabilistischen Methoden (unscharfe Suchmethoden).

In vielen Fällen kann die genaue Zeichenfolge eines Suchterms nicht formuliert werden. Beispiel: Es soll ein Buch bestellt werden. Der Name des Autors lautet entweder Meier oder Maierle oder vielleicht Mayerling? Dann ist der Sucherfolg bei den bisherig erwähnten Retrievalmethoden kaum realisierbar.

Bei der Fuzzy-Suche wird die möglicherweise richtige Zeichenfolge des Suchterms eingegeben und die Suche gestartet. Ist der richtige Suchbegriff in der Datenbank vorhanden, wird die Fuzzy-Suchmethodik auch die Dokumente ausgeben, in denen dieser richtige Suchbegriff steht, aber auch weitere Dokumente, in denen ähnliche Suchbegriffe (andere Zeichenfolgen) stehen.

Abbildung 7.4: GoTo.com - Suchmaschine, die die Fuzzy-Suche ermöglicht

7.3.4 Suche in natürlicher Sprache (natural language search)

Verarbeitung von natürlicher Sprache (Natural Language Processing, NLP) ist das Bestreben und die Wissenschaft, Computern die natürliche Sprache verständlich zu machen. NLP ist ein Teilgebiet der Künstlichen Intelligenz-Forschung. Die Zielrichtung ist es, Computer-Verarbeitungssprachen zu entwickeln, die den Computer in die Lage versetzen, präzise Ergebnisse zu produzieren, nicht nur allein beim möglichst exakten Angleichen zwischen Suchanfragen mit Schlüsselworten und den erhaltenen Ergebnissen.

NLP macht sich die Nutzung von verschiedenen Konzepten zur Bestimmung der Wechselwirkung von Worten bei der natürlichen Sprache zu eigen.

Der Computer zerlegt den Satz in seine Semantik-Teile wie: Hauptworte, Zeitworte, Eigenschaftsworte usw. und erzeugt Verknüpfungen.

Die natürliche Sprache ist seit langem zweideutig, unklar und bildhaft. NLP versucht, die Wechselwirkung zwischen den Worten eines Satzes zu berechnen, d.h. von jedem Wort die Wechselwirkung zu den anderen Worten in der Umgebung des Wortes zu bestimmen. Diese Wechselwirkung wird in eine Formel gefaßt, und der Computer versucht - basierend auf seiner Logik -, Vermutungen bezüglich der richtigen Anwendung der natürlichen Sprache anzustellen. Damit soll dem Informationssuchenden ermöglicht werden, seine Suchanfrage an die Suchmaschine so zu stellen, wie ihm der „Schnabel gewachsen" ist. Er muß keine speziellen Regeln lernen, um dem Computer mitzuteilen, was er meint. Er kann also die Suchanfrage so formulieren, als würde ihm gegenüber eine andere Person stehen, die die gleiche Sprache spricht und die gleiche oder eine ähnliche Wissensbasis besitzt, und er wird verstanden.

Nur wenige Index-Kataloge gestatten eine Eingabe der Suchanfrage in natürlicher Sprache und verstehen diese (Infoseek, Excite, Open Text, Lycos Pro).

Bei den anderen Index-Katalogen ist eine Eingabe der Suchanfrage, quasi als natürliche Spracheingabe, im einfachen Englisch ebenfalls möglich, da diese Suchmaschinen sogenannte „Stopwortlisten" zur Reduzierung der Speicherkapazität verwenden. Diese Suchmaschinen entfernen diejenigen Worte (the, in usw.) in der Suchanfrage, die in der verwendeten Stopwortliste der Suchmaschine enthalten sind, und führen die Suche mit den restlichen nicht mehr entfernbaren Worten der Suchanfrage im Index durch.

Dabei gilt: Für jedes Wort der Suchanfrage wird eine eigenständige Suche in der Datenbank (dem Index) der Suchmaschine durchgeführt - bei beispielsweise fünf Worten fünf Suchprozesse.

Daher sollte, wenn möglich, bei den Suchmaschinen, die keine Suchmethodik mit natürlicher Sprache anbieten, auch keine in einer solchen Form formulierte Suchanfrage eingegeben werden, weil dies zur Verschlechterung bei der Zugriffszeit und dem angelieferten Datenvolumen an Suchergebnissen führt.

7.3.5 Konzeptbasierte Suchmethodik

Es gibt zwei grundsätzlich verschiedene Methoden, Texte zu indizieren: die *Schlüsselwortbasierte-Indizierung* und die *Konzeptbasierte-Indizierung*.

Anders als bei den Schlüsselwortbasierten Index-Systemen wird bei den Konzeptbasierten Index-Systemen zu ermitteln versucht, was der Informationssuchende mit seiner Suchanfrage meint (zu welchem übergeordneten Thema die Informationen, die er sucht, gehören könnten), und nicht, was er fragt (welche Worte er gebraucht hat).

Die Konzeptbasierten Index-Systeme überprüfen in den vorhandenen Dokumenten der Datenbank, welche Themen und Konzepte im jeweiligen Inhalt des Dokuments dominieren, und indizieren diese und nicht die Schlüsselworte.

Ein Konzeptbasiertes Suchsystem ermittelt diejenigen Dokumente, welche das Thema / die Kategorie behandeln, ohne daß die Worte, die bei der Suchanfrage benutzt wurden, in den Dokumenten explizit vorkommen, bzw. präzise mit den im Dokument gebrauchten Begriffen übereinstimmen. Der Index-Katalog Excite bietet die bisher beste Lösung einer Konzeptbasierten Suchmethodik an.

Wie funktioniert eine Konzeptbasierte Suchmethodik?

Es gibt verschiedene Methoden zur Bildung von Konzeptbasierten Indizes. Einige von ihnen sind sehr komplex, verwenden anspruchsvolle sprachwissenschaftliche Theorien und wenden Methoden der künstlichen Intelligenz an. Auf solche Systeme wird hier nicht näher eingegangen. Am Beispiel des Index-Katalogs Excite soll jedoch exemplarisch eine praktische Realisierung und deren Arbeitsweise vorgestellt werden.

Excite's Software bestimmt die Bedeutung der Worte eines Dokuments durch die Berechnung der Häufigkeit, mit der wichtige Worte im Dokument auftreten.

Einige Worte oder Phrasen innerhalb eines Dokuments können als ein Zeichen für einzelne Konzepte / Themen im Text des Dokuments interpretiert werden, zumindest eher als andere Worte oder Phrasen, die in der Umgebung dieser Worte / Phrasen stehen. Die Suchmaschine versucht durch eine statistische Analyse zu folgern, welche Stücke des Dokuments einem bestimmten Thema / Konzept zugeordnet werden können.

Ein eingängiges Beispiel soll das Prinzip verdeutlichen. Das Wort „Herz" - wenn es im Kontext Medizin / Gesundheit gebraucht wird - kann in Zusammenhang mit verschiedenen Begriffen gebracht werden. Begriffe wie: Herzkranzgefäße, Arterien, Lunge, Schlaganfall, Cholesterin, Blut, Anfall, Arteriosklerose, pumpen usw. Wenn das Wort „Herz" im Dokument mit anderen Begriffen enthalten ist, wie zum Beispiel: Blumen, Liebe, Süßigkeiten, Leidenschaft und Valentinsgruß usw., wird ein anderer Kontext (und zwar die Romantik) wahrscheinlich. Die Suchmaschine wird Ergebnisdokumente, die in den entsprechenden Kontext passen, ermitteln und zur Verfügung stellen.

Bei einem Index-Katalog, der diese Suchmethodik bietet, sollte die Suchanfrage so formuliert werden, daß in der einzugebenden Wortliste eine größere Anzahl beschreibender Begriffe auftreten.

Hier sei bemerkt, daß die Konzeptbasierte Suchmethodik in der Theorie besser funktioniert als in der Praxis. Sie ist an sich eine gute Idee, aber noch nicht perfekt. Allerdings zeigt die Praxis, daß bei Suchmaschinen, die konzeptbasiert arbeiten, die erhaltenen Ergebnisdokumente eine sehr gute Relevanz bezüglich der Suchanfrage aufweisen, besser als bei Index-Katalogen, die diese Suchmethodik nicht einsetzen.

7.3.6 Feldsuche bei Index-Katalogen

Die Suche nach Dokumenten, die bestimmte Informationen enthalten, kann durch den Einsatz der Feldsuche optimiert werden. Der Ergebnisdatenbestand wird damit eingegrenzt. Dabei kann die Suche nur auf bestimmte Teile des Dokuments ausgerichtet sein.

Zwei der großen Index-Kataloge bieten eine größere Anzahl auswählbarer Optionen für die Feldsuche an: Alta Vista und Hotbot.

Als erster Index-Katalog soll Alta Vista vorgestellt werden (siehe Tabelle 7.12). Die Syntax der Feldsuche lautet: **<Feldbezeichner>:<Suchbegriff>**

Tabelle 7.12: Möglichkeiten der Feldsuche im Index-Katalog Alta Vista

Web-Feldbezeichner	Erläuterung und Beispiele
	Es werden nur Dokumente gesucht, die die spezifizierten Begriffe enthalten.
anchor:*text*	Dokumente, in denen der mit *text* oder *phrase* bezeichnete Hyperlink vorkommt.
applet:*class*	Dokumente, in denen eine bestimmte Java-Applet-Klasse aufgerufen wird.
domain:*domainname*	Dokumente der angegebenen Toplevel-Domain (also mehrere Server, Beispiel: .com) werden berücksichtigt.
host:*Name*	Dokumente des angegebenen Servers werden gesucht, z.B.: www.rz.tu-bs.de
image:*filename*	Dokumente, die ein bestimmtes Bild beinhalten, werden gesucht. Beispiel: hallo.gif
Link:URL*text*	Dokumente, in denen der Hyperlink zu einer spezifizierten URL enthalten ist, werden gesucht.
title:*text*	Dokumente, in denen im Titel-Tag der angegebene Text oder die Phrase steht, werden gesucht.
text:*text*	Dokumente, in denen im normalen HTML-Text (kein unsichtbarer Text, Link-Text oder Bild-Text) der angegebene Text oder die Phrase steht, werden gesucht.
URL:*text*	Dokumente, in denen der spezifizierte Text oder die Phrase in der Internetadresse (URL) steht, werden gesucht.

In der nachfolgenden Tabelle 7.13 sind die auswählbaren Feldsuchoptionen des Index-Kataloges Hotbot zusammengestellt.

Tabelle 7.13: Möglichkeiten der Feldsuche im Index-Katalog Hotbot

Web-Feldbezeichner	Erläuterung und Beispiele
	Es werden nur Dokumente gesucht, die die spezifizierten Begriffe enthalten
domain:[Name]	Beschränkt die Suche auf die spezifizierte Topleveldomain (bis drei Ebenen tief). Beispiel: .com, intel.com, support.intel.com.
depth:[Number]	Beschränkt die Tiefe der Dokumente. Beispiel: Top-Seite (1.Ebene, usw. / Tiefe / Number).
linkdomain:[Name]	Beschränkt die Suche auf Dokumente, in denen Hyperlinks auf die spezifizierte Internetadresse verweisen.
linktext:[extension]	Beschränkt die Suche auf Dokumente, in denen Dateien mit einer bestimmten Erweiterung des Dateinamens eingebunden sind. Beispiel: „linktext:ra" findet Dokumente, in denen RealAudio Dateien enthalten sind.
scriptlanguage: [language]	Suche nach Dokumenten, in denen entweder Java-Script oder VB-Script enthalten ist.
outgoing urlext: [Dateierweiterung]	Beschränkt die Suche auf Dokumente, die eingebundene Dateien mit einer bestimmten Dateikennung enthalten. Beispiel: outgoingurlext:ra - Die Dokumente werden gefunden, in denen Real Audio Dateien eingebunden sind.
newsgroups: [full newsgroups Name]	Beschränkt die Suche in den UseNet-Groups auf Artikel zur spezifizierten Newsgroup.
after:[day]/[month][year] before:["] / ["] / ["]	Beschränkt die Suche auf Dokumente, die nach / vor dem spezifizierten Datum erzeugt oder geändert wurden.
within:number/(day, month, year)	Beschränkt die Suche auf Dokumente, die in dem spezifizierten Zeitraum erzeugt oder geändert wurden.
feature:[Name] (detaillierte Beschreibung siehe Tabelle 7.14).	Limitiert die Suche auf Dokumente, in denen die spezifizierte Funktion vorhanden ist. Die meisten Kontrollmöglichkeiten (s.u.) sind über das Media-Panel des Benutzerinterface auswählbar.

Tabelle 7.14: Feldbezeichner „Feature" im Index-Katalog Hotbot

feature:[Name]	Nachfolgend werden die Werte, die der Name annehmen kann, detaillierter beschrieben.
feature:embed	Ermittelt im Dokument verwendete Plug-Ins
feature:script	Ermittelt ins Dokument eingebundene Scripts
feature:applet	Ermittelt eingebundene Java-Applets
feature:activex	Ermittelt ActiveX-Programme oder -Layouts
feature:audio	Ermittelt alle im Dokument benutzten Audio-Formate
feature:video	Ermittelt alle im Dokument benutzten Video-Formate
feature:shockwave	Ermittelt Shockwave-Dateien
feature:acrobat	Ermittelt Acrobat-Dateien
feature:frame	Dokumente mit Frames (HTML)
feature:table	Dokumente mit Tabellen (HTML)
feature:form	Dokumente, in denen Forms (HTML) benutzt werden
feature:vrml	Ermittelt VRML-Dateien
feature:image	Ermittelt Bilder-Dateiformate (gif...)
feature: flash	Ermittelt Flash-Plugins im HTML-Text

Beispiel für den Einsatz der Suchverfeinerung: Hotbot faßt die sogenannten Meta-Words als Worte auf und nicht als Kommandos.

feature: image + title: president Nixon

Alle Dokumente, die keine Bilder enthalten und in deren Titel oder Text die Worte „president" sowie „Nixon" vorhanden sind, werden im Ergebnisdatenbestand erfaßt.

7.3.7   Rankierung der Dokumente bei Index-Katalogen

Suchmaschinen verwenden in der Regel unterschiedliche Rankierungsalgorithmen. Generell lassen sich allerdings Aussagen über die Sortierung der Ergebnisse treffen.

Rankierungsfaktor: Position des Schlüsselwortes im Dokument

Die Position der Schlüsselworte im Dokument ist ein wichtiger Faktor. Dabei werden diejenigen Dokumente höher sortiert, bei denen das gesuchte Schlüsselwort am Anfang des Dokuments steht: Z.B. im Titel-Tag (am höchsten), im META-Tag, in der Dokumentüberschrift, in den ersten Paragraphen des Textes (am niedrigsten).

Rankierungsfaktor: Häufigkeit des Auftretens des Schlüsselwortes

Der zweite Faktor bei der Ermittlung der Rangfolge der Ergebnisdokumente ist die Häufigkeit des Auftretens des Schlüsselwortes im Dokument, die Frequenz. Eine Suchmaschine ermittelt, wie oft das Schlüsselwort auftritt. Dabei gilt jenes Dokument als wichtiger, bei dem das Schlüsselwort öfter auftritt.

Gewichtung der Rankierungsfaktoren

Alle Suchmaschinen benutzen die beiden erwähnten Faktoren bei der Ermittlung der Rangfolge der Dokumente, nur nimmt jede eine andere Gewichtung vor. So kommt es in der Regel dazu, daß das gleiche Dokument im Ergebnisdatenbestand der Suchmaschinen eine unterschiedliche Position einnimmt. Ein weiterer Grund dafür ist, daß einige der Suchmaschinen mehr Dokumente als andere indizieren, einige indizieren die Dokumente öfter als andere. Die Konsequenz daraus ist, daß keine der Suchmaschinen die gleiche Kollektion von Web-Dokumenten in ihrem Datenbestand hat.

Rankierungsfaktor: Link-Popularität

Einige der Suchmaschinen erhöhen zusätzlich die Relevanz von Dokumenten, die bestimmte Bedingungen erfüllen. Zum Beispiel nutzt der WebCrawler Link-Popularität als weiteren Faktor. Dabei ermittelt er, welche Dokumente in seinem Index eine größere Anzahl von Zugriffen erhalten und erhöht die Rankierung (Relevanz) dieser Dokumente.

Rankierung bei Hybridsuchmaschinen

Einige Index-Kataloge, die schon mit Fug und Recht als Hybrid-Suchmaschinen bezeichnet werden können (Lycos, Excite, LycosPro, Infoseek, WebCrawler, Hotbot), rankieren die Internetadressen bzw. Dokumente, die betrachtet (reviewed) und beurteilt wurden, weiter nach vorne. Die Logik dabei ist, daß - wenn die Adresse „gut genug" war, um betrachtet und beurteilt zu werden - diese als relevanter einzuordnen ist als diejenigen, für die das nicht gilt.

Rankierungsfaktor: kommerzielle Interessen

Wegen der kommerziellen Orientierung der großen Index-Kataloge am internationalen Massenmarkt und der Konkurrenz um die Reklamegelder liegt die Ausrichtung der Ergebnisse der Suchanfragen auf möglichst vielen Treffern und nicht auf Genauigkeit der Suchergebnisse bzw. deren Informationsqualität. Weiterhin bestimmen bei den Index-Katalogen die Sponsoren und diejenigen, die den Dienst durch Plazierung von Werbung mitfinanzieren, sowohl teilweise den Inhalt der Kataloge wie auch die Relevanzermittlung bei den Ergebnisdokumenten, also deren Rankierung entscheidend mit.

Bei einigen Index-Katalogen wurden schon Rangplätze für Suchergebnisse verkauft.

Zukünftige Nutzbarkeit der Index-Kataloge für die wissenschaftliche Arbeit

Setzen sich diese Tendenzen weiterhin fort, wovon leider ausgegangen werden muß, ist in naherer Zukunft damit zu rechnen, daß die Objektivität und die Vertrauenswürdigkeit der im Index-Katalog gesammelten Daten wegen gewinnsteigernder Maßnahmen zunehmend untergraben bzw. aufgehoben wird. Es ist also abzusehen, daß die großen Index-Kataloge als Informationsquelle für die wissenschaftliche Arbeit zunehmend unbrauchbarer werden.

Verbesserung der Relevanz

Einige Index-Kataloge gestatten Relevanz-steigernde Maßnahmen. Dabei liegt es in der Hand des Autors eines Webdokuments, die Rankierung seiner Publikation bei einer Suche mitzubestimmen, bzw. sie unter Beachtung der Relevanzermittlungsmethoden der jeweiligen Index-Kataloge (sie unterscheiden sich im Detail voneinander, aber die generelle Richtung ist ähnlich) zu erhöhen.

Maßnahmen des Autors zur Relevanzverbesserung seiner Dokumente

* Eintragen des Webdokuments in mehreren Index-Katalogen
  - Bei den meisten großen Index-Katalogen (Alta Vista, Hotbot, u.a.) besteht die Möglichkeit, Dokumente direkt anzumelden. Weiterhin bieten verschiedene sogenannte Submit-Dienste - sowohl international als auch regional bezogen (z.B. Deutschland) - dem Autor die Möglichkeit, für seine Internetadresse bei mehreren (bis zu einigen hundert) Suchmaschinen die Anmeldung vorzunehmen, dies eventuell gegen eine geringe Gebühr.
* Der wichtigste Text sollte im oberen Bereich des Dokuments plaziert werden.
  - Index-Kataloge, die nur einen Teilindex des Dokuments bilden, analysieren meist den ersten Teil des Webdokuments. Bei anderen werden die oberen Bereiche des Dokuments stärker berücksichtigt, d.h. Dokumente, in denen der Suchbegriff im oberen Bereich gefunden wird, werden höher rankiert.
* Schlüsselbegriffe sollten möglichst im TITEL-Tag und in der Überschrift (Heading) des Dokuments (falls möglich auch in der Adresse) stehen.

- – Dokumente, in denen der Suchbegriff in den genannten Bereichen steht, werden höher rankiert als diejenigen, für die das nicht gilt.

- Beim Design des Dokuments sollten möglichst keine FRAMES benutzt werden bzw. es sollten alternative Dokumente ohne FRAME-Steuerung vorhanden sein.
  - – Nur wenige Index-Kataloge sind in der Lage (Programmierung der Suchroboter), durch FRAMES gesteuerte Web-Dokumente zu finden und zu sichern. Andere können die Links der FRAME-Seite nicht mit den zugehörigen Dokumenten in Zusammenhang bringen.

- Verwendung des META-Tags
  - – Das META-Tag wird, wenn die Suchroboter es berücksichtigen, stärker gewichtet. Wird der Suchbegriff also im META-Tag plaziert, entsteht eine Erhöhung der Relevanz des Dokuments.

- Es sollte immer wieder einmal überprüft werden, ob die eigenen Web-Dokumente indiziert wurden.
  - – Erlaubt der Index-Katalog die Feld-Suche, hier nach dem URL (Alta Vista, Hotbot), dann kann der eigene URL (Web-Dokument) überprüft werden, ob er im Index des Katalogs indiziert wurde. Die Änderung des Webdokuments ist eventuell erforderlich. Gegebenenfalls sollte der Eintrag der Adresse beim Index-Katalog wiederholt werden. Es gibt etliche Softwarepakete, die ein URL-Checking in den Index-Katalogen durchführen (dazu siehe „Verbesserung der Trefferquote").

- Wird das eigene Web-Dokument selten von anderen Informationssuchenden ausgewählt, d.h. treten schlechte Trefferquoten auf, dann muß das Dokument verändert werden, z.B. durch Plazieren von weiteren Suchbegriffen.
  - – Treten schlechte Trefferquoten beim Suchen nach dem eigenen Dokument auf, dann sollte überprüft werden, ob der Einsatz von anderen Suchbegriffen die Trefferquote des Dokuments erhöhen kann. Dabei sollten andere Dokumente ähnlichen Inhalts, die aber mit einer besseren Trefferquote versehen sind als das eigene Dokument, als Beispiel genutzt werden. Für die Überprüfung der Relevanz gibt es im Internet verschiedene Softwarepakete.

Softwarebeispiele zum URL-Checking und zur Rankierungsüberprüfung

+ **RankThis** (http://www.rankthis.com/)
  Freier Service. Eingabe der URL und einer Schlüsselwort-Phrase. Software überprüft, ob der URL oder Sub-Dokumente in den ersten 200 Treffern für diese Phrase auftreten. Alle großen Index-Kataloge werden gleichzeitig berücksichtigt.
+ **ScoreCheck** (http://www.scorecheck.com/)
  Freier Service. Überprüft die Position von bis zu zwei URL's (irgendwelcher Sub-Dokumente) in einigen Suchmaschinen in Zusammenhang mit den spezifizierten Schlüsselworten. Ergebnisse werden via EMail kenntlich gemacht. Beim kostenpflichtigen Service können die Ergebnisse von bis zu 15 Suchmaschinen online betrachtet werden.
+ Es gibt noch weitere Programme.

- Beim Design des Dokuments werden häufig Tabellen verwendet. Daher sollten die Designer ein paar Punkte bei deren Verwendung berücksichtigen. Das Schlüsselwort sollte entweder in der Tabelle stehen oder vor ihr.
  - Ist dies nicht der Fall, kann folgende Situation eintreten:
    So sieht der Browser die Tabelle. Auf der linken Seite steht die Tabelle mit der Navigationssteuerung, rechts daneben der Text mit dem Schlüsselwort.

Home	text text text text text text text
Seite 1	text text **Schlüsselwort** text text
Seite 2	text text text text text text text

Im nachfolgenden Bild wird dokumentiert, wie die Suchmaschine die Seite analysiert. Zuerst wird die Tabelle berücksichtigt. Der im Browser neben der Tabelle stehende Text wird von der Suchmaschine unter die Tabelle zum Dokumentende hin verschoben. Durch diese Handlungsweise verschlechtert sich die Rankierung des Dokuments, da bei der Relevanzermittlung die Position des Schlüsselwortes im Dokument von großer Bedeutung ist.

Home
Seite 1
Seite 2

text text text text text text text

text text **Schlüsselwort** text text

text text text text text text text

- Große Sektionen von Java-Script können den gleichen Effekt wie bei den Tabellen hervorrufen.
  - Die Suchmaschine verarbeitet die Java-Script-Informationen als erstes, wodurch der normale HTML-Text (mit dem Schlüsselwort) tiefer ins Dokument verschoben wird. Abhilfe bringt es, wenn dies möglich ist, den Java-Script-Text tiefer im Dokument zu plazieren als den normalen HTML-Text (eventuell ans Ende). Besser ist es, das Schlüsselwort im META-Tag zu plazieren.

Anmerkungen zum Meta-Tag

Die Verwendung des Meta-Tags beim Design von Webdokumenten ist nützlich. Meta-Keywords werden von den meisten großen Index-Katalogen (mit Ausnahme von Excite, Lycos und Northern Light) genutzt. Meta-Description wird ebenso von fast allen großen Index-Katalogen (Ausnahmen hier: Lycos und Northern Light) berücksichtigt. Allerdings wird der Meta-Tag (Verwendung des Suchbegriffs im Meta-Keyword oder der Meta-Description) nur von wenigen Index-Katalogen (Hotbot, Infoseek) zur Erhöhung der Rangfolge der Dokumente innerhalb des Ergebnisdatenbestands eingesetzt.

Im Ergebnisprotokoll der deutschsprachigen Suchmaschine Intersearch (`http://www.intersearch.de/`) wird die Verwendung des Meta-Tags dokumentiert. In den Ergebnisprotokollen der anderen großen Suchmaschinen bisher nicht.

Es darf allerdings nicht verschwiegen werden, daß verschiedene Werbeanbieter den Meta-Tag dazu verwenden, ihren „Werbemüll" innerhalb des Ergebnisdatenbestandes in der Rangfolge zu erhöhen. Macht dieses Beispiel Schule, muß erwartet werden, daß sich Informationssuchende in Zukunft durch tonnenweise Werbemüll kämpfen müssen, um an brauchbare Informationen zu gelangen. Man kann nur hoffen, daß solchen Bestrebungen ein Riegel vorgeschoben wird.

- Es sollte - wenn möglich - beim Design auf Grafiken verzichtet werden, in denen wichtige Texte, z.B. das Schlüsselwort plaziert werden.
  - Der Grund dafür ist, daß die Suchmaschinen Grafiken, in denen Texte stehen, nicht auswerten können (sowohl die Grafik selbst als auch den in ihr enthaltenen Text). Einige der Suchmaschinen indizieren den ALT-Tag (für Browser wichtig, bei denen das Laden von Grafik ausgeschaltet wurde), in dem wichtige Informationen, die sonst in der Grafik plaziert sind, stehen. Zusätzlich werden von diesen Suchmaschinen auch Kommentare ausgewertet. So sollte viel normaler HTML-Text im Dokument verwendet werden. Die Dokumente, in denen Schlüsselwörter in Grafiken plaziert sind, werden möglicherweise nicht indiziert oder erhalten eine schlechte Rankierung.

- Die Schlüsselworte, die in einem Dokument verwendet werden, sollten „sichtbar" für den Browser sein.
  - Einige Designer von Web-Dokumenten versuchten, die Suchmaschinen durch mehrfaches Wiederholen von Schlüsselworten im Dokument (gestaltet in der gleichen Farbe wie die Hintergrundfarbe des Dokuments / Text wird quasi unsichtbar) oder durch die Verwendung sehr kleiner Fontgrößen, bzw. jeweils kleinerer Fontgrößen, zu überlisten und die Rankierung ihrer Dokumente zu erhöhen. Die meisten Suchmaschinen kennen diese Tricks und ordnen solche Dokumente in der Rankierung sehr weit nach hinten, bzw. entfernen sie aus dem Index, quasi nach dem Motto: Was mit dem Browser nicht gesehen wird, wird von der Suchmaschine auch nicht indiziert. Die Rankierung der Dokumente kann durch Modifikationen des Schlüsselwortes (Schlüsselwort ist Recycling - Modifikationen Kunststoffrecycling, recycelte Materialien usw.) gesteigert werden.

- Suchmaschinen werten bisher keine IMAGEMAPS aus (siehe Auswertung von Grafiken), d.h. die Links werden nicht verfolgt und Schlüsselworte nicht berücksichtigt.
  - Wenn möglich, keine Schlüsselworte in IMAGEMAPS plazieren und die Hyperlinks zusätzlich über normalen HTML-Text ausführen.

- Werden Web-Dokumente dynamisch generiert, z. B. durch CGI-Script oder Datenbankzugriff, ist meist keine Indizierung möglich.

– Nur wenige Suchmaschinen (Suchroboter) sind in der Lage, dynamisch erzeugte Web-Dokumente zu indizieren. Daher sollte man statische Dokumente verwenden und diese eventuell unter Verwendung von Datenbanken automatisch aktualisieren, aber nicht dynamisch erzeugen lassen. Es sollten auch keine speziellen Symbole in der Internetadresse (z.B. „?") verwendet werden.

• Wenn Veränderungen des Web-Dokuments vorgenommen wurden, sollte dieses Dokument beim Index-Katalog erneut angemeldet werden.
  – Wird beispielsweise ein Dokument nur ein- oder zweimal im Jahr geändert, dann indizieren, bzw. aktualisieren bestimmte Index-Kataloge das Dokument weniger oft als diejenigen, die häufiger geändert wurden. Gleiches gilt für die Ermittlung der Rankierung.

• Neuerdings gibt es von den großen internationalen Index-Katalogen regionale Dienste. Möglicherweise erfolgt bei diesen regionalen Diensten eine Adressen-bezogene Filterung von Dokumenten im Datenbestand, d.h. im regionalen Dienst für Deutschland nach .de.
  – Die Problematik dabei ist, daß in den regionalen Diensten eventuell keine Dokumente (mehr) enthalten sein könnten, die z.B. die Domänendung .com tragen, daß solche Dokumente also regional nicht indiziert, bzw. herausgefiltert werden. Ist dieser Fall eingetreten, dann sollte der Autor des Dokuments den Betreiber des Index-Katalogs (hier den deutschen Dienst) informieren, damit die entfernte Adresse manuell im Index eingetragen werden kann.

• Überprüft der Autor eines Dokuments den Index-Katalog relativ oft auf Vorhandensein seiner Adresse (z.B. einmal in der Woche), besteht die Gefahr, daß das zugeordnete Dokument aus dem Index entfernt wird.
  – Dabei kann es sein, daß nicht nur das Dokument entfernt wird, sondern auch die Adresse des Autors aus der Instruktionsliste des Suchroboters. Ist dies geschehen, wird das Dokument nicht mehr aktualisiert und nicht mehr beschafft. Daher ist es in einem solchen Fall notwendig, daß der Autor sein Dokument erneut im Index anmeldet.

7.4   Das Benutzerinterface von Index-Katalogen

Die Benutzeroberflächen der Index-Kataloge sind fast immer in HTML geschrieben und verwenden in der Regel HTTP-Gateways zur Datenbank der Suchmaschine, was zu gewissen Einschränkungen beim interaktiven Zugriff auf schon ermittelte Suchergebnisse führt.

Auf der Startseite der Index-Kataloge werden nicht nur allein Zugriffsmöglichkeiten auf die Datenbank gegeben, sondern auch weitere Dienste angeboten. Seit dem ersten Auftreten der Suchmaschinen haben sich aus den reinen Index-Katalogen auch Dienste entwickelt, die eine Mischform zwischen Index- und Subject-Katalogen darstellen und als sogenannte Hybrid-Suchmaschinen bezeichnet werden. Diese Entwicklung ist auch heute noch nicht beendet. Es werden für eine schnelle Suche ausgesuchte populäre Themengebiete aus dem Index ausgekoppelt und diese Adressen durch kompetente Fachleute auf ihre Informationsqualität und ihr Angebot hin näher betrachtet und kommentiert. Als Navigationsmethode durch die hierarchische Themenstruktur ist das Blättern vorgesehen. Weiterhin können bei vielen Index-Katalogen spezielle Suchmaschinen für bestimmte Fragestellungen (Personensuche, Softwaresuche u.a.) eingesetzt werden.

Bedienungsanleitungen der Index-Kataloge

Sehr wichtig ist die Kenntnis über den effektiven Einsatz des jeweiligen Index-Katalogs. Daher sollten alle verfügbaren Informationen, die der Betreiber in Form von FAQ´s, Tips für die Suche und Hilfeseiten zur Verfügung stellt, in gewissen Abständen erneut gesichtet werden. Die Erfahrungen, die beim Bedienen eines Index-Katalogs gewonnen wurden, können nicht ohne weiteres auf andere Index-Kataloge angewandt werden. Trotz eines ähnlichen Erscheinungsbildes des Benutzerinterfaces kann sich die Bedienung erheblich unterscheiden. Für die korrekte Nutzung ist es unerläßlich, die entsprechenden Hilfeseiten zu studieren. Der beste und kostengünstigste Weg ist es, wenn nötig, alle bei der Suchmaschine verfügbaren Bedienungsanleitungen aus dem Internet auf den eigenen Rechner herunterzuladen und diese anschließend offline auszudrucken. Es kann notwendig sein, auch ältere Texte aufzubewahren, da diese trotz Veränderungen bei den Bedienungsanleitung (Reduzierung, Einschränkung bei den Texten) eventuell sehr hilfreich sein könnten. Eine wichtige Anmerkung: Wenn möglich, sollten unnötige Online-Phasen wie die „Windows konforme Benutzeroberflächensteuerung" namens „Try and Error", das Durchlesen von Hilfetexten und andere unnötige Online-Verweilzeiten vermieden werden.

Gestaltung von Benutzerinterfaces

Bei der Bearbeitung einer Suchanfrage ist die Funktionalität der Benutzerschnittstelle für die Erschließung der in der Datenbank indizierten Informationen durch die Analyse und Indizierung der Dokumente bestimmt. Dabei gilt: Je umfangreicher der Prozeß durchgeführt wurde, desto mehr Suchmethodiken und -operatoren werden dem Informationssuchenden über die Benutzerschnittstelle zugänglich gemacht, d.h. sie ist nach dieser Funktionalität ausgerichtet und bei den meisten Index-Katalogen (oder allgemein: Suchmaschinen) über verschiedene Stufen komfortabel bedienbar.

Verschiedene Suchmethoden (manche bieten ein Benutzerinterface):

- einfache Suche
- komplexe, erweiterte Suche
- Suchmasken, die Formular-basiert sind und vielfältige Einstellmöglichkeiten bieten
- Einstellungsmethoden (Radio-Buttons „hier", Auswahl-Menüs, Auswahl-Listen)
- Suchmasken mit diversen Einstellmöglichkeiten
- Formular-basierte Suchmasken (Radio-Buttons, Menüs, Listen)
    - Java-basierte Suchmasken (schnellere und bessere Interaktion über Java-Script und Java-Applets)
- andere Suchmasken
- Das vollständige Benutzerinterface für die erweiterte Suche (Super Search) bei der Suchmaschine Hotbot ist in den nachfolgenden Abbildungen (Abb. 7.5 und Abb. 7.6) dargestellt.

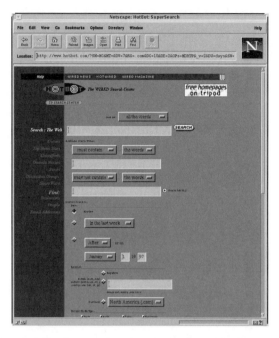

Abbildung 7.5: Das Benutzerinterface der Suchmaschine Hotbot (Teil 1)

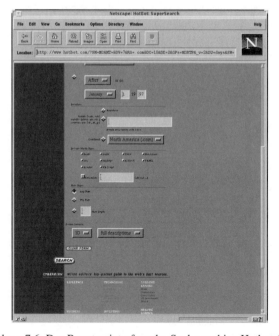

Abbildung 7.6: Das Benutzerinterface der Suchmaschine Hotbot (Teil2)

7.5   Darstellungsqualität der Suchergebnisse

Die übliche Präsentationsmethodik der Suchergebnisse bei den Index-Katalogen ist ihre Darstellung in Web-Dokumenten (HTML-Dokumenten). Einige kleine Index-Kataloge, besonders die, die aus dem universitärten Bereich stammen, wie der WWWWorm, präsentieren die Ergebnisse unter sparsamem Gebrauch von Grafikelementen im Ergebnisdokument.

Bei den Ergebnisausdrucken der kommerziellen Index-Kataloge (Hotbot, Alta Vista, Lycos/ Lycos Pro, Excite, Infoseek u.a.) werden viele Grafikelemente verwendet, die als Werbe- und Marketingträger dienen und mit denen der Betreiber die finanziellen Mittel zum Betreiben des Index-Kataloges erwirtschaftet.

Die teilweise extreme Verwendung von Grafiken bei den Ergebnisdokumenten führt zur Verschlechterung sowohl der Informationsqualität als auch der Zugriffsgeschwindigkeit auf die zu ermittelnden Ergebnisse (Ladezeit der Grafiken) .

Die Präsentation der Ergebnisse ist unterschiedlich gestaltet. Manche Index-Kataloge erlauben eine Auswahl bei der Präsentation (Informationsumfang). Andere klassifizieren die Ergebnisdaten (siehe Kapitel 11).

Sind große Ergebnisdatenbestände zu verifizieren, dann ist es notwendig, bei den mehr oder weniger unsortierten Ergebnissen eine Vorauswahl treffen zu können. Diese Vorauswahl fällt um so leichter, je mehr Informationen bei der Beschreibung der einzelnen Treffer im Ergebnisdokument verfügbar gemacht wurden.

Die Tabelle 7.15 geht auf die Auswertungsmethodik der jeweiligen Suchmaschinen (Suchroboter) bezüglich des Meta-Tags (Schlüsselworte, Beschreibung) ein. Weiterhin wird aufgezeigt, in welcher Form die Darstellung der Ergebnis-Links erfolgt, wenn kein Titel im HTML-Dokument eines Ergebnis-Links angegeben ist, und wie ausführlich die Beschreibung eines HTML-Dokuments ist.

Tabelle 7.15: Aufgabenprofil bei der Anzeige der Ergebnisse (Teil 1)

Suchmaschine	Titel (Länge)	Behandlung von Dokumenten ohne Titel	Beschreibung (Länge)	Unterstützung des Meta-Tags
Alta Vista	78 Zeichen	Information no title	150 (Zeichen)	Schlüsselworte Beschreibung
Excite	70	untitled	395	Beschreibung
Hotbot / Inktomi	115	Listet die URL	250	Schlüsselworte Beschreibung
InfoSeek	70	Benutzt 1. Zeile des Dokuments	170-240	Schlüsselworte Beschreibung
Lycos	60	Benutzt 1. Zeile des Dokuments	135-200	-

| Northern Light | 80 | ./. | 150-200 | - |
| WebCrawler | 60 | Listet die URL | 395 | Beschreibung |

In Tabelle 7.16 werden die Leistungsmerkmale bei der Darstellung der Ergebnis-Links aufgelistet. Es wird auf die Auswahlmöglichkeit bezüglich der Trefferanzahl pro Ergebnisdokument sowie auf die verschiedenen Optionen bei der Darstellung der Ergebnis-Links und auf das Erstellungsdatum der Links eingegangen.

Tabelle 7.16: Aufgabenprofil bei der Anzeige der Ergebnisse (Teil 2)

Suchmaschine	Datum	Auswahl der Anzahl der Treffer pro Ergebnisset	Auswahlmöglichkeiten von Display-Optionen
Alta Vista	X	10	Standard Compact Text-Only
Excite	-	10 bis 50 in 10er Schritten	Summaries Titles only Sort by Site
Hotbot / Inktomi	X	10 bis 100	Full Brief Titles only
InfoSeek	X	10 bis 50	Summaries Titles only
Lycos	-	10 bis 40	-
Northern Light	X	25	-
WebCrawler	-	10 bis 100	Titles only Summaries

7.6   Kurzbeschreibung von Index-Katalogen

Nachfolgend werden die bei den leistungsstärksten Index-Katalogen eingesetzten Suchtechniken und die angebotenen Suchfunktionen in Kurzform aufgelistet.

Tabelle 7.17: Kurzbeschreibungen der Suchfunktionen der Index-Kataloge

Alta Vista	URL-Suche (Text des URL wird zur Suche genutzt mit „URL:") Boolesche Suche - Operatoren AND, OR, NOT und Nähesuche (Proximity) NEAR (10) (bei der erweiterten Suche) Der Benutzer kann die Rangfolgeermittlung der Ergebnisse beeinflussen Rankierungsmethodik: Titel-Worte oder erste Worte des Dokuments (Suchbegriff) Trunkierung, Suche nach Wortvariationen mit gewissen Einschränkungen möglich Klammerung zum Nesten von Booleschen Ausdrücken Phrasensuche Suche kann durch Beschreiber auf bestimmte Felder beschränkt werden (Feldsuche im Dokument [URL, usw.]) Domainsuche („host:"), Wildcardsuche, Titelsuche Gestattet das EXCLUDE (-) und INCLUDE (+) im Ergebnisdatenbestand. Es ist möglich, unter der vorgenannten Symbolik spezifische Zieldokumente zu erzeugen. Alta Vista stellt Ergebniscluster zusammen und gestattet die Suchverfeinerung mit der „Refine-Funktion" oder mittels „related searches".
Excite	Boolesche Suche (AND, OR, NOT) Konzept-basierte Suche nutzt statistische Stärke der Beziehungen zwischen Worten Kreiert eine eigene Wissensbasis (oder internes Wörterbuch) QBE (Query by Example: Suche nach Dokumenten gleichen oder ähnlichen Inhalts) bei den „similar documents" Proximitysuche (Nähesuche) Genestete Boolesche Suche Phrasensuche Fuzzy-AND-Suche Gewichtete Terme Sortierte und rankierte Ergebnisse Relevanzermittlung mit dem Programm Red X Beherrscht Exclude (-) und INCLUDE (+) sowie kombinierte Symbolik

Tabelle 7.17: Kurzbeschreibungen der Suchfunktionen der Index-Kataloge

Hotbot	Boolesche Suche (AND, OR, NOT)
	Proximitysuche (Nähesuche)
	Genestete Boolesche Suche
	Fuzzy-AND-Suche
	Rankierte Ergebnisdarstellung
	Suche kann durch Beschreiber auf bestimmte Felder beschränkt werden (Feldsuche im Dokument [URL, usw.])
	Bestimmung der Suchtiefe (Serverhierarchie)
	Suche nach bestimmten Dateitypen (Applets, Scripts usw.)
	Phrasensuche, Titelsuche, Wildcardsuche, Domainsuche
	Ergebniscluster
	Beherrscht Exclude (-) und INCLUDE (+) sowie kombinierte Symbolik
	Es ist möglich, die Suchergebnisse nach ihrer Popularität zu sortieren
	Suchverfeinerung mit „related searches" und weitere vielfältige Möglichkeiten
Infoseek	Gewichtete Terme (required, desirable, undesirable)
	similar pages - QBE
	keine echte Boolesche Suche (AND, OR, NOT)
	Suche in natürlicher Sprache
	Proximitysuche (Nähesuche)
	Genestete Boolesche Suche
	Trunkierung, Wortstämme
	Fuzzy-AND-Suche
	Sortierte und rankierte Ergebnisdarstellung
	Phrasensuche, Domainsuche („site:"), URL-, Titel-, Wildcardsuche
	Beherrscht Exclude (-) und INCLUDE (+) sowie kombinierte Symbolik
Northern Light	Phrasensuche
	Sortierte und rankierte Ergebnisdarstellung
	Beherrscht Exclude (-) und INCLUDE (+) sowie kombinierte Symbolik
	Boolesche Suche (AND, OR, NOT)
	Wildcardsuche
	Feldsuche (URL-, Titel-, PUB, Ticker, Text)
	Sortierung nach Datum
WebCrawler	Boolesche Suche (AND, OR, NOT)
	Proximitysuche (Nähesuche)
	Genestete Boolesche Suche
	Fuzzy-AND-Suche
	Gewichtete Terme
	Sortierte und rankierte Ergebnisdarstellung
	Suchverfeinerung durch QBE (Similar Pages)

Tabelle 7.17: Kurzbeschreibungen der Suchfunktionen der Index-Kataloge

Lycos	Probabilistisches Retrieval
	Indiziert die ersten 100 Worte und 20 Zeilen als Abstract
	Schlüsselwortsuche
	Boolesche Suche (AND, OR, NOT)
	Automatische Trunkierung, Wortstämme
	Adjacency 0,0 und 1,0 (bei der erweiterten Suche mehr Möglichkeiten)
	Ergebnisse werden kategorisiert
	Terme werden hervorgehoben
	Steuerung der Rankierung in großem Umfang
	Beherrscht Exclude (-) und INCLUDE (+) sowie kombinierte Symbolik
	Ergebniscluster
	QBE (Find similar pages)
	Word-Stemming

In der nachfolgenden Tabelle 7.18 wird die Leistungsqualität der Index-Kataloge hinsichtlich verschiedener Faktoren beurteilt. Dies sind: Funktionalität des Benutzerinterfaces, in der Datenbank berücksichtigte Ressourcen des Internets, Angebot an Bedienungsanleitungen und Beispielsammlungen für die effiziente Benutzung der Funktionen (Training) des Index-Katalogs, Einsatzqualität des Index-Katalogs bei der spezifischen Suche und der komplexen Informationsrecherche, Angebot an speziellen Dienstleistungen (Hybrid-Suchmaschine) und Erfüllung der allgemeinen Kriterien (K1 bis K4).

Tabelle 7.18: Beurteilung der Leistungsangebote der Index-Kataloge

Funktionen	Suchmaschine						
	Alta Vista	Excite	Hotbot	Infoseek	Lycos	Northern Light	Web Crawler
Beurteilungskriterien							
K1	X	X	X	X	X	X	X
K2	X	X	X	X	X	X	X
K3	200+	alle	alle	alle	alle	alle	alle
K4	7	6	8	5	5	6	6
Ressourcen des Internets							
WWW	X	X	X	X	X	X	X
FTP	-	-	-	-	X	-	X
Gopher	-	-	-	-	X	-	X
Usenet	X	X	X	X	-	-	X
andere	X	X	X	X	X	X	X

Tabelle 7.18: Beurteilung der Leistungsangebote der Index-Kataloge

Benutzerinterface							
Trefferauswahl min. max.	- 10	X 10 50	X 10 100	- 10	- 10	- 25	X 10 100
einfache Bedienbarkeit	X	X	X	X	X	X	X
Geschwindigkeit schnell langsam	X	X	X	X	X	X	X
Hilfetexte der Suchmaschine							
kontextbezogen	-	-	-	-	-	-	-
allgemein	X	X	X	X	X	X	X
Beispiele	X	X	X	X	X	X	X
Bewertung der Suchmaschine für verschiedene Einsatzbereiche							
spezifische Suche	++++	++++	++++	+++	+++	+++	+++
Recherche	+++	++	+++++	++	+++	+++	++
Dienstleistungen	++++	++++	++++	++++	++++	+++	+++

Die nachfolgende Tabelle faßt nochmals in detaillierter Form die in den Datenbanken der Index-Kataloge berücksichtigten Informationsressourcen (Protokolle, logische Ressourcen) zusammen.

Tabelle 7.19: Internet-Ressourcen in den Datenbanken der Index-Kataloge

Internet - Ressourcen								
Suchmaschine	WWW	Gopher	FTP	Telnet (OPAC)	Usenet	Listserv	IRC (CHAT)	WAIS
Alta Vista	X	-	-	-	X	-	-	-
Excite	X	-	-	-	X	-	X	-
Hotbot	X	-	-	-	X	-	-	-
InfoSeek	X	-	-	-	X	-	-	-
Lycos	X	X	X	-	-	-	X	-
Opentext	X	-	-	-	X	-	-	-

Tabelle 7.19: Internet-Ressourcen in den Datenbanken der Index-Kataloge

Northern Light	X	-	-	-	-	-	-	-
WebCrawler	X	X	X	-	-	-	X	-

Welche und wie viele spezielle Datentypen, die in den im Index erfaßten HTML-Dokumenten aufgerufen werden, vom Suchroboter des jeweiligen Index-Katalogs erkannt worden sind, ist in der nachfolgenden Tabelle aufgelistet. Weiterhin wird dargestellt, ob in der Datenbank des Index-Katalogs noch andere Ressourcen genutzt werden.

Tabelle 7.20: Ressourcen und Datentypen in den Datenbanken der Index-Kataloge

Andere Ressourcen und Suche nach Multimediaprodukten Internet- Ressourcen (Video, bestimmte Dateiformate u.a.)							
Suchmaschine	andere DB	andere Ressourcen	Video	Shock-wave	Acrobat	VRML	Java-Script
Alta Vista	X	X	-	-	-	-	-
Excite	X	X	-	-	-	-	-
Hotbot	X	X	X	X	X	X	X
InfoSeek	X	X	-	-	-	-	-
Lycos	X	X	-	-	-	-	-
Opentext	-	X	-	-	-	-	-
Northern Light	X	-	-	-	-	-	-
WebCrawler	-	X	-	-	-	-	-

Die untenstehende Tabelle 7.21 ist eine Weiterführung der vorstehenden Tabelle 7.20 und bezieht sich ausschließlich auf die vom Index erfaßten, teilweise dynamischen Gestaltungselemente (Datentypen), die in den indizierten Dokumenten verwendet werden.

Tabelle 7.21: Spezielle Datentypen in den Datenbanken der Index-Kataloge

Suche nach Multimediaprodukten (Bilder, Filme, Sound u.a.)					
Suchmaschine	Bilder	Audio	Java-Script	VB-Script	Java Applets	Active X
Alta Vista	X	-	-	-	-	-
Excite	-	-	-	-	-	-
Hotbot	X	X	X	X	X	X
InfoSeek	X	-	-	-	-	-

Tabelle 7.21: Spezielle Datentypen in den Datenbanken der Index-Kataloge

Lycos	X	X	-	-	-	-
Opentext	-	-	-	-	-	-
Northern Light	-	-	-	-	-	-
WebCrawler	-	-	-	-	-	-

Welche und wie viele Suchverfeinerungsmethoden in den Index-Katalogen zum Einsatz kommen, ist in der nachfolgenden Tabelle übersichtlich zusammengestellt.

Tabelle 7.22: Einsetzbare Suchverfeinerungen bei den Index-Katalogen

Suchverfeinerungs-methoden	Suchmaschinen (Index-Kataloge)						
Benutzerinterface	Alta Vista	Excite	Hotbot	Info Seek	Lycos	North Light	Web Crawler
einfache Suche erweiterte Suche beide Suchmethoden	X X -	 X	X X 	 X	X X -	X X 	X
Konzeptsuche	-	X	-	-	-	-	-
Phrasensuche	X	X	X	X	X	X	X
Suche nach spezifischen Teilen des Dokuments	X	-	X	-	-	X	-
Boolesche Operatoren							
AND OR NOT Klammerung ( ) von Operatoren	X X X X	X X X X	X X X X	- - - -	X X X X	X X X X	X X X X
Case sensitive (Schreiben von Worten)	X	-	X	X	-	-	-
Wildcardsuche	X	-	X	-	X	-	X
search word stem (Trunkierung - Wortstämme)	-	-	X	X	X	X	-
Nähesuche (Proximity Search)	X	-	X	X	-	-	X
Word/Phrase Nesting	X	X	X	-	-	X	X
gewichtete Suche	X	X	X	-	X	X	X

Tabelle 7.22: Einsetzbare Suchverfeinerungen bei den Index-Katalogen

Kontrolle über Relevanz, bzw. Rankierung von Ergebnisdokumenten	X	X	X	X	X	X	X

Tabelle 7.23: Darstellungsmethoden der Index-Kataloge bei den Ergebnisausdrucken

Darstellung der Suchergebnisse	Suchmaschinen (Index-Kataloge)						
Darstellungselemente	Alta Vista	Excite	Hotbot	Info Seek	Lycos	North Light	Web Crawler
Darstellungsarten im Ergebnisausdruck							
vorher auswählbar kompakt ausführlich nur Hyperlinktitel – geordnet nach Titeln – geordnet nach URL	- X X - 	- X X X X	X X X - X	- X - X -	- X X X -	- - X - X -	X X - X -
Textzeilenanzahl der Dokumentbeschreibung	max. 3	max. 5	max. 4	max. 4	max. 3	max. 4	max. 4
Anzahl der Treffer	X	X	X	X	X	X	X
Internetadresse URL	X	X	X	X	X	X	X
Sortierung nach Relevanz	X	X	X	X	X	X	X
Hyperlinks zum Dokument	-	-	-	-	-	-	-
Dokumentgröße	X	-	X	X	-	-	-
Indizierungsdatum des Dokuments	-	-	X	-	-	X	-
Erstellungsdatum des Dokuments	X	-	X	-	-	-	-
Links zu ähnlichen Dokumenten	-	X	X	-	-	-	X
Auswahl der Treffer pro Ergebnis-Set	-	X	X	X	X	-	X
Anzahl der Treffer pro Dokument	max. 10	max. 50	max. 100	max. 20	max. 50	max. 25	max. 100

Tabelle 7.23: Darstellungsmethoden der Index-Kataloge bei den Ergebnisausdrucken

Verfügbarkeit aller Ergebnisse/Anzahl	X	X	X	X	X	(X)	X
Überprüfung toter Links	-	-	X	-	-	-	-
Überprüfung von Dokumentduplikaten	X	-	X	X	-	-	-

Die Tabelle 7.23 stellt eine Zusammenfassung der über das Benutzerinterface zugänglichen Darstellungsmethodiken bei den Ergebnisprotokollen der verschiedenen Index-Kataloge dar. Weiterhin wird aufgezeigt, welcher Index-Katalog auf „tote Links" und Dokument-Duplikate überprüft und ob der jeweilige Index-Katalog alle in der Datenbank erfaßten Internetadressen für den Informationssuchenden verfügbar macht.

8 Spezielle und thematisierte Suchmaschinen

Ein idealer Einstiegspunkt (sehr oft der beste) für die Suche sind die speziellen Suchmaschinen. Wie schon erwähnt wurde, lassen sich diese in zwei große Bereiche einteilen. Der eine umfaßt die *intelligenten Suchmaschinen*, die in Kapitel 9 behandelt werden. Gegenstand dieses Kapitels ist der Bereich der *thematisierten Suchmaschinen*. In Abbildung 8.1 ist beispielhaft eine mögliche Klassifizierung dieser Suchmaschinen skizziert.

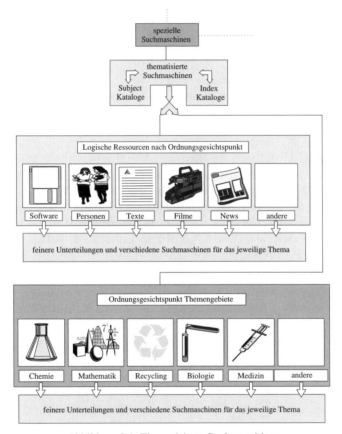

Abbildung 8.1: Thematisierte Suchmaschinen

Die thematisierten Suchmaschinen lassen sich wiederum in zwei größere Teilgebiete einteilen: Die thematisierten Subject-Kataloge (thematisierte Verzeichnisse) und die thematisierten Index-Kataloge.

Alle Suchmaschinen, die anschließend besprochen werden, sind auf ein eng begrenztes Themengebiet, ein Teilgebiet aus einem größeren Themengebiet oder eine logische Ressource (Softwaresuche, Personensuche usw.) zugeschnitten bzw. ausgerichtet.

8.1   Suche nach Texten im Internet bzw. im WWW

Zuerst sollte das Anforderungsprofil für die Suche erstellt werden, damit die richtige Auswahl des Sucheinstiegspunktes ermöglicht wird. Durch geeignete Fragestellungen kann das Anforderungsprofil erarbeitet werden.

- *Welche Berichtsform sollen die Texte aufweisen?*
  - allgemeiner Text, technischer Report, wissenschaftlicher Bericht (Thesenpapier usw.), Forschungsbericht usw.
- *In welcher Darstellungsart liegt der Text vor?*
  - ASCII - Text, Multimedia - Publikation usw.
- *Zu welchem Themengebiet wurde der Text verfaßt?*
  - Physik, Biologie, Allgemeines, Politik, Literatur usw.
- *Gegebenenfalls weitere Fragestellungen*

Die Beantwortung der Fragestellungen legt die zu verwendende Suchstrategie fest.

Mit dem Informationsrecherchesystem *Gopher* können nur reine ASCII-Texte gefunden werden. Ein Sucheinstieg über Gopher ist auch weiterhin in Zeiten des WWW in manchen Fällen nützlich, allerdings tritt - wie schon früher erwähnt - dieses Informationsrecherchesystem immer mehr in den Hintergrund bzw. wird vom Informationsrecherchesystem World Wide Web zunehmend verdrängt. Mit einer Gopher-Anfrage können Texte zu fast allen Themen gefunden werden.

Wegen der Entwicklung in Richtung des WWW gibt es immer weniger Angebote an Gopher-Servern weltweit. Daher sollte beim Sucheinstieg mittels Gopher ein leistungsstarker Server ermittelt und eingesetzt werden (die wenigsten Index-Kataloge berücksichtigen Gopher-Informationen). Der richtige Gopher-Server sollte regional erreichbar sein und kann durch den Einsatz einer im WWW verfügbaren Spezial-Suchmaschine oder durch den Subject-Katalog Yahoo ermittelt werden.

Der Sucheinstieg mit *Archie* ist bei einer Textsuche nur dann von Erfolg gekrönt, wenn der Name der Datei ihren Inhalt beschreibt. Ist das Thema z.B. Recycling, dann sollte dieser Suchbegriff (zumindest teilweise) im Dateinamen auftreten, sonst ist die mit Archie durchgeführte Suche nicht erfolgreich.

Texte, die ins World Wide Web plaziert wurden, können durch den Einsatz globaler Suchmaschinen gefunden werden. Nachfolgend sollen einige über das WWW erreichbare Suchmaschinen für die Suche nach Texten vorgestellt werden.

Beispiele zu den thematisierten globalen Suchmaschinen für den Einsatz bei der Textsuche im Internet

Bei den nachfolgenden Beispielen zur Textsuche soll keine explizite Trennung der globalen thematisierten Suchmaschinen in thematisierte Subject-Kataloge und thematisierte Index-Kataloge vorgenommen werden.

FTPSearch95

`http://ftpsearch.lycos.com`

Die Suche nach Dateien ist auf einer großen Anzahl an FTP-Servern im Internet möglich. Es können neben Texten auch Bilder usw. gesucht werden (mehr als 100 Millionen Dateien).

ASK-SINA

`http://www.ask.uni-karlsruhe.de/`
`asksina/sina2.html`

Vergleichbares Angebot wie FTPSearch95, allerdings ist die Suchmaschine regional (Deutsche FTP-Server) und vom Scanningbereich (Anzahl der Server) eingeschränkt.

Recycling World

`http://www.tecweb.com/recycle/`
`rwcont.htm`

Spezialisierte Suche nach Texten zum Thema Recycling (elektronisches Magazin). Links zu "Recycling-Hochburgen im Internet".

Unified Computer Science

`http://www.cs.indiana.edu/ftp/`
`techreports/index.htm`

Spezialisiert auf computerwissenschaftliche Themengebiete (Unified Computer Science TRIndex). Technische Berichte, Thesen und andere Dokumente zu dem Themengebiet.

Inter Law Library

`http://www.access.gpo.gov/nara/cfr/`
`cfr-table-search.htm`

Online-Suche in Government-Publikationen aus den USA (US-Repräsentantenhaus - Code of Federal Regulations CFR).

8.2   Suche nach Software im Internet bzw. WWW

Der Lösungsansatz für die Auswahl des geeigneten Sucheinstiegspunktes für die Suche nach Software im Internet ist zum einen die Informationsstruktur des Internets und zum anderen die Erstellung des Anforderungsprofils der Suche.

- Für welchen Einsatzzweck wird die Software gesucht?
  - Software-Lösungen von Aufgabenstellungen aus der Technik
    + Konstruktionssoftware (CAD, CAM, CAE etc.)
    + Spezialsoftware für die technische Berechnung (FEM, BEM etc.)
    + usw.
  - Software-Lösungen von organisatorischen Aufgabenstellungen
    + Operation-Research-Software (PPS-Systeme, Auftragsabwicklung etc.)
    + usw.
- Für welches Betriebssystem wird die Software gesucht?
  - MSDOS, Unix, Linux, NeXstep, Windows (Windows 3.x, Windows95, Windows NT, OS/2 usw.)

Beschaffung von Treibern

Der erste Ansatz für die Suche nach den gewünschten Treibern wäre der lokale Provider, das Rechenzentrum (Fachhochschule, Universität, u.a.), in Intranetzen der Betreiber des Netzes (Firma, Organisation).

Warum dieser Ansatz? Im allgemeinen werden häufig nachgefragte Dateien beim Provider allen Kunden in einem bestimmten Bereich zugänglich gemacht. Beispiel *Compuserve*: Viele Hardware- und Softwarehersteller laden Treiber, Demos, Produktinformationen, Patches, Bug-Fixes u.a. in die entsprechenden Rubriken zur Verbesserung des Supports und zur Minimierung der Auslastung eigener Web-Seiten. Von Rechenzentren werden ebenfalls Bereiche vorgehalten, in denen ein automatischer Abgleich von Dateien erfolgt, die nach bestimmten Kriterien (X11, Linux, Solaris, Windows u.a.), nach Hardwareherstellern (Sun, Adaptec, Miro, HP u.a.) oder nach Softwareherstellern (GNU, Microsoft, Sun u.a.) geordnet sind.

Fragestellung: Wie kann das richtige Rechenzentrum (FTP-Server, WWW-Server) gefunden werden, das die entsprechende Software vorhält?

Antwort: Einsatz einer Suchmaschine (welche?)
                   Einsatz eines Netzwerks (wo?)
                   Einsatz eines Subject-Katalogs
                   Scannen, Suchen in der Hierarchie-Struktur
                   Einsatz einer Ressourcenliste
                   FAQ zum Themengebiet (sehr wichtig!)
                   Listen von FTP-, WWW-, Gopher-, Archie-Servern.

Aus einer *FTP-Server-Liste* (zum Beispiel einer Liste aller deutschen FTP-Server) kann ermittelt werden, welche FTP-Server (in Deutschland) vorhanden sind und welche Adressen (IP-Adressen, logische Adressen einschließlich der Alias-Namen) diese Server besitzen. Weiterhin wird in einer solchen Liste explizit aufgeführt, welche Software-Rubriken schwerpunktmäßig und in welchem Umfang berücksichtigt sind, sowie welcher Aktualisierungszyklus jeweils gültig ist. Ist der geeignete FTP-Server gefunden, ist dieser Ansatz der beste Einstieg, um an die gewünschten Treiber zu kommen.

Eine *FAQ-Liste* ist ein hervorragender Einstiegspunkt, nicht nur, weil in ihr eine im allgemeinen gute Einführung in das jeweilige Themengebiet zu finden ist, sondern (dies wird in vielen Veröffentlichungen zum Thema „Suchen und Finden im Internet" nicht ausreichend gewürdigt) weil die FAQ eine Ressourcenliste zum Themengebiet mit einer Vielzahl von FTP-, Gopher-, Archie- bzw. WWW-Adressen darstellt.

Beschaffung von Software

Als erstes wäre zu klären, für welches Betriebssystem und für welchen Einsatzzweck die gesuchte Software bestimmt ist. Die Klärung dieser Fragestellungen bestimmt maßgeblich die Auswahl der einzusetzenden Suchmaschinen.

Ist das Betriebssystem Windows (und Ableger), dann bieten sich eine Vielzahl von speziellen Suchmaschinen an, in deren Datenbanken fast ausschließlich Software für diese Betriebssysteme vorgehalten wird. Ähnliches gilt für die Software, die in anderen Betriebssystemumgebungen (OS/2, Unix, Linux, Macintosh u.a.) eingesetzt wird. Auch dafür gibt es spezielle Suchmaschinen. Weiterhin können im Bereich der freien Software bestimmte FTP- oder Archie-Server angewählt und die Suche nach gewünschter Software in deren Datenbestand vorgenommen werden. Dies ist bedeutsam für eine kostenminimierte Beschaffung der Software. Bei Kenntnis des genauen oder wenigstens des ungefähren Namens einer Software ist der Einsatz einer regionalen Datenbank bzw. einer Suchmaschine (Archie-Server) sinnvoller, als einen Datentransfer z.B. aus den USA vorzunehmen.

Für die Suche nach Software können auch Suchmaschinen eingesetzt werden, mit denen im allgemeinen Dateien gesucht werden, d.h. Sound-Dateien, Bilder, Videos, Texte, Software usw. Diese Suchmaschinen können als globale Suchmaschinen für die Suche nach Dateien aufgefaßt werden. Mit den Informationsrecherchesystemen Archie und Gopher ist dieses ebenfalls möglich.

Schwierigkeiten bei der Suche nach Software

Ist der genaue Name der Software(datei) bekannt, gibt es nur relativ wenig Probleme. Anders verhält es sich, wenn der Name nicht genau genug bekannt ist oder wenn Softwareprodukte für die Bearbeitung von speziellen Aufgabenstellungen gesucht werden. In einem solchen Fall ist auch der Einsatz eines Index-Katalogs von Nutzen. Beispiel: Suche nach Software für die Computergrafik und hier speziell das Teilgebiet Raytracing. Eingabe des Suchbegriffs "Raytracing" führt in einem großen Index-Katalog zu ca. 5.000 bis 10.000 Web-Dokumenten. Viele der ermittelten Adressen führen auf Dokumente, in denen Bilder, Informationen, Verweislisten und Ressourcenlisten und Adressen von kommerziellen Herstellern von Software zum Thema enthalten sind. Eine weitere exzellente Quelle ist der Subject-Katalog Yahoo.

Beispiele zu den thematisierten globalen Suchmaschinen
für den Einsatz bei der Softwaresuche im Internet

Cica Windows Software Archive

`http://alabanza.com/kabacoff/Inter-Links/downloads.htm`

Ein nicht allein auf Microsoft-Windows-Software zugeschnittenes Archiv. Es gibt Links zu anderen Windows-Software-Archiven. Webbasierte Archiedateisuche auf Anonymous-FTP-Servern. Sehr gute Steuerung der Suche. Eine große Anzahl von FTP-Servern weltweit ist berücksichtigt.

The Hensa Archives

http://unix.hensa.ac.uk/

Freie Software für viele Hardwareplattformen und Betriebssysteme (MSDOS, UNIX (LINUX), Amiga, Atari, Macintosh, OS/2, Windows u.a.)

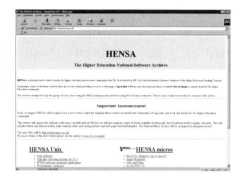

Jumbo Shareware

http://www.jumbo.com/

Über 300.000 Softwarepakete für viele Betriebssysteme (MS-Windows, MSDOS, OS/2 u.a.) sind im Archiv berücksichtigt.

World File Project

http://filepile.com/nc/start

Über 1.2 Millionen Dateien sind frei verfügbar. Software zu den wichtigsten Betriebssystemen, Spiele, Multimedia.

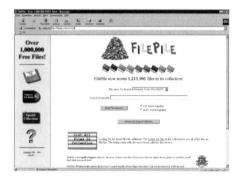

WWW.Filez.com

`http://www.filez.com/`

Mehr als 75 Millionen Dateien zu fast allen Hard- und Softwareplattformen. Treiber, Spiele, Sound u.a. Gut steuerbare Suche.

SoftCrawler

`http://search.ioc3.de/SoftCrawler/de/`

Dies ist eine für die Softwaresuche konzipierte parallele Suchmaschine, eine spezielle Software-Entwicklung (in Perl 5) für den Endanwender. Kaufinteressenten wird es ermöglicht, das Softwareprodukt auszuprobieren. Die Suchanfrage wird an insgesamt 8 verschiedene Software-Suchmaschinen weitergeleitet. Die Suchergebnisse können nach Titel oder anderweitig sortiert dargestellt werden. Das Benutzerinterface ist wahlweise in deutscher, englischer, französischer oder spanischer Sprache gestaltet.

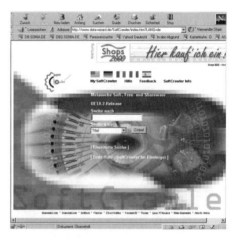

8.3   Suche nach Personen im Internet und im WWW

Es werden im WWW viele Suchmaschinen angeboten, mit denen man Personen bzw. EMail-Adressen von Personen finden kann. Allerdings sind die meisten Angebote auf den US-amerikanischen Bereich ausgelegt, d.h. fast ausschließlich US-amerikanische Adressen (Personen) sind berücksichtigt.

Ein weiterer Punkt ist die Unterscheidung zwischen internen EMail-Adressen (sie besitzen nur innerhalb eines Netzwerkverbundes - Hochschulen, Universitäten, Intranetzen von Firmen, Organisationen, Parteien usw. - ihre Gültigkeit, bzw. infolge des Einsatzes von Firewalls wird der Informationsaustausch innerhalb des Netzes und außerhalb des Netzes getrennt durchgeführt [Datensicherung, Viren, u.a.] und externen EMail-Adressen, die im gesamten Internet gültig sind.

Spezialsuchmaschinen für die Personen- bzw. EMail-Adressensuche berücksichtigen nur extern gültige Adressen. Nach Schätzungen (Mitte 97) existieren mehr als 40 Millionen solcher EMail-Adressen im Internet, wobei die leistungsfähigsten Suchmaschinen nur ca. 25% dieser Adressen kennen. Die Wahrscheinlichkeit ist groß, daß die gesuchte Person bzw. Adresse (dies trifft in besonderem Maße bei einer regionalen Adresse/Person zu) nicht gefunden wird. Daher müssen zusätzlich andere Suchstrategien in Betracht gezogen werden.

Suchansätze zur Personensuche

(hier ist die Beschaffung der EMail-Adresse einer bekannten Person gemeint)

In Abbildung 8.2 werden die verschiedenen Suchansätze für die Suche nach Personen bzw. EMail-Adressen in einer Art Flußplan aufgezeigt. Der nachfolgende Text bezieht sich auf Teile dieser Abbildung.

Ist der Informationssuchende im Besitz der Telefonnummer (privat oder Firmen) oder der postalischen Adresse, dann sollte durch eine Kontaktaufnahme via Telefon, FAX oder Brief die benötigte EMail-Adresse beschafft werden. Dieser Vorgehensweg bietet sich besonders dann an, wenn in einer der Spezial-Suchmaschinen die benötigte Adresse nicht enthalten ist.

Ist die Telefon- oder FAX-Nummer und auch die genaue postalische Adresse nicht bekannt, hat die gesuchte Person aber eine WWW-Serveradresse, dann kann mittels einer Serversuchmaschine eventuell über den Umweg der Webmaster-Adresse des Servers (EMail-Adresse) die gesuchte Adresse ermittelt bzw. eventuell auch erraten, werden (DFN-Struktur).Eine weitere Möglichkeit besteht dann, wenn die gesuchte Person eine Web-Seite erstellt und diese bei einem Provider publiziert hat. Ist dieses Web-Dokument von einem Index-Katalog erfaßt worden und kann im eingesetzten Index-Katalog nach Autorennamen gesucht werden, läßt sich die gesuchte EMail-Adresse beschaffen, wenn sie im Web-Dokument plaziert ist.

Bei der automatisierten EMail-Adreßsuche können über im WWW zugängliche Gateways sogenannte FINGER-Domänen für die Personensuche eingesetzt werden, allerdings werden wegen Sicherheitsproblemen nicht überall solche FINGER-Domänen bereitgestellt. Ob die ermittelte Adresse die wirkliche EMail-Adresse der gesuchten Person ist, erfährt der Informationssuchende im allgemeinen nicht. Innerhalb eines Netzwerkes (Rechenzentrum) können unter dem Betriebssystem UNIX die Benutzernamen anderer am selben Rechner arbeitender Benutzer mittels *finger nachname* ermittelt werden.

Hat der Informationssuchende von der gesuchten Person keine der obenerwähnten Informationen, besteht dennoch die Möglichkeit der Beschaffung der gesuchten EMail-Adresse über den Umweg der UseNet-News-Gruppen bzw. entsprechender Mailing-Listen (dabei muß das Arbeitsgebiet bzw. das Interessengebiet der gesuchten Person bekannt sein).

Die verschiedenen Optionen für die EMail-Adreßsuche einer Person sind in Abbildung 8.2 skizziert worden. Nachfolgend werden einige Spezialsuchmaschinen des WWW für die EMail-Adreß- bzw. Personensuche vorgestellt.

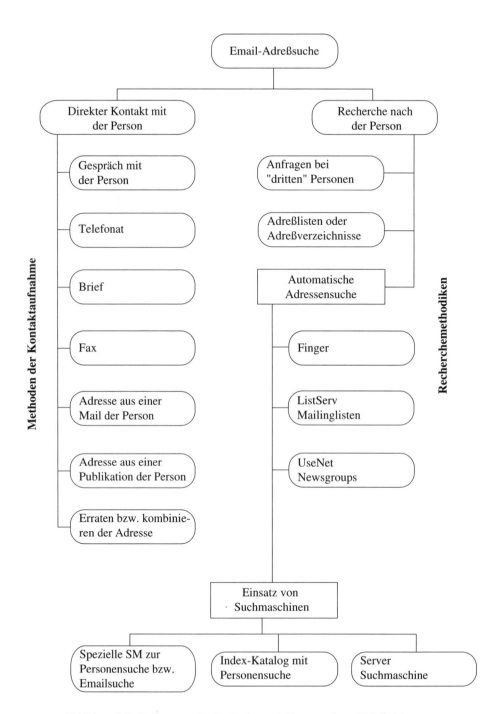

Abbildung 8.2: Suchansätze für die Suche nach Personen bzw. EMail-Adressen

**Beispiele zu den thematisierten globalen Suchmaschinen
für den Einsatz bei der Suche nach Personen bzw. EMail-Adressen**

Ahoy!

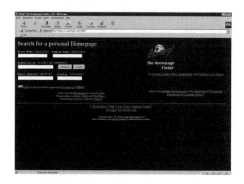

http://ahoy.cs.washington.edu:6060/

Suche nach Homepages, Organisationen, Personen (Namenssuche), EMail-Adressen. Verschiedene andere SM's (Metacrawler, WhoWhere, Yahoo) werden eingesetzt.

WhoWhere ? People Search

http://www.whowhere.lycos.com/

Vielfältiges Angebot zur Suche nach EMail-Adressen, Telefonnummern und zugehörigen Adressen, Gemeinschaften; Yellow Pages und anderes. Mehr als 14 Millionen Geschäftsadressen, 10 Millionen EMail-Adressen (USA).

IAF Internet Adress Finder

http://www.iaf.net/

Benutzerinterface in verschiedenen Sprachen (Englisch, Deutsch u.a.). Namens- und EMail-Adressensuche ist möglich (mehr als 6 Millionen Einträge).

World EMail Directory

`http://worldEMail.com/`

Hervorragende Zusammenstellung von ver-
schiedenen Datenbanken zu EMail-Adressen.
Suche nach FAX-, Business-, Telefon- und
Yellow-Pages-Verzeichnissen.   Weltweites
Angebot.

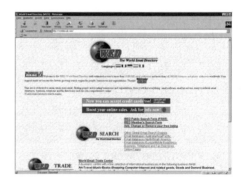

8.4   Suche nach Filmen im Internet und im WWW

Lösungsansatz ist hier die Ermittlung des Anforderungsprofils und für den richtigen Sucheinstieg die effektive Nutzung der Informationsstruktur des Internets: Spezial-Suchmaschinen. Fragestellungen zur Erstellung des Anforderungsprofils sind u.a.:

- Welcher Art ist die Filmproduktion?
  - Spielfilm á la Hollywood, Dokumentarfilm, Lehrfilm usw.
- Auf welchem Medium wurde der Film vertrieben?
  - Video, Film, Laserdisc usw.
- Für welches Einsatzgebiet wurde er produziert?
  - Kino, Fernsehen, Presse, Dokumentation (wissenschaftliche Forschung, populärwissenschaftliche Information, Ausbildung), Arbeit an einer Filmakademie
- Welche Informationen zum Film werden benötigt?
  - Liste der Schauspieler, Drehbuch, literarische Vorlage, Regisseur, filmtechnische Belange (Computersimulationen, Computertricks, Kameratechnik usw.).

Die Erstellung des Anforderungsprofils bestimmt die Auswahl der geeigneten Suchmaschine. Die großen Spezial-Suchmaschinen bieten hauptsächlich Filmproduktionen á la Hollywood an, so daß ihr Einsatz im Bereich Dokumentarfilm, Lehrfilm u.ä. nicht die Erfolge bei der Suche bringen kann, die erwünscht sind.

Der richtige bzw. ein besserer Einstieg ist hierbei der Einsatz eines spezialisierten Subject-Katalogs oder einer speziellen Ressourcenliste (die über die entsprechende Kategorie im Subject-Katalog ermittelt werden kann) dies gilt auch für das Finden einer geeigneten Datenbank bzw. Suchmaschine zum gesuchten Thema.

Eine Suche nach Filmproduktionen zu einem speziellen Thema ist bisher nicht in dem Maße möglich wie nötig. Beispiel: Filmproduktionen zum Thema „Recycling". Die Suche in einer Suchmaschine á la Hollywood bringt - wenn überhaupt - nur Informationen aus Datenbanken zutage, die sich in irgendeiner Weise mit dem Suchthema auseinandersetzen. So sagt vielleicht der Schauspieler: „Für eine bessere Umwelt..." und wirft die leere Getränkedose in einen Mülleimer, der ein Recyclingsymbol als Aufkleber trägt. Diese Information wird allerdings auch nur dann gefunden, wenn sie im Index der Datenbank als suchbar indiziert wurde. Wird ein Dokumentarfilm, Lehrfilm oder eine Fernsehproduktion zum Thema gesucht, dann sollte der Einstieg bei den entsprechenden Kategorien eines Subject-Katalogs oder bei anderen Einstiegspunkten der Informationsstruktur erfolgen. Ist Näheres über eine Produktion bekannt, kann auch bei Fernsehsendern etc. nachgefragt werden.

Weiterhin besteht die Möglichkeit, über entsprechende Diskussionsgruppen im UseNet oder Mailinglisten oder über das Chatten im Internet Ansprechpartner zu finden, die bei der Suche nach der gewünschten Filmproduktion behilflich sein können.

Auch können die möglichen Produzenten von solchen Filmen angesprochen werden wie: Firmen, Regierungen, Organisationen, Handelskammern, Parteien, Fernsehsender usw..

In Zukunft wird damit zu rechnen sein, daß viele Informationsrecherchesysteme, die bisher in Offline-Medien einen großen Stellenwert besitzen, über kurz oder lang auf die eine oder andere Art in Online-Medien übertragen werden, so daß nach den elektronischen Entsprechungen der Offline-Informationsrecherchesysteme Ausschau gehalten werden kann. Diese Aussage gilt generell für alle spezialisierten Suchmaschinen, denn ein Lexikon kann auch als eine Offline-Suchmaschine bezeichnet werden.

Beispiele zu den thematisierten globalen Suchmaschinen für den Einsatz bei der Suche nach Filmen

Internet Movie Database

`http://us.imdb.com/`

Sehr große Datenbank zu Filmproduktionen, wenn nicht die größte. Über 100.000 Filme sind berücksichtigt. Mehr als 1.5 Millionen Filmbiographien sind vorhanden. Zu mehr als 6.000 TV-Produktionen existieren Informationen, ebenso zu Filmen auf verschiedenen Medien, wie Laserdisks, Videos u.a.

Movieline

`http://www.movieline.de/`

Eine deutschsprachige Datenbank zu Filmproduktionen (á la Hollywood). Zu mehr als 40.000 Filmen sind Informationen vielfältiger Art vorhanden.

Disney.com

`http://disney.go.com/`

Nur auf Film-, Theater-,Video- und Fernseh-
produktionen von Disney ausgelegte Datenbank. Auch Informationen zu weiteren Aktivitäten (Disneyland).

8.5 Suche nach Informationen in den UseNet-News und im WWW

Im UseNet existieren nach Schätzungen (Stand Mitte 97) mehr als 60.000 verschiedene Use-
Net-News-Gruppen.

Auf großen FTP-Archiven werden eine Teilmenge der im UseNet verfügbaren News-Gruppen archiviert (mehr als 20.000) und können über diese mit geeigneten News-Readern nach
der Beschaffung gelesen werden. Auf diesen FTP-Archiven sind häufig auch eine große
Anzahl der im UseNet existierenden FAQ's vorrätig archiviert, im allgemeinen als kompri-
mierte ASCII-Textdateien (Beispiel: 386bsd.faq gespeichert als 386bsd.gz [gz- steht für ein
spezielles Komprimierformat] usw.).

Durch den Einsatz von Spezial-Suchmaschinen oder beim Einsatz eines großen Index-Katalogs, der eine Suchoption zur Suche nach Informationen aus den News-Gruppen bereithält
(Alta Vista, Excite, Hotbot), kann eine oft nachgefragte Teilmenge der News-Gruppen über
das WWW mit dem eingesetzten Browser ohne Zusatzprogramme gesucht, gefunden und
gelesen werden. Die leistungsstärksten Spezialsuchmaschinen berücksichtigen ca. 16.000 der
News-Gruppen in ihrem Datenbestand.

Trotz der relativ geringen Anzahl der im WWW direkt zugänglichen News-Gruppen wird den
Erfahrungen nach doch ein großer Informationsbereich abgedeckt. Da die News-Gruppen in
der Regel hierarchisch kategorisiert sind, werden viele Artikel gleichzeitig in sehr viele verschiedene News-Gruppen gepostet und liegen damit gewissermaßen als Duplikate vor.

Nachfolgend werden einige der Spezialsuchmaschinen und diejenigen Index-Kataloge, die
die Suchoption „Suche nach Informationen aus den News-Gruppen" vorsehen, vorgestellt.

Deja News

`http://www.dejanews.com/`

Diese Suchmaschine bietet Informationen aus 80.000 verschiedenen Diskussionsforen (einschließlich UseNet News-Gruppen). Es gibt Foren zu jedem denkbaren Thema. Bis zu zwei Jahre alte Mitteilungen können erfragt werden. Sehr gut gestaltetes Benutzerinterface mit vielen Auswahlmöglichkeiten. Viele Index-Kataloge nutzen für ihre Suche im Usenet Deja-News.

RemarQ

`http://www.supernews.com`

Ein vergleichbares Angebot wie bei Deja News. Verschiedene Diskussionsforen werden bereitgestellt. Von den Indexkatalogen nutzen einige RemarQ für die Suche im Usenet.

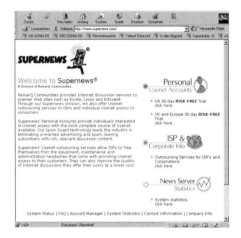

Reference.com

`http://www.reference.com/`

Es sind mehr als 150.000 News-Gruppen, Mailing-Lists (persönliche Listen zu verschiedenen Themen) und Web-Foren erfaßt.

Tile.net

`http://www.tile.net/`

Die vorgehaltenen News-Gruppen können auf verschiedene Arten „durchgeblättert" (Browsen durch Index, Beschreibung oder Hierarchie der Newsgroups) und durchsucht werden.

Liszt (News-Gruppen)

`http://www.liszt.com/`

Mehr als 18.000 verschiedene News-Gruppen (über 30.000 Usenet-News-Gruppen) und mehr als 90.000 Mailinglisten (LISTSERV). Auch aus anderen Netzen werden News-Gruppen bereitgestellt. Ein Chat-Directory wird angeboten.

Auch im WWW gibt es eine große Anzahl von Foren. Eine Suchmaschine für solche Foren stellt Forum One (`http://www.forumone.com/`) dar. Man kann das Forum, für das Interesse besteht, aus dem Datenbestand von mehr als 270.000 Foren heraussuchen oder innerhalb der angebotenen Kategorien blättern.

8.6 Suche nach Nachrichten (News) im Internet bzw. WWW

Auch bei dieser Aufgabenstellung sollte als erstes das Anforderungsprofil an die Suche ermittelt werden, d.h. durch Fragestellungen sollte geklärt werden, was für Nachrichten (News) gesucht werden.

- Sollen die Nachrichten allgemeine Informationen zu einem bestimmten Themengebiet darstellen?
  - politisches Thema (Informationen über Gesetzesvorlagen, Parteiprogramme etc.)
  - gesellschaftspolitisches Thema (Gesundheit, Kultur etc.)
  - wissenschaftliches Themengebiet (Biologie, Genetik, Roboterforschung, künstliche Intelligenz, Weltraumforschung usw.)

- grenzwissenschaftliche Themengebiete (Parapsychologie, ...)
- Historien-Wissenschaft (Altertumsforschung: Orientalistik, Ägyptologie, Neue Geschichte: Drittes Reich)

- In welcher Form werden die Nachrichten angeboten?
  - professioneller Nachrichtendienst (Reuter, CNN, ...)
  - Pressedienste (Behörden, Parteien, wissenschaftliche Einrichtungen, ...)
  - Zeitschriften (Verlage: Burda, Springer, ...)
  - Magazine (Verlage: Spiegel, Focus, ...)
  - usw.

Viele weitere Fragestellungen sind möglich. Durch die Beantwortung dieser kann ermittelt werden, welche Information zu welchem Themengebiet gesucht wird und aus welcher Informationsquelle diese beschafft werden sollte.

Beispiele zu den thematisierten globalen Suchmaschinen für den Einsatz bei der Suche nach Nachrichten (News)

UniSci Research News

http://unisci.com/

Forschungsmitteilungen von Universitäten in Amerika bzw. von Gruppen von Universitäten. Einige Nachrichten kommen auch von Behörden, andere sind von Sponsoren (Forschungsvorhaben an Universitäten) aus der Industrie.

Das Angebot ist keine Suchmaschine (Links zu den SM's Webcrawler und Lycos sind vorhanden).

CNN Interactive

http://www.cnn.com/SEARCH/

Nachrichten von Cable News Network Inc. Das Angebot ist nach Kategorien strukturiert. Dabei werden die Informationen aus der journalistischen Tätigkeit der Mitarbeiter zusammengestellt. Zur Suche innerhalb CNN Interactive wird die SM Infoseek eingesetzt (also nur Suche bezüglich der Nachrichten).

1.400+ Online Newspaper

`http://www2.webwombat.com.au/`

Weltweite Liste von Online-Zeitungen (über
3.400). Die Zusammenstellung wird von der
SM Web Wombat bereitgestellt. Auch eine
Vielzahl von deutschen Zeitungen ist hier
erfaßt. Der Zugriff erfolgt über direkte Links
zu den Original-Sites.

The Electronic Newsstand

`http://www.enews.com/`

Das Blättern durch eine große Anzahl von
Magazinen bzw. Suchen gewünschter Magazine, oder Suchen nach Artikeln zu den
gewünschten Themengebieten in den vorgehaltenen Magazinen ist möglich.

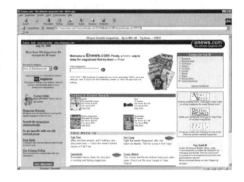

8.7 Suche nach Spezialsuchmaschinen für bestimmte Themengebiete

Für fast jedes Themengebiet (Physik, Chemie, Biologie, Technik und weitere) lassen sich Spezialsuchmaschinen im Internet und im WWW finden. Tips für die Suche nach Suchmaschinen werden im Kapitel 10 gegeben. Nachfolgend sollen stellvertretend für die vielen Angebote an Spezial-Suchmaschinen einige vorgestellt werden.

UMIS

`http://www.umis.de/`

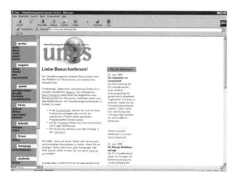

Im eigentlichen Sinne stellt UMIS keine Suchmaschine dar, sondern versteht sich als Umweltmanagement-Internetservice. Dieser bietet eine Plattform für Informationen zum betrieblichen Umweltschutz. Sie können in der umfangreichen News-Datenbank themenspezifische Recherchen durchführen. Es besteht ein Austausch von Expertenwissen über das Umweltmanagement. Das Angebot ist gut sortiert.

ComFind Business Search

`http://comfind.com/`

Eines der größten im Internet verfügbaren globalen Geschäftsverzeichnisse (Directories). Man kann mit der Suchmaschine geographisch-lokale Anbieter von Produkten, Service u.a. recherchieren lassen (vollständige Adressenangabe des Anbieters). Das Angebot von ComFind ist frei und ohne Kosten.

Linksite.net

`http://www.linksite.net/main.htm`

Dies ist nicht allein ein Firmenkatalog, sondern eine globale Ressourcenliste. Nach der Auswahl eines Menüpunktes werden größere Linklisten zum ausgewählten Themengebiet bereitgestellt, und häufig können weitere Listen angefordert werden.

FEMA

`http://www.fema.gov/home/fema/`

Amerikanisches Angebot. FEMA (Federal Emergency Management Agency) ist eine Suchmaschine für Informationen der US-Behörden zu Notfallsituationen (Wirbelstürme, extreme Hitze u.a).

9   Meta-Sucher und intelligente Suchmaschinen

In Kapitel 4.5 wurde bereits darauf hingewiesen, daß neben den globalen und speziellen Suchmaschinen auch Meta-Sucher oder intelligente Suchmaschinen für eine Informationsrecherche eingesetzt werden können. Diese beiden Hilfsmittel sollen im Rahmen dieses Kapitels näher betrachtet werden.

Intelligente Suchmaschinen sind mit den bekannten und in den vorangegangenen Kapiteln beschriebenen Suchmaschinen vergleichbar. Im Gegensatz zu diesen werden die intelligenten Suchmaschinen aber individuell konfiguriert und trainiert, so daß das Informationsbedürfnis des Suchenden exakt getroffen werden kann, was naturgemäß vom Trainings- bzw. Instruktionsprozeß abhängt. Ist die intelligente Suchmaschine falsch trainiert, werden in der Regel unzureichende Rechercheergebnisse erhalten.

Das Bild bei den Meta-Suchern ist erheblich diffuser, da unter diesem Begriff drei Untergruppen zusammengefaßt sind. Hierbei handelt es sich um mehr oder weniger komfortable Ressourcenlistensammlungen von globalen wie auch speziellen Suchmaschinen (Multi-Sucher ohne Suchformular bzw. Multi-Sucher mit Suchformular). Diesen beiden Untergruppen steht die Untergruppe der parallelen Suchmaschinen gegenüber. Parallele Suchmaschinen nehmen die Suchanfrage über ein Benutzerinterface auf und leiten diese anschließend parallel an eine mehr oder weniger große Anzahl von globalen wie auch speziellen Suchmaschinen weiter.

Für die Informationssuche im Internet werden für die Auswahl der passenden Suchmaschinen Suchhilfen angeboten. In diesem Kapitel wird das Thema der sog. Metasucher und intelligenten Suchmaschinen besprochen, die für den Erfolg einer Recherche ausschlaggebend sein können.

9.1   Meta-Sucher

Als Meta-Sucher werden Systeme bezeichnet, von denen die Suchanfrage an mehrere Suchmaschinen bzw. durchsuchbare Datenbanken des Internets delegiert werden kann. Bei diesen Meta-Suchern wird zwischen den Multi-Suchern und den Multisuchmaschinen unterschieden (siehe auch Kapitel 4.5).

9.1.1   Multi-Sucher

Diese Vertreter der Meta-Sucher werden in verschiedenen Veröffentlichungen oft mit den eigentlichen Meta-Suchern, den Multisuchmaschinen mit parallelem Datenzugriff, gleichgesetzt, was eine falsche Klassifizierung bedeutet.

Multi-Sucher gehören im eigentlichen Sinn zu den Ressourcenlisten, speziell zu den Suchmaschinenlisten. Bei diesen Suchmaschinenlisten kann generell zwischen zwei verschiedenen Darstellungsformen der Listen unterschieden werden (Multisucher ohne und mit Suchformular, s.u.). Des weiteren gibt es eine Mischform.

Beurteilung der Multi-Sucher als Sucheinstiegspunkt

Da dieser Sucheinstiegspunkt im eigentlichen Sinn eine Ressourcenliste darstellt, gilt das im Kapitel 4.3 zur Beurteilung des Sucheinstiegspunktes „Ressourcenlisten" Gesagte. Für die Beurteilung der in der Suchmaschinenliste enthaltenen globalen und speziellen Suchmaschinen gilt ebenfalls das in den entsprechenden Kapiteln Gesagte. Ein Multi-Sucher ist aufgrund der in der Liste enthaltenen Suchmaschinen sowohl für eine spezifische Suche wie auch für eine komplexe Recherche im allgemeinen gut geeignet.

Multi-Sucher ohne Suchformulare

Bei den Multi-Suchern ohne Suchformular wird die Suchmaschinenliste als reine Hyperlinkliste konzipiert.

Die Anzahl der in solchen Listen aufgeführten Suchmaschinen differiert zwischen einer Handvoll bis zu mehreren Hundert. Die verschiedenen Typen von Suchmaschinen (Subject-Kataloge, Index-Kataloge, Spezial-Suchmaschinen) sind nach bestimmten Gesichtspunkten klassifiziert und thematisiert aufgelistet.

Die Navigationsmethodik ist der sequentielle Zugriff auf die dem Hyperlink zugeordnete Suchmaschine, d.h. soll eine andere Suchmaschine aus der Liste aufgesucht werden, muß der entsprechende Hyperlink der Liste aktiviert werden. Suchbegriffe können nicht eingegeben werden. Auch stellt die Liste keine Steuerungsmöglichkeiten bereit.

Sollen nach erfolgter Suche mittels einer der ausgewählten Suchmaschinen weitere Suchmaschinen des Multi-Suchers eingesetzt werden, muß die Adresse des Multisuchers erneut aufgerufen werden (Historie-Liste oder Bookmarkliste des Browsers), um die gewünschte Suchmaschine auswählen zu können.

Auf der einen Seite ist eine solche Liste in bezug auf die Auswahlmöglichkeit verschiedener Suchmaschinen komfortabel. Auf der anderen Seite ist sie wegen der Gestaltung als Hyperlink-Liste für die Navigation etwas unhandlich.

Beispiele zu den Multi-Suchern ohne Suchformular

Auch hier ließen sich eine große Anzahl von Ressourcenlisten aufzählen. Einen hervorragenden Multi-Sucher ohne Suchformular stellt die Liste „Browsing and Searching Internet Resources" dar.

Browsing and Searching Internet Resources.

`http://www.ub2.lu.se/nav_menu.html`

Diese Hyperlink-Liste ist höchst aktuell und eine sehr gute Zusammenstellung sowohl von Meta-Suchern (Multi-Sucher, Multi-Suchmaschinen), globalen Suchmaschinen (Ressourcenlisten zu diesen), Index-Katalogen, regionalen Suchmaschinen, Subject-Katalogen, Library-Katalogen (OPAC's), Hyperlink-Listen zu Internetressourcen, Internetressourcenlisten (regional, kategorisiert) u.a..

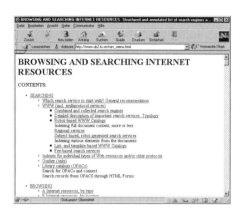

Multi-Sucher mit Suchformularen

Bei den Multi-Suchern mit Suchformularen wird beim Design des HTML-Dokuments der FORM-Tag verwendet. Jede Suchmaschine der Liste erhält ein eigenes Benutzerinterface in der Liste zugewiesen. Die damit gestalteten Benutzerinterfaces erlauben die Eingabe des Suchbegriffs. Je nachdem wie komfortabel sie gestaltet wurden, besteht die Möglichkeit, Suchsteuerungsparameter einzugeben (z.B. Anzahl der Ergebnisse pro Ergebnisdokument-Set u.a.), fast wie beim Benutzerinterface der Suchmaschine selbst.

Oft sind die Benutzerinterfaces in der Liste jedoch nur rudimentär gestaltet, d.h. der Benutzer erhält im allgemeinen nicht alle Steuerungsmöglichkeiten des Original-Benutzerinterfaces der Suchmaschine angeboten. Damit sind nicht alle Suchverfeinerungsmöglich–keiten zugänglich.

Auch hier erfolgt die Auswahl der Suchmaschinen aus der Liste über sequentiellen Zugriff. Nacheinander und nicht gleichzeitig können die Suchmaschinen eingesetzt werden, wobei der Benutzer die Auswahl immer über das Benutzerinterface des Multi-Suchers vornimmt.

Der Vorteil einer komfortablen Sucheingabe von einer Startseite aus geht einher mit dem Nachteil eines häufig rudimentär gestalteten Benutzerinterfaces.

Beispiele zu den Multi-Suchern mit Suchformularen

All-in-One Search Page

`http://wcross.iserver.net/`

All-in-One ist eine sehr gute Suchmaschinenliste. Die verschiedenen Suchmaschinen sind
hauptsächlich den logischen Ressourcen
(Internet, WWW, Personensuche u.a.) zugeordnet.

Mamma

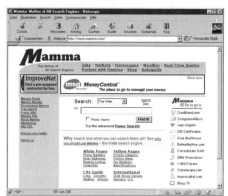

`http://www.mamma.com/`

Eigentlich gehört Mamma nicht mehr zu den
Multisuchern mit Suchformular, denn es er-
folgte eine Weiterentwicklung zur parallelen
Suchmaschine und darüber hinaus zur Hybrid-
suchmaschine mit Kategorien (eine größere
Anzahl von thematisierten Suchmaschinen zu
Themen wie Reise, Bücher u.a.). Die Auswahl
der Suchmaschinen Mining Co, GoTo.com,
Yahoo, Excite, Infoseek, Lycos, Webcrawler,
Alta Vista ist möglich. Mamma stellt einige
Suchsteuerungen zur Verfügung (Zeitbegren-
zung der Suche, Anzeigeart, Anzahl der Treffer pro Ergebnis-Set). Chaträume und andere
bei Portalen verfügbare Angebote für Informationssuchende sind vorhanden.

Karl Heinz Resch's Web Pages

`http://kresch.com/`

Sehr gute Suchmaschinenlisten zu verschiedenen logischen Ressourcen (Web, Usenet u.a.) aufgeteilt nach Best Search Engines, Meta Search Engines, Search for Email, German Search, Search Engine News und Search Today´s News. Suchanfrage an alle Suchmaschinen von einer Seite aus.

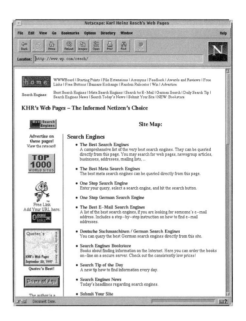

Search Engine Colossus

`http://www.searchenginecolossus.com/`

Für die regionale Suche zusammengestellte Liste von Suchmaschinen aus der ganzen Welt (mehr als 80 Länder). Für bestimmte Bereiche (Academic, Business, FTP, Medical, Youth u.a.) werden spezielle Listen bereitgestellt.

Multi-Sucher mit beiden Navigationsmöglichkeiten

Manche Multi-Sucher realisieren beide oben angesprochenen Navigationsmöglichkeiten auf ihrem Benutzerinterface. So hat der Benutzer die Möglichkeit, die Suche quasi direkt beim Multi-Sucher durch den Einsatz des entsprechenden Suchformulars zu beginnen oder eine Suchmaschine durch Auswahl des entsprechenden Hyperlinks anzuwählen. Diese Form eines Multi-Suchers sollte den anderen Formen vorgezogen werden.

Beispiele zu den Multi-Suchern mit beiden Navigationsmöglichkeiten

Abbildung 9.1: Startseite von „The Internet Sleuth"

Internet Sleuth

`http://www.isleuth.com/`

ist ein Kategorien-orientierter paralleler Metasucher. Über die Kategorien können entsprechende themenspezifische Suchmaschinenlisten aufgerufen werden. Für die schnelle Suche werden auf der Startseite für verschiedene logische Ressourcen (Web Search Engines, News, Business and Finance, Sports, Software, UseNet) jeweils eine größere Anzahl von Suchmaschinen angeboten. Bei der parallelen Suchanfrage können aus dem Angebot bis zu 6 verschiedene Suchmaschinen ausgewählt werden. Für die Suche im World Wide Web werden bis zu 20 verschiedene Suchmaschinen angeboten (einschließlich paralleler Suchmaschinen wie z.B. SavvySearch), von denen man parallel bis zu 6 für die Suche nutzen kann. Eine Ausnahme bilden die parallelen Suchmaschinen, da sie bereits einige der ausgewählten Suchmaschinen in ihrem Suchplan berücksichtigen und es damit keinen Sinn macht, sie einzusetzen. Insgesamt werden über 3.000 durchsuchbare Datenbanken angeboten.

Die Ergebnisse werden so dargestellt, wie die jeweilige Suchmaschine ihre Ergebnisse darstellt. Sie werden somit nicht aufbereitet. Es findet auch keine Entfernung von Duplikaten aus dem Ergebnispool statt. Die maximale Suchzeit kann vorgewählt werden. Es besteht die Möglichkeit, alle relevanten Suchergebnisse der jeweiligen Suchmaschine zu erfassen.

Abbildung 9.2: Startseite von „Beaucoup"

Beaucoup Search Engines

http://www.beaucoup.com/engines.html

Die Suchmaschinenliste Beaucoup ist mit mehr als 2.500 Suchmaschinen sehr umfangreich. Eine Aufteilung erfolgt nach logischen Ressourcen und ausgesuchten Kategorien (Multimedia u.a.).

9.1.2 Multi-Suchmaschinen

Bei den Multi-Suchmaschinen gibt es zwei verschiedene Konzepte, die sich im allgemeinen nur dadurch unterscheiden, in welcher Form auf die einzelnen Suchmaschinen, die die Multi-Suchmaschine ihrerseits einsetzt, zugegriffen wird. Der erste Typus stellt im eigentlichen Sinn nur eine weitere Form der Suchmaschinenlisten dar, mit dem Unterschied, daß nur eine Eingabe-Suchbegriff, (minimale) Suchsteuerungsoptionen - vorgenommen werden muß und die Ergebnisse der verschiedenen Suchmaschinen aus einer speziellen Liste nacheinander angefordert werden können.

Der andere Typus ist unter dem Begriff „parallele Suchmaschine" (multithreaded search engine, u.a.) bekannt. Hier wird die Eingabe direkt an die von der Multi-Suchmaschine eingesetzten Suchmaschinen weitergeleitet. Die Ergebnisse werden dem Informationssuchenden gleichzeitig und mehr oder weniger aufbereitet zugestellt.

Multi-Suchmaschinen mit sequentiellem Datenzugriff

Wie schon oben erwähnt, ist die Multi-Suchmaschine mit sequentiellem Datenzugriff im eigentlichen Sinn eine Suchmaschinenliste.

Im WWW existieren eine kleine Anzahl solcher Multi-Suchmaschinen. Bei einigen ist der Suchprozeß folgendermaßen gestaltet: Auf der Startseite werden der Suchbegriff und, wenn möglich, weitere Steuerungsparameter für die Suche eingegeben. Nach dem Start der Suche wird eine Anforderungsseite für die Ergebnisse (dargestellt als eine Liste der auswählbaren Suchmaschinen) aufgebaut. Aus dieser kann eine Suchmaschine ausgewählt werden. Nacheinander können so auch andere Suchmaschinen ausgewählt werden, ohne daß Suchbegriff und Suchparameter erneut eingegeben werden müssen.

**Beurteilung der Multi-Suchmaschinen mit sequentiellem Datenzugriff
als Sucheinstiegspunkt**

Hier gelten die gleichen Betrachtungen zur Beurteilung als Sucheinstiegspunkt, wie sie für die Multi-Sucher getroffen wurden.

Beispiele zu den Multisuchmaschinen mit sequentiellem Datenzugriff

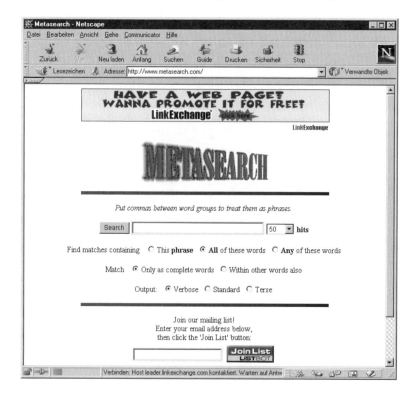

Abbildung 9.3: Startseite von „Metasearch"

Metasearch

`http://www.metasearch.com/`

ist eine Multisuchmaschine, bei der es keine Auswahlmöglichkeit bezüglich der einzusetzenden globalen wie auch speziellen Suchmaschinen beim Suchstart gibt. Die Suche kann im Web, im UseNet und in Wörterbüchern durchgeführt werden. Von jeder Suchmaschine können zwischen 10 und 500 Treffer angefordert werden. Nur eine geringe Anzahl der bekannten globalen Suchmaschinen (Yahoo, Lycos, Alta Vista, Open Text, Surf Point, Trade Wave, InfoSeek und Webcrawler) werden zur Auswahl angeboten. Die Suchergebnisse der jeweiligen Suchmaschinen müssen einzeln aufgerufen werden. Aus dem Datenbestand werden keine Mehrfachnennungen von Internetadressen entfernt.

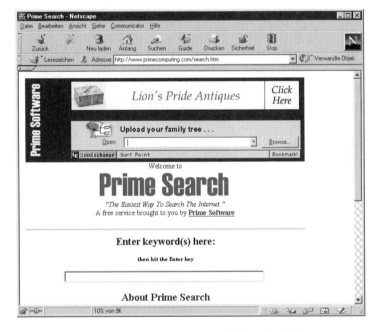

Abbildung 9.4: Startseite von „Prime Search"

Der Suchpfiffi

`http://www.bautzen.com/service/pfiffi/index.htm`

Im eigentlichen Sinne ein Zwitter. Bei Auswahl des „Suchpfiffi - multiple" ist dies eine parallele Suchmaschine. Es werden 30 Browserfenster geöffnet (für jede Suchmaschine eines). Bei Auswahl des „Suchpfiffi - one" wird der Suchbegriff einmal eingegeben. Im Anschluß daran können die Ergebnisse nacheinander von den einzelnen Suchmaschinen (ohne erneute Eingabe des Suchbegriffs) angefordert werden (Originaldarstellung, keine Duplikatentfernung, keine Überprüfung toter Links)

Multi-Suchmaschinen mit parallelem Datenzugriff

Ein sehr guter Einstieg für eine beliebige Suche ist der Einsatz von Multi-Suchmaschinen mit parallelem Datenzugriff, nachfolgend im Text als *parallele Suchmaschinen* (Meta-Sucher, Multithreaded Search Engines, Meta-Suchmaschinen, Multi-Sucher) bezeichnet. Eine parallele Suchmaschine ist ein Programmsystem, das es ermöglicht, mit nur einer Suchanfrage eine große Anzahl von globalen wie auch speziellen Suchmaschinen gleichzeitig einzusetzen. In Abbildung 9.5 ist dieser Sachverhalt schematisch skizziert.

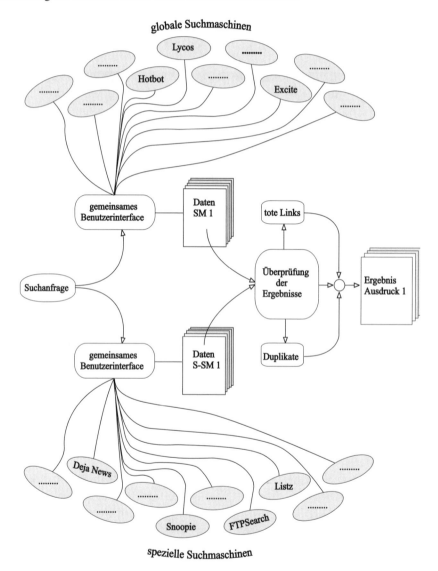

Abbildung 9.5: Arbeitsweise von parallelen Suchmaschinen

Die gefundenen Ergebnisse werden von manchen Meta-Suchern entsprechend aufbereitet dargestellt (Duplikate werden entfernt u.a.). Dabei ist die Qualität der Ergebnisse natürlich von der Qualität der Ergebnisse der eingesetzten Suchmaschinen direkt abhängig.

Beurteilung der Multi-Suchmaschinen mit parallelem Datenzugriff als Sucheinstiegspunkt

> Die parallelen Suchmaschinen sind im allgemeinen ein sehr guter Sucheinstiegspunkt für die schnelle Suche.

Allerdings beeinflussen verschiedene Beschränkungen der Suchsteuerung (geringe Trefferanzahl der eingesetzten Suchmaschinen, u.a.) den Erfolg der Suche. Nachfolgend wird im einzelnen etwas näher auf diese Thematik eingegangen.

Parallele Suchmaschinen können zur Ermittlung der für die Informationssuche geeignetsten Suchmaschine eingesetzt werden, wenn sie den Benutzer darüber informieren, welche der Suchmaschinen wie viele Web-Dokumente/Links zum Suchthema enthalten. Dies ist besonders wichtig für die Auswahl des besten Recherche-Katalogs (siehe dazu auch Kapitel 11 „Auswahl des richtigen Sucheinstiegspunktes"). Grundsätzlich läßt sich sagen, daß parallele Suchmaschinen bisher für den Einsatz bei einer komplexen Recherche völlig ungeeignet sind.

Im allgemeinen ergeben sich nur wenige Treffer (Web-Dokumente, Links) bei der Suche (z.B. zum Thema Recycling). Das liegt nicht daran, daß nur wenige Informationen zu diesem Suchbegriff im Internet existieren, sondern daran, daß man grundsätzlich keinen direkten Zugriff auf alle in den jeweilig eingesetzten Suchmaschinen vorhandenen Informationen zum Thema erhält.

> ### Diskussion der Leistung der parallelen Suchmaschinen
>
> Die parallelen Suchmaschinen bieten einige interessante und nützliche Features für eine effektivere Bearbeitung der Suche: *Duplikatentfernung, eigenständige Ergebnisaufbereitung, Überprüfung „toter Links"* u.a.. Entscheidend aber für die Qualität der Suchergebnisse ist nicht allein die parallele Suchmaschine, sondern ebenso, welche globalen und speziellen Suchmaschinen eingesetzt werden. Und hier liegt die größte Einschränkung.
>
> Manche der parallelen Suchmaschinen bieten in ihren Benutzerinterfaces nur das kleinste gemeinsame Vielfache der Benutzerinterface-Steuerung aller eingesetzten Suchmaschinen. Die Suchmaschinen mit der schlechtesten Steuerbarkeit bezüglich der Trefferauswahl, der Textverifikation (Phrasensuche, Volltextsuche, Nähesuche u.a.) und der Ergebnisdarstellung (Orginaldarstellung, aufbereitete Ergebnisse) legen die Steuerung für alle anderen fest.

Diskussion der Leistung der parallelen Suchmaschinen

Es gibt allerdings einige parallele Suchmaschinen, die die spezifischen Such-steuerungen der Suchmaschine besser ausnutzen (mehrfache Wiederholung der Ergebnisanforderung oder Einsatz von Booleschen Verknüpfungen bei Suchma-schinen, die das gestatten, u.a.).

Die Anforderung einer geringen Anzahl von Ergebnissen pro Suchmaschine ist die größte Schwachstelle der parallelen Suchmaschinen. Angenommen, die par-allele Suchmaschine fordert von jeder im Suchplan vorgesehenen Suchmaschine maximal 20 Ergebnisse, so sind das beim Einsatz von 10 Suchmaschinen parallel theoretisch insgesamt 200 verschiedene Ergebnisse (verringert durch Ergebnis-duplikate). Damit hat man also maximal 200 verschiedene Internetadressen, auf denen man die gesuchte Information finden kann. Die Erfahrung hat gezeigt, daß diese relativ große Anzahl von Informationsquellen für die Beschaffung von In-formationen eventuell nicht ausreicht.

Ein Beispiel dazu: Werden Informationen zum Suchbegriff „Raytracing" ge-sucht, liefern die großen globalen Index-Kataloge Trefferanzahlen in der Grö-ßenordnung von bis zu 20.000. Betrachtet man den Ergebnisdatenbestand näher, dann stellt sich heraus, daß infolge der spezifischen Schichtung der Dokumente in der Datenbank Internetadressen an erster Stelle stehen, die sich thematisch mit Informationen zum frei verfügbaren Raytracing-Programm POVray (Bilder, Ho-mePages, Zusatzprogramme u.a.) auseinandersetzen. Behandelt die gesuchte In-formation nicht den Themenkreis dieses Softwareproduktes, so wird man diese Information trotz des Einsatzes einer parallelen Suchmaschine (oder gerade des-wegen) nicht erhalten.

Dieser Effekt wird verstärkt durch das an sich sinnvolle Feature: Duplikatentfer-nung. Im ungünstigsten Fall kann es dazu kommen, daß sich die maximale Tref-feranzahl von 200 Adressen extrem verringert, möglicherweise sogar auf die Mindestanzahl von 20 Treffern.

Das Feature Überprüfung „toter Links" bieten bisher nur wenige parallele Such-maschinen, und dies auch nur in eingeschränktem Maße. Nicht alle erfaßten Adressen werden getestet, sondern eine gewisse Auswahl, die häufig nicht durch den Informationssuchenden bestimmt werden kann.

Diskussion der Leistung der parallelen Suchmaschinen

Leider bieten nicht alle parallelen Suchmaschinen die Möglichkeit der Suchmaschinenauswahl. Einerseits werden implizit von der parallelen Suchmaschine die einsetzbaren Suchmaschinen festgelegt. Man erhält keine Möglichkeit der Aus- bzw. Abwahl von Suchmaschinen. Häufig ist es sogar so, daß der Benutzer erst nach Durcharbeiten der bei der parallelen Suchmaschine vorliegenden Informationsquellen erfährt, welche Suchmaschinen in der Einsatzliste der parallelen Suchmaschine enthalten sind. Im anderen Fall kann der Informationssuchende die seiner Meinung nach unverzichtbare Suchmaschine überhaupt nicht einsetzen, da sie in der Einsatzliste der parallelen Suchmaschine nicht enthalten ist und er diese Liste nicht durch eigenen Eintrag individuell anpassen kann.

Ein paar der parallelen Suchmaschinen können für eine Vorauswahl der Suchmaschinen eingesetzt werden, die für eine umfassende Recherche zum Suchbegriff verwandt werden können. Das sind diejenigen, die eine Information bezüglich der maximalen Trefferanzahl zum Suchbegriff in ihrem Datenbestand anbieten.

Seit der letzten Auflage hat sich die Anzahl der im WWW verfügbaren parallelen Suchmaschinen mehr als verdreifacht. Daher kann nur noch eine kleine Auswahl der im WWW verfügbaren parallelen Suchmaschinen vorgestellt und bezüglich einiger Aspekte ihrer Leistungsfähigkeit beurteilt werden. Deshalb erfolgt eine Beschränkung auf die in der Tabelle 9.2 auf Seite 186 aufgelisteten parallelen Suchmaschinen. Über Links aus geeigneten Ressourcen- und Suchmaschinenlisten können fast alle Neuerscheinungen an parallelen Suchmaschinen erreicht werden.

Beispiele für Ressourcen- / Suchmaschinenlisten zu den parallelen Suchmaschinen:

- `http://aneedle.com`
  umfangreiche Suchmaschinenliste

- `http://www.beaucoup.com/1metaeng.htm`
  kommentierte, umfangreiche Suchmaschinenliste

- `http://www.ub2.lu.se/nav_menu.htm`
  kommentierte, umfangreiche Suchmaschinenliste

- Unterkategorie All-in-One Searchpages bei Yahoo
  Zusammenstellung von Ressourcenlisten, Suchmaschinenlisten und parallelen Suchmaschinen

- `http://home.clear.net.nz/pages/research/snoozinf.htm`
  bewertete und kommentierte umfangreiche Suchmaschinenliste zu den parallelen Suchmaschinen

- `http://www.searchenginewatch.com/facts/meta.htm`
  kommentierte Ressourcenliste zu den parallelen Suchmaschinen

Bei den Neuerscheinungen gibt es einige interessante Funktionen. Meta-Meta-Suchmaschinen sind parallele Suchmaschinen, die ihrerseits parallele Suchmaschinen einsetzen:

`http://www.cymeta.de` ist ein deutsches Angebot. Diese Suchmaschine fragt u.a. die deutschen parallelen Suchmaschinen Apollo 7, multimeta.com und ins-netz ab.

Protens (`http://www.thrall.org/protens.htm`) nutzt die parallelen Suchmaschinen Dogpile, Savvy Search, MetaCrawler, Starting Point und Search.com. Über die Funktion „Polysearch" setzt Protens globale Suchmaschinen ein (Alta Vista, Hotbot, Northern Light).

Die parallele Suchmaschine Direct Hit (`http://www.directhit.com`) besitzt eine andere Auswertungsmethodik bezüglich der Ergebnisprotokolle, die von den jeweilig eingesetzten Suchmaschinen geliefert wurden. Üblicherweise werden die Ergebnisprotokolle miteinander verglichen und nach Entfernung von Duplikaten entsprechend aufbereitet dargestellt. Direct Hit ermittelt die Popularität der in den Ergebnisprotokollen aufgelisteten Links und ordnet sie danach. Außerdem bietet diese Suchmaschine eine Liste von weiteren Ergebnisprotokollen, in denen Suchverfeinerungen berücksichtigt sind.

Beispiele zu den Multisuchmaschinen mit parallelem Datenzugriff

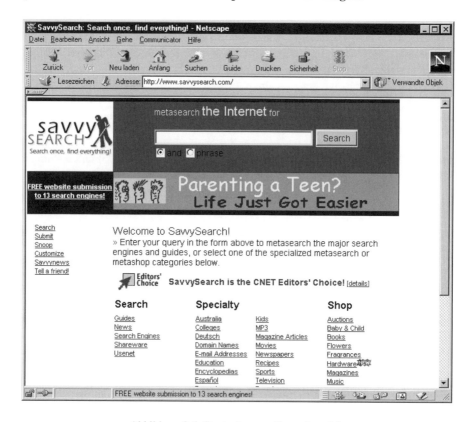

Abbildung 9.6: Startseite von „SavvySearch"

Savvy Search

http://www.savvysearch.com/

Diese parallele Suchmaschine hat sich zu einer Hybrid-Suchmaschine weiterentwickelt. Eine große Anzahl von landesspezifischen Benutzerinterfaces wird angeboten.

[English | Français | Deutsch | Italiano | Português | Español | Nederlands | Norsk | Hangul | Russian | Suomi | Esperanto | Svenska | 日本語 | Dansk | Slovensky | Türkçe | Cesky | ðáøéú | Slovensko | Hrvatski | Magyar | Polski]

Abbildung 9.7: Mögliche landessprachliche Interfaces bei „Savvy Search"

Für die Meta-Suche in den logischen Ressourcen des Internets (Guides, News, Search Engines, Shareware und Usenet) werden eigenständig gestaltete Benutzerinterfaces geboten. Bei der Meta-Suche in den Guides können keine Suchsteuerungsoptionen genutzt werden. Insgesamt werden für die parallele Suche 13 Guides aus dem Internet genutzt (Yahoo, Top 5%, Surf Point, Snap, Magellan, GoTo, eBlast, Mining Co., LookSmart, Clearinghouse, Planet Search, Open Directory, Real Names).

Für die Meta-Suche in News werden 5 News-Suchmaschinen eingesetzt, wobei keine Auswahl zugelassen ist (Infoseek News, News.com, Newsbot, News Tracket, Yahoo News).

Insgesamt 11 Suchmaschinen (globale Index-Kataloge) werden (ohne Auswahlmöglichkeit) parallel für die Suche nach Informationen im Internet eingesetzt. Dies sind: Lycos, Excite, Hotbot, WebCrawler, Boogle, Galaxy, Alta Vista, Thunderstone, National Directory, Infoseek, Direct Hit (parallele Suchmaschine).

Savvy Search gestattet die Suche nach Shareware im Internet bei 7 speziellen Suchmaschinen (Softseek, Shareware.com, FAST FTP Search, Hot Files, Filez, Jumbo, TUCOWS).

Auch die Meta-Suche im Usenet ist möglich. Hierbei werden 3 spezielle Usenet-Suchmaschinen eingesetzt (Alta Vista, Deja News, Reference.com).

Verschiedentliche Suchmöglichkeiten in speziellen Gebieten (Gesundheit, Beruf etc.) und für den Einkauf (Auktionen, Bücher, Software etc.) werden zusätzlich bereitgestellt. Die Ergebnisse werden gut aufbereitet dargestellt. Allerdings fehlen einige wichtige Daten: Indizierungsdatum und Erstellungsdatum der Dokumente sowie die Anzahl der im Datenbestand der eingesetzten Suchmaschinen enthaltenen Treffer. Duplikate werden entfernt. Auch wird aufgelistet, von welcher Suchmaschine Treffer gemeldet wurden. Es gibt keine Möglichkeit, die Darstellungsart der Treffer im Ergebnisprotokoll zu wählen. Über Links im Ergebnisprotokoll können die eingesetzten Suchmaschinen direkt angewählt werden. Von allen im Suchplan der parallelen Suchmaschine enthaltenen Suchmaschinen können Ergebnisse angefordert werden (Search more engines).

Search.onramp.net

`http://search.onramp.net/`

bietet wenig Möglichkeiten zur Steuerung der Suchanfrage. Bei der erweiterten Suche kann man die maximale Wartezeit auf die Ergebnisse einstellen. Weiterhin ist es möglich, die maximale Anzahl der Suchergebnisse im Ausdruck pro Suchmaschine vorzuwählen. Durch Einstellung der Gewichtung (configure weights) kann man eine gewisse Vorauswahl bei den angebotenen Suchmaschinen (A2Z, Excite, Lycos, Hotbot, Infoseek, Ultra, WebCrawler, Yahoo) treffen.

Im Ergebnisausdruck werden maximal 10 „Top-Ergebnisse" jeder Suchmaschine zusammengefaßt dargestellt (gesamt höchstens 50 Ergebnisse von maximal 8 verschiedenen Suchmaschinen). Wählt man unter der Rubrik „Count-Top" den Hyperlink einer Suchmaschine aus, so wird man direkt mit dieser verbunden und erhält ohne Neustart der Suche alle relevanten Ergebnisse dieser Suchmaschine. Im allgemeinen erhält man keine Informationen darüber, welche Ergebnisse von welcher Suchmaschine stammen und wie viele Ergebnisse die jeweilig eingesetzten Suchmaschinen vorrätig haben. Weitere Ergebnisse kann man nur mittels Auswahl der Suchmaschine über den entsprechenden Hyperlink bekommen.

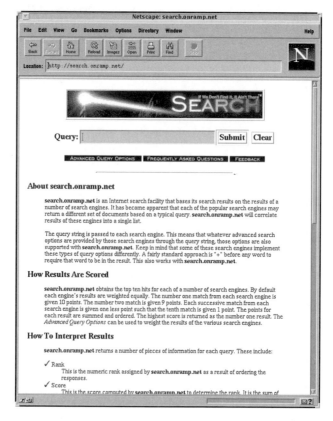

Abbildung 9.8: Startseite von „Search.onramp.net"

Meta Ger

`http://meta.rrzn.uni-hannover.de/`

ist die bisher leistungsfähigste parallele Suchmaschine bezüglich der Steuerungsmöglichkeiten der Suche. Das Angebot ist regional begrenzt (deutsche Suchmaschinen). Es besteht die Möglichkeit, zwischen verschiedenen Suchmaschinen auszuwählen, bzw. alle angebotenen einzusetzen (Dino, Fireball, Netguide, Alta Vista, Hotbot, Netfind, Crawler.de, Alles Klar, Nathan, Lycos, Yahoo.de, Infoseek, de.*-News, Uni-Hannover, T-Online). Von jeder Suchmaschine kann eine Maximalanzahl bezogen auf die erste Anfrage (10 bis 50) an Ergebnissen angefordert werden. Es wird angegeben, wie viele Treffer von welcher Suchmaschine übergeben wurden (keine Aussage über die Anzahl der maximal verfügbaren Treffer der jeweiligen Suchmaschine). Durch einfaches Addieren der Treffer wird eine Gesamtzahl der Suchergebnisse ermittelt, die aber aufgrund der erwähnten Beschränkung wenig aussagekräftig ist. Duplikate werden entfernt.

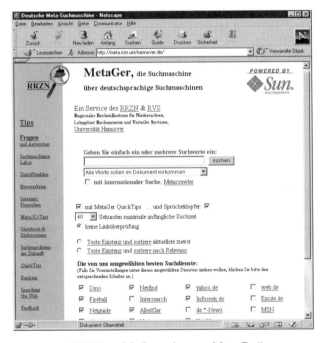

Abbildung 9.9: Startseite von „Meta Ger"

Durch die Festlegung einer maximalen Suchzeit kann zumindest eingeschränkt gewährleistet werden, daß von jeder ausgewählten Suchmaschine Ergebnisse zur Verfügung stehen (s. Abb. 9.10). Weitere Ergebnisse können so lange angefordert werden, bis keine Ergebnisse mehr von den Suchmaschinen bereitgestellt werden. Ist die maximale Suchzeit zu knapp bemessen worden, besteht die Wahrscheinlichkeit, daß nicht alle möglichen Ergebnisse erfaßt werden. Leider wird bei der Ergebnisdarstellung nicht generell für jeden Link eine kurze Beschreibung des Dokumentinhaltes mitgeliefert (s. Abb. 9.11). Bei vielen wird nur der Hyperlink angegeben. Im Rahmen der Suche erfolgt eine statistische Darstellung der Überprüfung auf „tote Links" (s. Abb. 9.12).

Start der parallel-Anfragen an die Suchmaschinen ... und parallele QuickTip-Suche ...
Maximale Suchzeit 40 Sekunden.

- MetaGer QuickTips: **www.recycling.de**

- MetaGer QuickTips: **www.recycling-online.de**

- MetaGer QuickTips: **www.recycling.org**

- MetaGer QuickTips versuchen, so schnell als möglich gute Antworten auf Ihre Anfrage zu finden - Sie können die Ergebnisse sofort anklicken, die Metasuche läuft parallel weiter.

Noch maximal 30 Sekunden. Warten auf Lycos, Fireball, Altavista, Netguide, Dino-Online, Netfind, Infoseek.de.
Noch maximal 20 Sekunden. Warten auf Lycos, Netguide, Dino-Online, Infoseek.de.
Noch maximal 10 Sekunden. Warten auf Lycos, Netguide, Dino-Online, Infoseek.de.

Abbruch der Abfragen an folgende Suchdienste: Lycos, Netguide, Dino-Online, Infoseek.de - Antwort zu langsam.
Hinweis: Sie können vielleicht viel Zeit sparen, wenn Sie die zuletzt genannten Suchdienste zeitweise abschalten (auf der unteren Hälfte der MetaGer-Startseite). Oder - wenn Sie eine vollständigere Suche haben wollen - verlängern Sie die maximale anfängliche Suchzeit.

Wir danken den folgenden Suchdiensten:
Für detaillierte Anfragen empfehlen wir Ihnen die direkte Benutzung dieser Suchdienste.

```
AllesKlar:          30 Treffer
AltaVista:          10 Treffer
Dino-Online:         0 Treffer
Fireball:           10 Treffer
Infoseek.de          0 Treffer
Lycos:               4 Treffer
Netfind:            10 Treffer
Netguide:            0 Treffer
T-Online:           10 Treffer
Yahoo.de:           20 Treffer
Gesamtanzahl:       94 Treffer
```

Abbildung 9.10: Suchprotokoll von „Meta Ger"

1) RECYCLING-Partner Udo Naumann - Sonder- und Restposten

http://home.t-online.de/home/recycling-partner/sonder02.htm
  ◦ *(gefunden von: Fireball)* Verbrauchsmaterial für Kopierer, Laser- und Tintenstrahldrucker - Sonderangebote/Restposten.
  28-6-1999
  Status: Existiert (Last Modified: Mon Jul 12 17:31:18 1999)

Abbildung 9.11: Typisches Ergebnisprotokoll von „Meta Ger" (Auszug)

Suchdienst	Treffer (gesamt)	davon Dubletten	davon äquivalent	Treffer (effektiv)	Existenz getestet	Timeouts bei Tests	ungetestet	nicht vorhanden
DINO-Online	20	1	0	19	9	8	0	2
Eule	10	0	0	10	6	3	0	1
Flipper	50	2	2	46	36	6	0	6
Harvest UNI-Han	5	0	0	5	0	0	5	0
Hotlist	50	0	2	48	21	12	0	17
Netguide	1	0	0	1	0	0	0	1
web.de	10	0	0	10	9	:	0	0
Gesamtergebnis	146	3	4	139	81	30	5	27

Abbildung 9.12: Statistische Darstellung der Überprüfung auf „tote Links" bei „Meta Ger"

Positiv fällt auf, daß auch im Ergebnisausdruck bei jedem Treffer angegeben wird, von welcher Suchmaschine er stammt.

Über einen Link kann für eine weltweite Suche der Metacrawler ausgesucht werden.

Frame Search

`http://www.w3com.com/fsearch/`

leitet die Suchanfrage direkt an bis zu 4 globale Suchmaschinen und stellt die Ergebnisse im Browserfenster durch den Einsatz von Frames bereit. Diese Darstellungart ist die schlechteste, weil man im jeweiligen Ergebnisfenster (horizontal wie auch vertikal) scrollen muß, um wenigstens ein paar der angebotenen Informationen erfassen zu können. Bis zu 12 der besten globalen Suchmaschinen (Yahoo, Lycos, Alta Vista, Excite, Hotbot, InfoSeek, Open Text, Deja News, WebCrawler, Magellan, Reference) können für die Suche genutzt werden. Da die Ergebnisse nicht aufbereitet werden, wird keine Entfernung von Mehrfachnennungen im Ergebnisdatenbestand vorgenommen. Die Suche ist im Web und auch im UseNet in den News-Gruppen (Deja News) möglich.

Abbildung 9.13: Startseite von „Frame Search"

Profusion

`http://www.designlab.ukans.edu/profusion/`

leitet die Suchanfrage an bis zu maximal 9 verschiedene globale Suchmaschinen (Alta Vista, Excite, Lycos, WebCrawler, Look Smart, Snap, Magellan, Yahoo, GoTo) weiter. Es besteht keine Möglichkeit, die Anzahl von Suchergebnissen pro Suchmaschine auszuwählen. Verschiedene leistungsfähige Suchmaschinen (Hotbot u.a.) werden nicht berücksichtigt. Bei der Darstellung der Suchergebnisse werden Informationen darüber, wie viele Suchergebnisse die jeweilige Suchmaschine in ihrem Datenbestand insgesamt zum Suchbegriff enthält und anderes Nützliches schmerzlich vermißt. Von welcher Suchmaschine ein Treffer stammt, wird angegeben.

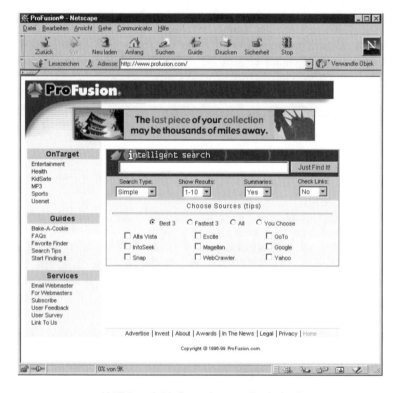

Abbildung 9.14: Startseite von „Profusion"

Die parallele Suchmaschine weist auf der anderen Seite einige sehr interessante Funktionen auf. So werden Duplikate aus dem Datenbestand entfernt. Eine weitere hervorragende Funktion ist die Überprüfung des Ergebnisdatenbestandes auf „broken links". Man wählt vorher aus, wie viele Links des Datenbestandes verifiziert werden sollen. Bedauerlicherweise können nur zwischen 10 bis 50 „broken Links" verifiziert werden. Dabei findet keine Entfernung statt, doch steht im Ergebnisausdruck ein Hinweis. Eine weitere interessante Funktion besteht in der Möglichkeit, nach erfolgter Registrierung eine jeweils aktualisierte Ergebnissammlung zu einer früheren Suchanfrage (ohne Neustart der Suche) zu erhalten. Die Ergebnisdarstellung ist leider nicht ausführlich genug, denn zu bestimmten Hyperlinks existiert keine Kurzzusammenfassung des Dokumentinhaltes. Es können keine weiteren Suchergebnisse angefordert werden.

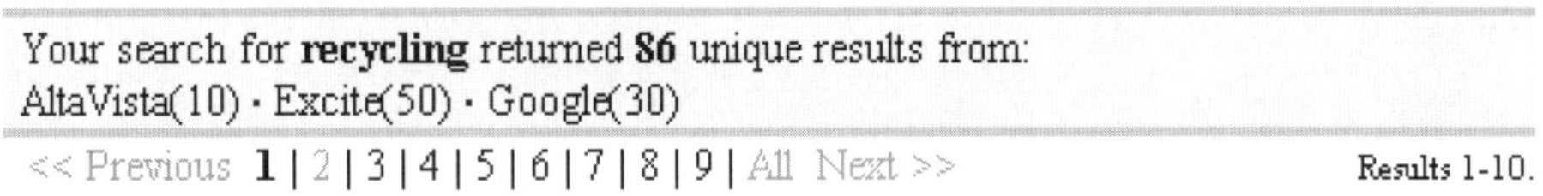

Your search for **recycling** returned **86** unique results from:
AltaVista(10) · Excite(50) · Google(30)

<< Previous **1** | 2 | 3 | 4 | 5 | 6 | 7 | 8 | 9 | All Next >>   Results 1-10.

Abbildung 9.15: Darstellung der Ergebnisse und die Behandlung „toter Links" bei „Profusion"

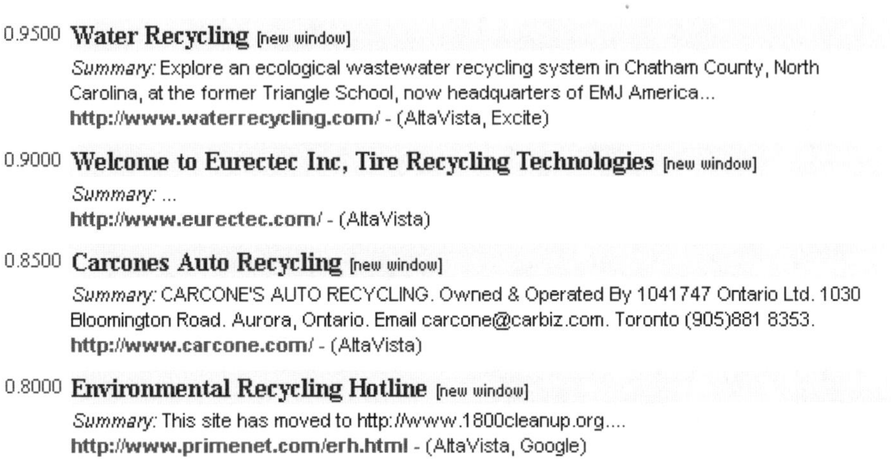

0.9500 **Water Recycling** [new window]
  Summary: Explore an ecological wastewater recycling system in Chatham County, North Carolina, at the former Triangle School, now headquarters of EMJ America...
  http://www.waterrecycling.com/ - (AltaVista, Excite)

0.9000 **Welcome to Eurectec Inc, Tire Recycling Technologies** [new window]
  Summary: ...
  http://www.eurectec.com/ - (AltaVista)

0.8500 **Carcones Auto Recycling** [new window]
  Summary: CARCONE'S AUTO RECYCLING. Owned & Operated By 1041747 Ontario Ltd. 1030 Bloomington Road. Aurora, Ontario. Email carcone@carbiz.com. Toronto (905)881 8353.
  http://www.carcone.com/ - (AltaVista)

0.8000 **Environmental Recycling Hotline** [new window]
  Summary: This site has moved to http://www.1800cleanup.org....
  http://www.primenet.com/erh.html - (AltaVista, Google)

Abbildung 9.16: Eingesetzte Suchmaschinen von „Profusion" und erzielte Treffer

Dogpile

http://www.dogpile.com/

gestattet die Suche in den logischen Ressourcen des Internets: Web, UseNet und FTP. Bei der erweiterten Suche ist es möglich, die einzusetzenden Suchmaschinen direkt auszuwählen. Innerhalb der logischen Ressource „Web" sind bis zu 15 verschiedene globale Suchmaschinen einsetzbar. Die Suche im UseNet erfolgt nicht direkt, sondern nur im Web über insgesamt 7 spezielle Suchmaschinen (Reference.com, Deja News, Hotbot News, Excite News, Info-Seek News, Alta Vista News, Deja News´s old Database). Für die Suche innerhalb der logischen Ressource FTP wird FAST FTP Search eingesetzt. Es besteht keine Möglichkeit, die Anzahl der Ergebnisse pro Suchmaschine auszuwählen. Man kann aber nach der Suche alle von der jeweiligen Suchmaschine erfaßten Daten abrufen. Die Darstellungsart der Ergebnisse wird von der jeweiligen Suchmaschine vorgenommen. Die parallele Suchmaschine entfernt keine Mehrfachnennungen. Die in der jeweiligen Suchmaschine maximal vorhandenen Suchergebnisse werden nur dann erwähnt, wenn die Suchmaschine diese Information bereitstellt.

Die Gesamtanzahl der gefundenen Ergebnisse, die von der parallelen Suchmaschine errechnet wird, ist insofern irreführend, da sie die Anzahl der Mehrfachnennungen nicht berücksichtigt.

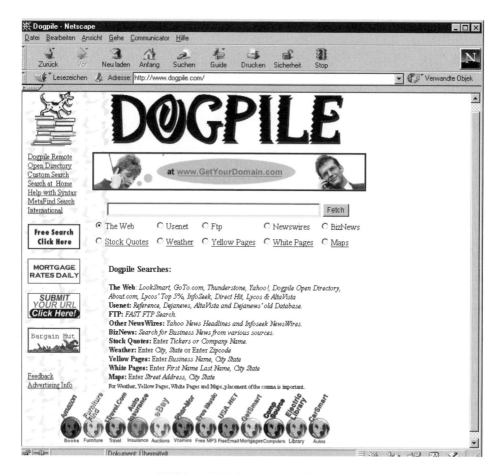

Abbildung 9.17: Startseite von „Dogpile"

Zusätzlich ermöglicht Dogpile die Suche in Stock Quotes, Weather, Yellow Pages, White Pages und Maps. Weiterhin werden thematische Suchmaschinen angeboten.

Abbildung 9.18: Aufbereitete Ergebnisdarstellung bei „Dogpile"

Abbildung 9.19: Startseite von „Inference Find"

Inference Find

http://www.infind.com/

hält einige interessante Funktionen für die Suche nach Informationen bereit. Die Suchmaschine setzt bisher 6 globale Suchmaschinen (WebCrawler, Alta Vista, Lycos, InfoSeek, Excite, Yahoo) parallel ein. Es besteht keine Möglichkeit, Suchmaschinen oder die Anzahl der Ergebnisse pro Suchmaschine vorzuwählen. Inference Find fordert von den Suchmaschinen die maximale Anzahl an Ergebnissen, die diese bei der ersten Anforderung gestatten. Dadurch werden unterschiedliche Ergebnisvolumen von den angerufenen globalen Suchmaschinen (zwischen 30 bis 250 Dokumenten) zum Gesamtergebnisdatenbestand beigesteuert (damit erhält man im Idealfall 6 x 250 = 1.500 Dokumente). Die parallele Suchmaschine entfernt Redundanzen und bereitet die Suchergebnisse auf.

Die Darstellung dieser Ergebnisse (s. Abb. 9.20) kann man mit einem weinenden und einem lachenden Auge betrachten: *Gut* ist es, die Ergebnisdaten unter mehr oder weniger sinnvoll gestalteten Überschriften als „Cluster" zusammenzufassen, so werden bei der Suche nach „Recycling"-Informationen Cluster wie: Recycling Services (Hyperlinks); Misc Commercial Sites (Hyperlinks); Misc Educational Institution Sites (Hyperlinks) u.a. angeboten. *Schlecht* ist die Gestaltung der Links, weil keine Kurzbeschreibungen des Inhalts der Dokumente vorliegen. Sind die Titel nicht aussagefähig genug, muß man zur Verifikation der Ergebnisse viele der angegebenen Internetadressen aufsuchen. „Broken Links", bzw. „tote Links" werden nicht überprüft.

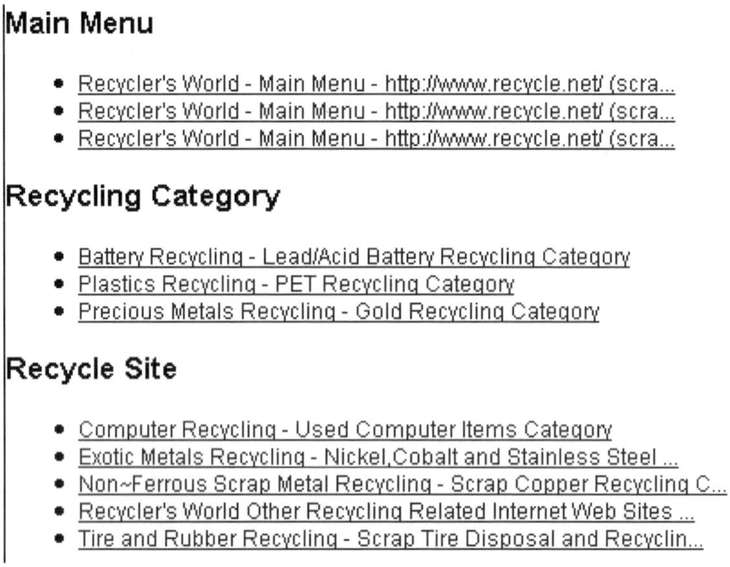

Main Menu

- Recycler's World - Main Menu - http://www.recycle.net/ (scra...
- Recycler's World - Main Menu - http://www.recycle.net/ (scra...
- Recycler's World - Main Menu - http://www.recycle.net/ (scra...

Recycling Category

- Battery Recycling - Lead/Acid Battery Recycling Category
- Plastics Recycling - PET Recycling Category
- Precious Metals Recycling - Gold Recycling Category

Recycle Site

- Computer Recycling - Used Computer Items Category
- Exotic Metals Recycling - Nickel,Cobalt and Stainless Steel ...
- Non~Ferrous Scrap Metal Recycling - Scrap Copper Recycling C...
- Recycler's World Other Recycling Related Internet Web Sites ...
- Tire and Rubber Recycling - Scrap Tire Disposal and Recyclin...

Abbildung 9.20: Ergebnisdarstellung bei „Inference Find"

Inference Find bietet auch eine Suche im deutschen Web-Space unter der Adresse:

`http://www.infind.com/infind_de/infind_de.exe.`

Cyber411

`http://www.cyber411.com/main.htm`

setzt bis zu 16 verschiedene globale Suchmaschinen bei der Suchanfrage ein. Es gibt verschiedene Methoden zur Steuerung der Suche: Bei *Hyper-Search* werden alle Suchergebnisse der Suchmaschinen (soweit sie zur Verfügung stehen) sofort nacheinander dargestellt. *Fast-Search* stellt die Ergebnisse nicht gleich dar, weil erst alle Ergebnisse der eingesetzten Suchmaschinen eingesammelt werden, um Duplikate zu entfernen. Die Suche kann, soweit die eingesetzten Suchmaschinen diese Optionen zur Suchsteuerung unterstützen, als „Schlüsselwortsuche" oder als „Phrasensuche" durchgeführt werden. Es besteht keine Möglichkeit, die einzusetzenden Suchmaschinen und die Ergebnisanzahl vorzuwählen. Da nur Hyperlinks angegeben werden, kann keine Rangfolgenbestimmung für das Verifizieren der Internetadressen vorgenommen werden.

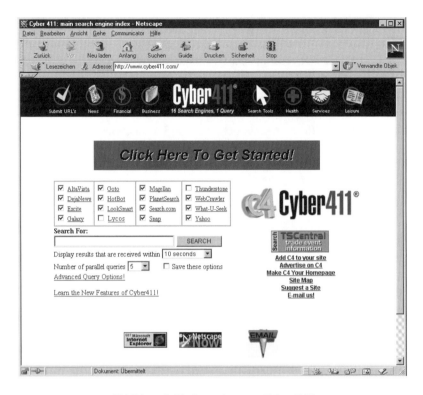

Abbildung 9.21: Startseite von „Cyber411"

USE IT!

`http://www.he.net/~kamus/useen.htm`

stellt sowohl ein internationales Angebot an globalen und speziellen Suchmaschinen als auch speziell regional ausgerichtete Suchmaschinen für die Suche nach Informationen bereit. Es werden zwei verschiedene Startseiten für den Suchbeginn angeboten. Auf der Startseite mit erweitertem Benutzerinterface hat man eine größere Kontrolle über (ein paar wenige) Steuerungsmöglichkeiten. Die Anzahl der maximal von jeder Suchmaschine anzufordernden Ergebnisse kann vorgewählt werden, ebenfalls die maximale Suchzeit (zwischen 1 und 5 Minuten). Dabei beeinflußt die Suchzeit nicht allein die Wartezeit der parallelen Suchmaschine auf die Einbringung der Ergebnisdokumente, sondern zusätzlich die gesamte zur Verfügung stehende Zeit, die die ganze Suchanfrage dauern würde. Das heißt, die Wartezeiten für die Ergebniseinbringung von allen für die Suche ausgewählten Suchmaschinen geht in diese vorgewählte Suchzeit mit ein. Hat man zu viele Suchmaschinen ausgewählt und kostet die Ergebniseinbringung durch einzelne Suchmaschinen sehr viel Zeit, kann das dazu führen, daß die Suche nach Ablauf der voreingestellten Suchzeit ohne Vorwarnung abgebrochen wird.

Die Auswahl einzelner (oder aller) Suchmaschinen ist für folgende Bereiche möglich: Internationals (Excite, Yahoo, Alta Vista, WebCrawler, Lycos, Open Text, Hotbot, Galaxy); Europeans (Ecila, Dino, Uco, WWLib); Italian (Itnet, TowerNet u.a.); Business (IBIS, Europages u.a.); News (CNN Search, L'Unità u.a.); Computers (Zd Net Search, iWORLD u.a.) und Specialized (Internet Sleuth, Minerva, HealthAtoZ, Logos u.a.).

Da diese parallele Suchmaschine keine eigene Aufbereitung der Ergebnisse vornimmt, werden Duplikate nicht entfernt. Die Suchergebnisse werden in einem Ergebnisdokument zusammengefaßt dargestellt. Es ist möglich, weitere Suchergebnisse von der gewünschten Suchmaschine anzufordern. Bei der Option „Original Replies" wird die Darstellung der originalen Suchmaschine (einschließlich der Grafik) beim Ergebnisausdruck verwendet. Es wird keine Ergebnisaufbereitung durchgeführt.

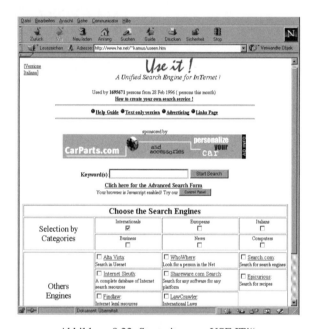

Abbildung 9.22: Startseite von „USE IT!"

Proseek

```
http://www.proseek.net/
```

ist eine parallele Suchmaschine, bei der bis zu 4 verschiedene Suchmaschinen parallel eingesetzt werden können. Es kann zwischen 3 verschiedenen Darstellungsarten ausgewählt werden. Art der Anzeige:

> *Frames*: Voreinstellung. Die Bildschirmhöhe wird in so viele Frames unterteilt, wie Suchmaschinen ausgewählt wurden. In je einem Frame werden die Ergebnisse einer Suchmaschine dargestellt.

Windows: Es werden gleichzeitig so viele Browserfenster geöffnet, wie Suchmaschinen gewählt wurden.

Gathered: Ein langer Ergebnisausdruck, aufgeteilt in Bereiche für die jeweilig ausgewählten Suchmaschinen.

Die Auswahl der einsetzbaren Suchmaschinen ist nicht auf die großen Index-Kataloge beschränkt, sondern kann über eine Menüleiste weltweit und auf Spezialthemen ausgedehnt werden.

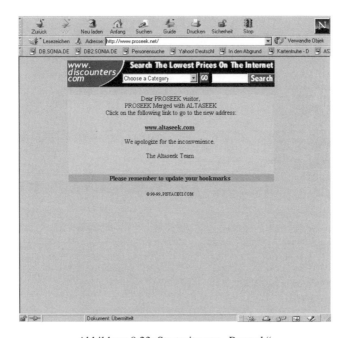

Abbildung 9.23: Startseite von „Proseek"

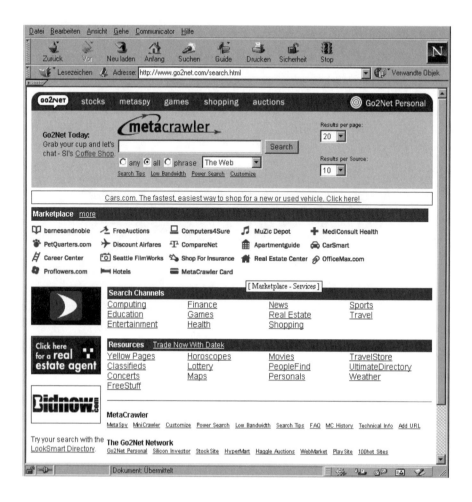

Abbildung 9.24: Startseite von „MetaCrawler"

MetaCrawler

`http://www.go2net.com/index_power.html`

setzt maximal 9 globale Suchmaschinen parallel bei der Suche ein. Nicht in jedem Fall werden alle diese Suchmaschinen (Lycos, WebCrawler, Excite, Alta Vista, Infoseek, Yahoo, Thunderstone, The Mining Co, Look Smart) benutzt. Auf einer speziellen Startseite bestehen verschiedene Möglichkeiten zur Steuerung der Suche. So kann man die Anzahl an Ergebnissen, die pro Suchmaschine geliefert werden sollen (10-30), vorwählen. Ausserdem läßt sich die Suche regional begrenzen (.edu, .com, .gov, Europa, Nord Amerika, etc.). Weiterhin kann die maximale Suchzeit ausgewählt werden. Die Darstellungsform ist dem Informationsgehalt der Ergebnisse angepaßt und sehr informativ (kurze Beschreibung des Dokumentinhalts, von welcher Suchmaschine das Ergebnis stammt u.a.).

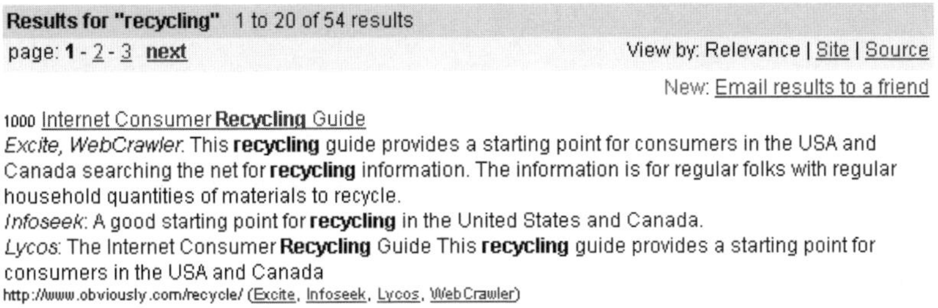

```
Results for "recycling"  1 to 20 of 54 results
page: 1 - 2 - 3  next                                    View by: Relevance | Site | Source
                                                         New: Email results to a friend
1000 Internet Consumer Recycling Guide
Excite, WebCrawler. This recycling guide provides a starting point for consumers in the USA and
Canada searching the net for recycling information. The information is for regular folks with regular
household quantities of materials to recycle.
Infoseek: A good starting point for recycling in the United States and Canada.
Lycos: The Internet Consumer Recycling Guide This recycling guide provides a starting point for
consumers in the USA and Canada
http://www.obviously.com/recycle/ (Excite, Infoseek, Lycos, WebCrawler)
```

Abbildung 9.25: Ergebnisdarstellung bei „MetaCrawler"

Der Ergebnisausdruck (s. Abb. 9.25) ist sehr gut kommentiert, wodurch eine qualifizierte Vorauswahl der Adressen gegeben ist. Es können leider keine weiteren Ergebnisse angefordert werden. Duplikate werden aus dem Ergebnisdatenbestand entfernt. Eine Auswahl der einzusetzenden Suchmaschinen ist nicht möglich, ebenso erhält man keine Information darüber, wie viele Ergebnisse die jeweilige Suchmaschine zur Verfügung hat.

Metacrawler hat sich zu einer Hybridsuchmaschine weiterentwickelt. So wird ein Marktplatz (Hotels, Software u.a.) bereitgestellt. Es ist auch möglich, eine kanalisierte Meta-Suche durchzuführen (Computing, Education u.a.). Viele Ressourcen sind neu aufgenommen worden (Yellow Pages, Games u.a.). Zusätzlich gibt es diverse Service-Angebote (Career-Center, Insurance Center, Free Stuff u.a.).

Highway 61

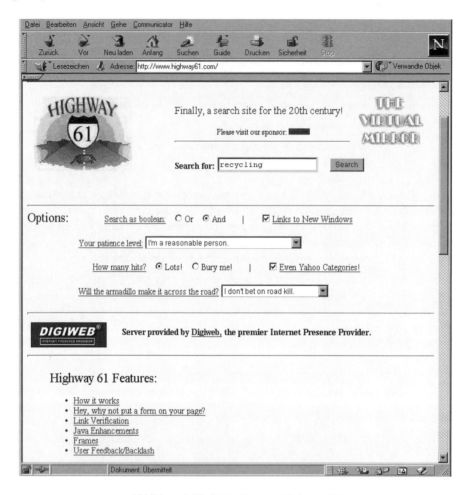

Abbildung 9.26: Startseite von „Highway61"

`http://www.highway61.com/`

Die Gestaltung des Benutzerinterface ist „etwas eigenwillig", wenn nicht unverständlich. Es besteht keine Möglichkeit, die bei der Suche einzusetzenden globalen Suchmaschinen auszuwählen. Die Anzahl der zu übermittelnden Ergebnisse pro Suchmaschine (how many hits: *Lots* [viele], *bury me* [sehr viele],), wie auch die maximale Anzahl der Ergebnisse durch Eingabe der Suchzeit (Suchzeiteinstellung durch: *hurry up!, you losers* [wenig], *please try and make it quick* [etwas mehr], *I'm a reasonable Person* [noch mehr], *Time is a relative Thing ...* [nochmals mehr], *Take your Time, I'm going to the bathroom ...* [am meisten]), kann angegeben werden. Mit der Auswahl der Suchzeiteinstellung wird quasi ein Zeitkonto eingerichtet, das man für die Anforderung weiterer Ergebnisse nutzt, d.h. solange auf diesem Zeitkonto Suchzeit zur Verfügung steht, kann man ohne einen Neustart der Suche Ergebnisse von verschiedenen Suchmaschinen erhalten. Die parallele Suchmaschine bereitet die erhaltenen Ergebnisse auf und entfernt Dokumentduplikate, wobei angegeben wird, von welcher Suchmaschine die Ergebnisse stammen. Über die maximale Anzahl der Suchergebnisse der einzelnen Suchmaschinen liegen keine Informationen vor.

Auf dem Ergebnisprotokoll bietet die parallele Suchmaschine Links zu Foren (Web Authoring, Travel, u.a.) und die Möglichkeit zur Büchersuche bei Barnes and Noble.com.

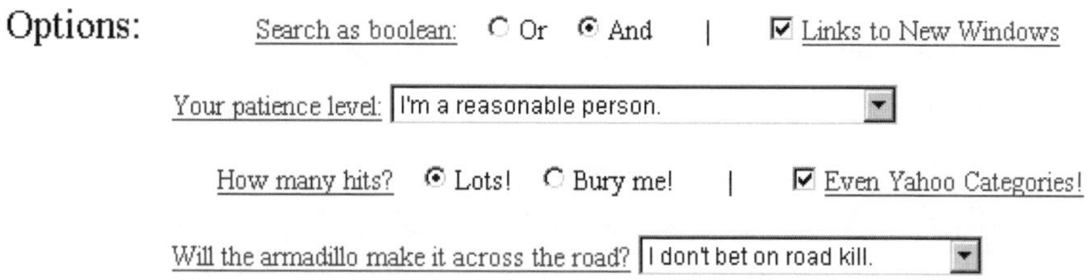

Options: Search as boolean: ○ Or ⊙ And | ☑ Links to New Windows

Your patience level: [I'm a reasonable person.   ▼]

How many hits?   ⊙ Lots!   ○ Bury me! | ☑ Even Yahoo Categories!

Will the armadillo make it across the road? [I don't bet on road kill.   ▼]

Abbildung 9.27: Ausschnitt aus dem Benutzerinterface von „Highway61"

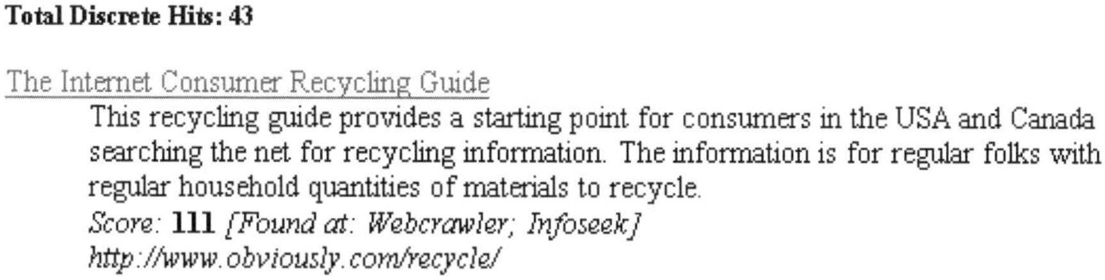

Total Discrete Hits: 43

The Internet Consumer Recycling Guide

This recycling guide provides a starting point for consumers in the USA and Canada searching the net for recycling information. The information is for regular folks with regular household quantities of materials to recycle.
Score: **111** *[Found at: Webcrawler; Infoseek]*
http://www.obviously.com/recycle/

Abbildung 9.28: Ergebnisdarstellung bei „Highway61"

Metafind

`http://www.metafind.com/`

Es werden maximal 5 Suchmaschinen (Alta Vista, Excite, Infoseek, Planetsearch, Webcrawler) für die Suche im WWW eingesetzt. Nur wenige Suchsteuerungsoptionen sind gestattet
(Maximale Wartezeit 10 bis 60 Sekunden. Es kann Einfluß auf die Sortierung der Ergebnisse
- ohne Sortierung, Sortierung nach Domain, alphabetische Sortierung- genommen werden).
Der Aufbau der Startseite ist schnell, die Ergebnisse werden langsam übertragen und sind auf
maximal 175 Treffer beschränkt. Die Ergebnisdarstellung ist für eine Vorauswahl nicht
geeignet. Eine Anforderung weiterer Ergebnisse ist nicht möglich. Es erfolgt keine Linküber-
prüfung, ebenso werden Duplikate nicht entfernt. Es gibt kaum Hilfetexte.

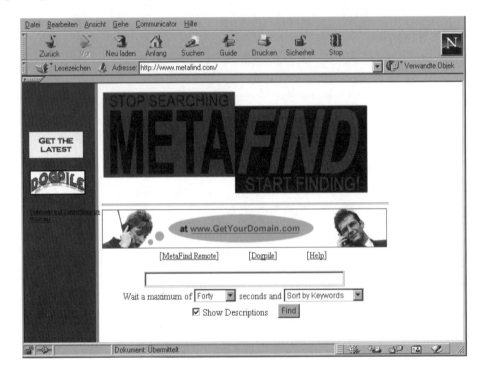

Abbildung 9.29: Startseite von „Metafind"

Ask Jeeves!

`htttp://www.askjeeves.com/`

ist eine parallele Suchmaschine, bei der die Suchanfrage in natürlicher Sprache formuliert werden kann. Die Suchmaschine versucht, weitere Fragestellungen zu formulieren. Weiterhin delegiert sie die Suchanfrage parallel an folgende Suchmaschinen: Yahoo, Excite, Alta Vista, Infoseek, WebCrawler und Lycos (jeweils maximal 10 Treffer werden angefordert). Ask Jeeves stellt darüber hinaus eine Antwortsuchmaschine dar.

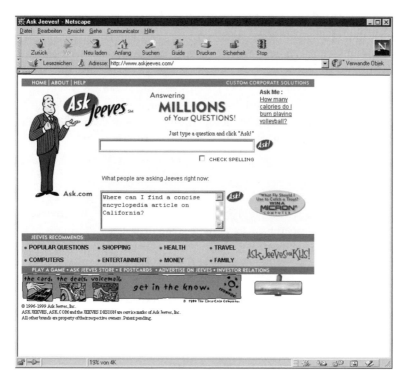

Abbildung 9.30: Startseite von „Ask Jeeves"

Antwortsuchmaschinen

Eine Antwortsuchmaschine ist die oben erwähnte parallele Suchmaschine Ask Jeeves. Eine weitere wird in Kapitel 11.7 vorgestellt. Es ist das deutsche Angebot „Wer weiß was".

Was sind nun aber Antwortsuchmaschinen? Es wird eine Frage in natürlicher Sprache gestellt (z.B. Was ist Recycling? - What is recycling?) und beantwortet.

Bei der Antwortsuchmaschine *Information Please* (`http//:www.infoplease.com/`) wird in den verschiedenen verfügbaren Jahrbüchern, im Wörterbuch und im Lexikon der Website recherchiert. Die vorhandenen Fakten werden dann entsprechend aufbereitet dem Informationssuchenden zur Verfügung gestellt.

Die Antwortsuchmaschine *Human Search* (`http://www.humansearch.com/`) gibt Ergebnisse erst nach bis zu 48 Stunden heraus, da hier ein Team von Personen die Fragen zu beantworten sucht.

Wird *Ask Jeeves* eingesetzt, dann wird zunächst versucht, die gestellte Frage aus der eigenen Antwort-Datenbank zu beantworten. Ist dies nicht möglich, wird die Suche parallel in globalen Index-Katalogen durchgeführt (Eingabe der Frage in englischer Sprache).

HotOIL

`http://www.dstc.edu.au/cgi-bin/RDU/`

besitzt als parallele Suchmaschine ein interessantes Feature: Die Ergebnisse können als Hyper-Index-Browser-Informationen dargestellt werden. Daher kann diese Suchmaschine auch zur Suchverfeinerung (Finden von weiteren dem Thema zugeordneten Suchbegriffen) eingesetzt werden. Die Suchmaschine bietet ein Z39.50 Gateway zu speziellen Datenbanken. Insgesamt werden nur wenige Treffer bereitgestellt.

Mit der nachstehenden Tabelle 9.1, in der Informationen zu den wichtigsten parallelen Suchmaschinen enthalten sind, bekommen Informationssuchende ein Hilfsmittel an die Hand, um *die* parallele Suchmaschine auswählen zu können, die das persönliche Informationsbedürfnis am besten befriedigen kann.

Abbildung 9.31: Startseite von „HotOIL"

Tabelle 9.1: Übersicht über das Leistungsspektrum paralleler Suchmaschinen

Name der Suchmaschine	Eingesetzte Suchmaschinen				Ergebnisdarstellung der parallelen Suchmaschinen					
	Auswahl der Suchmaschine ist möglich	Die maximale Anzahl der verwendeten Suchmaschinen	Einsatz globaler Suchmaschinen	Einsatz spezieller Suchmaschinen	Auswahl der Anzahl der Treffer des Ergebnissets	Originale Darstellung der Ergebnisse	Die Ergebnisse werden aufbereitet	Anforderung weiterer Ergebnisse ist möglich	Angabe von welcher Suchmaschine die Treffer sind	Wieviele Treffer sind von welcher Suchmaschine
Meta Find	-	6	X	-	-		X	-	X	-
Savvy Search	-		X	X	-		X	X	X	-
Meta Ger	X	15	X	X	-		X	-	-	-
USE IT!	X	46	X	X	X	X		X	X	X
Internet Sleuth	X	6	X	X	-	X		X	X	X
Dogpile	X	25	X	X	-	X		X	X	X
Pro Fusion	X	9	X	-	-		X	-	X	-
Inference Find	-	6	X	X	-		X	-	X	-
Cyber 411	-	15	X	-	-		X	-	X	-
Highway 61	-	4	X	-	X		X	X	X	-
Search.onramp	X	8	X	-	X		X	X	-	-
Hot OIL	X	6	X	X	X		X	-	-	-
Ask Jeeves	-	7	X	-	-		X	-	-	-
Meta Crawler	X	9	X	X	X		X	X	X	-
Digi Search	X	25	X	X	-	X		X	X	X
Frame Search	X	12	X	X	-	X	X	X	X	X
Proteus	X	30	X	X	-	X	-	X	X	X
Apollo 7	X	11	X	X	-	-	X	X	X	X
Cymeta	-	23	X	X	-	-	X	X	X	-

Tabelle 9.2: Übersicht über das Leistungsspektrum paralleler Suchmaschinen

Name der Suchmaschine	Spezielle Funktionen der parallelen Suchmaschinen								Sonstige Leistungsmerkmale der Suchmaschinen					
	Entfernung von Dokument-Duplikaten	Überprüfung von "toten Links"	Auflistung der Dokumentduplikate	Ist die parallele Suchmaschine eine Hybrid-SM	Sind Suchverfeinerungen möglich	Zeitliche Begrenzung der Suche	Hilfe bei der Bedienung	Individuelles Suchprofil	Ladezeit	Thematisierte Suchmaschinen	Einsatz anderer Suchmaschinen	Landesspezifische Interfaces	Shopping Center	Portalangebote (Chat, ..)
Meta Find	X	-	X	-	-	X	X	X	G	-	-	-	-	-
Savvy Search	X	-	-	X	-	-	X	X	G	X	-	X	X	-
Meta Ger	X	X	-	-	-	X	X	-	G	-	-	-	-	-
USE IT!	-	-	-	-	-	X	X	-	G	X	-	-	-	-
Internet Sleuth	-	-	-	X	-	X	X	-	G	X	-	-	X	
Dogpile	-	-	-	X	-	X	X	X	G	X	-	-	X	-
Pro Fusion	X	X	-	-	-	-	X	X	G	-	-	-	-	-
Inference Find	X	-	-	-	-	-	X	-	G	-	-	-	-	-
Cyber 411	X	-	-	X	-	-	X	X	G	X	-	-	-	-
Highway 61	X	-	X	-	-	-	X	-	G	-	-	-	-	-
Search.onramp	X	-	-	-	-	X	X	-	G	-	-	-	-	-
Hot OIL	X	-	-	-	X	X	-	-	S	X	-	-	-	-
Ask Jeeves	-	-	-	-	X	-	X	-	G	-	-	-	-	-
Meta Crawler	X	-	X	X	X	X	X	X	G	X	-	-	X	X
Digi Search	-	-	-	-	-	X	X	-	S	-	-	-	-	-
Frame Search	-	-	-	-	-	-	X	-	G	-	-	-	-	-
Proteus	-	-	-	-	X	-	X	-	G	-	X	-	-	-
Apollo 7	-	-	-	-	-	X	X	-	G	X	-	-	-	-
Cymeta	X	-	X	-	-	-	X	-	G	-	X	-	-	-

9.2 Intelligente Suchmaschinen

Viele Dienste des Internets sind im Informationsrecherchesystem WWW zusammengefaßt und stellen schon zum jetzigen Zeitpunkt einen Informationsraum dar, der sich in einem ständigen Wandel und nach Prognosen in einem exponentiellen Wachstum befindet (Jahr 2000: ca. 1 Milliarde Web-Adressen). Durch das Fehlen zentraler Kontrollmechanismen entstand ein regelrechter „Wildwuchs" an Informationen, aber auch neue, interessante Möglichkeiten, die zu vielen Problemen führten. Durch die immense Informationsfülle ist es für den Suchenden in manchen Fällen kaum möglich, alle zugänglichen Informationen per Hand (durch Surfen) zu sichten.

Die bisherige Suchmethodik wird durch die vorgestellten Sucheinstiegspunkte dokumentiert und weist einige Schwachpunkte auf. Allen bisher vorgestellten Suchhilfen, auch den Suchmaschinen (zumindest beim Verifizieren der gefundenen Daten bzw. dem Abgleich der gefundenen mit den gesuchten Daten), liegt die gleiche Suchstrategie, welche durch das Hypertextkonzept des WWW festgelegt wird, das Surfen bzw. Browsen im Internet, zugrunde. Diese Suchmethodik ist zu leistungsschwach, um dem Informationssuchenden angemessen zu helfen, in vertretbaren Zeiträumen an die gewünschten Informationen zu gelangen. Das gilt in besonderem Maße für neue Themengebiete, bei denen nicht von vornherein relevante von nicht relevanten Informationen abgegrenzt werden können.

Die durch die vorgegebene Struktur der Hypertextdokumente festgelegte Interessen-/Suchstruktur korreliert nicht mit der Interessen-/Suchstruktur des Informationssuchenden, sondern existiert parallel dazu und führt in manchen Suchsituationen zu keiner Übereinstimmung und damit zu keinem Sucherfolg.

Weiterhin besteht die Gefahr, in einem Wust von nichtrelevanten Informationen zu erstikken und das eigentliche Ziel der Informationssuche aus den Augen zu verlieren.

Die Verifikation dieser Informationen geht einher mit einem massiven Zeitverlust für die Auswertung des für die Suche im eigentlichen Sinne wertlosen Informationsmaterials, wodurch das Informationsrecherchesystem WWW in seiner Nützlichkeit und bezüglich der Produktivität für den Informationssuchenden gesenkt wird.

Um die Informationen im Internet strukturiert zugänglich zu machen, ist eine intelligente Unterstützung für die Informationssuche notwendig, wobei diese persönlich sein sollte, sich den Bedürfnissen und Aufgabenstellungen eines bestimmten Informationssuchenden anpassen müßte.

Die „ideale" intelligente Suchmaschine

Allgemein kann eine intelligente Suchmaschine, bzw. ein intelligenter Agent, als ein Softwareprodukt definiert werden, das Dienstleistungen verschiedenartiger Natur für den Benutzer unabhängig von seiner direkten Kontrolle autonom ausführt und sich dabei der Methoden und Mechanismen der künstlichen Intelligenz (KI) bedient. Die Charaktereigenschaften solcher Suchmaschinen sind in Abb. 9.32 dargestellt.

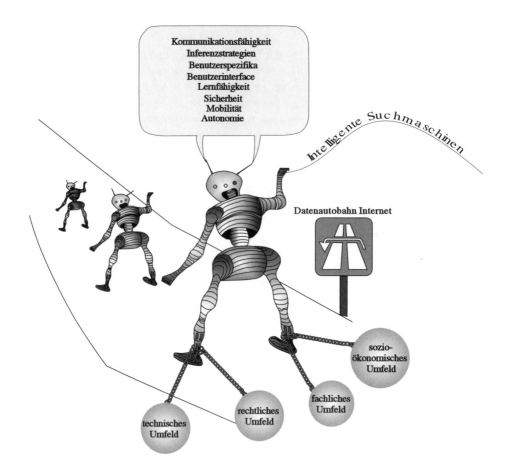

Abbildung 9.32: Eigenschaften intelligenter Suchmaschinen

Autonomie

Die Suchmaschine bearbeitet an sie delegierte Aufgaben weitgehend selbständig, ohne daß die Aufmerksamkeit des Benutzers weiterhin gefordert ist. Dabei wird der Umfang der Autonomie einer intelligenten Suchmaschine durch die Erfüllung verschiedener Anforderungen an die Suchmaschine entscheidend mitbestimmt, d.h. je höher diese Anforderungen und je besser sie erfüllt sind, desto umfangreicher ist die Autonomie der intelligenten Suchmaschine.

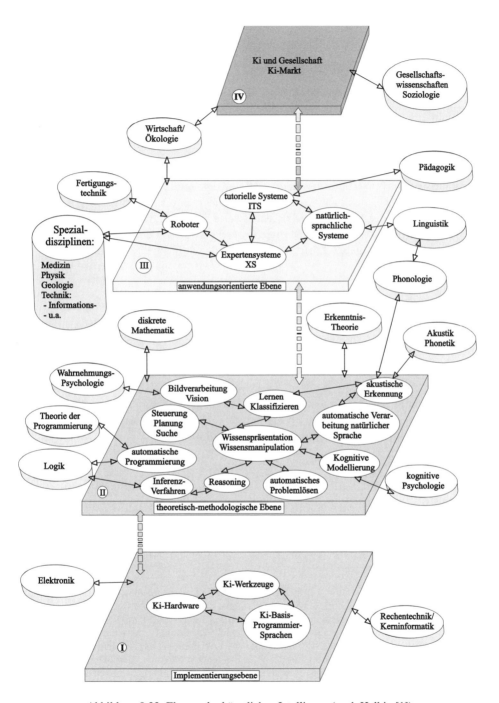

Abbildung 9.33: Ebenen der künstlichen Intelligenz (nach Helbig [1])

Zielorientierung

Bearbeitung von komplexen Aufgabenstellungen. Die Entscheidung, ob und wie die gestellte Aufgabe in Teilaufgaben zerlegt wird, wo und wann die erforderlichen Informationen zu finden sind u.v.m., obliegt der intelligenten Suchmaschine. Der Benutzer kümmert sich um das „Was" und nicht „Wie" die Suchanfrage bearbeitet werden soll. Um Pläne zum Lösen komplexer Anfragen aufstellen zu können, benötigt die intelligente Suchmaschine sogenannte *Inferenzstrategien*[1] (siehe hierzu: theoretisch-methodologische Ebene in Abbildung 9.36).

Flexibilität

Die intelligente Suchmaschine gestaltet die Lösung der auferlegten Aufgabenstellung selbsttätig, d.h. die Aktionen der Suchmaschine sind zu keinem Zeitpunkt festgelegt. Ist es notwendig, für die Lösung der Aufgabe die Vorgehensweise zu ändern, weil äußere Umstände (veränderte Softwareumgebung, ein nicht erreichbarer Netzwerkserver) oder Schlußfolgerungen nach Lösen von Teilaufgaben Lösungsstrategien möglich machen, dann führt die Suchmaschine dieses durch.

Mitarbeit

Entstehen bei der Formulierung der Aufgabenstellung durch den Benutzer Mehrdeutigkeiten, bzw. werden wichtige Informationen für die Bearbeitung der Aufgabe ausgelassen oder Fehler gemacht, dann ist die Suchmaschine in der Lage, durch Nachfragen beim Benutzer, durch das Herausziehen von verschiedenen Wissensbasen oder anderen Methodiken die Aufgabe trotzdem zu lösen. Dabei erfolgt auch eine Abstimmung (Anpassungs–fähigkeit) zwischen der Suchmaschine und dem Benutzer durch die Berücksichtigung des speziellen Benutzerprofils (Benutzerspezifika) und durch die Lernfähigkeit der Suchmaschine (Erweitern der Wissensbasis) bei der Interpretation der Aufgabenstellung.

---

[1]   Die Fähigkeit, aus bereits aufgenommenem Wissen oder hinzugewonnenen Informationen zur eigenen Wissensbasis vernünftige Schlußfolgerungen zu ziehen, ist ein wesentliches Element der menschlichen Intelligenz. Angelehnt an den englischen Sprachgebrauch kann der Prozeß des Schlußfolgerns als Inferenzstrategie („to infer"-schließen, schlußfolgern) und jeder Einzelschritt dieses Prozesses als Inferenz bezeichnet werden. In der KI wird versucht, unter Anwendung verschiedener Strategien (logisch-deduktives / monotones Schließen, nicht monotones Schließen, approximatives Schließen, analoges Schließen, induktives Schließen) diesen Schlußfolgerungsprozeß der menschlichen Intelligenz (a) zu automatisieren und (b) Computern zugänglich zu machen.
Den Vorgang des rationalen Denkens und seiner Automatisierung bezeichnete man ebenfalls entlehnt aus dem englischen Sprachgebrauch als *Reasoning*. Jeder Einzelschritt des Schlußfolgerungsprozesses wird als Inferenz bezeichnet.

Selbststart

Die Suchmaschine kann die Bearbeitung einer Aufgabenstellung zu den Zeitpunkten aufnehmen, wenn die Netzbelastung nicht zu groß ist oder die Kosten durch einen anderen Startzeitpunkt minimiert werden können. Das kann so weit gehen, daß die Suchmaschine die Bearbeitung ablehnt. In manchen Situationen kann der Start erfolgen, wenn der Benutzer am Rechner nicht eingeloggt ist.

Kommunikationsfähigkeit

Die Suchmaschine muß in der Lage sein, auf effektive Art und Weise Informationen beschaffen zu können. Beispielsweise sollte eine intelligente WWW-Suchmaschine in Kommunikation mit der angetroffenen Softwareumgebung, mit anderen intelligenten Suchmaschinen und mit dem Benutzer treten können. Weiterhin sollte sie im Internet mit den verschiedenen Internetzwerkzeugen (FTP, Telnet, Mails und News) kommunizieren und Internetdienste (Archie, Gopher, Netfind) für die Bearbeitung der Aufgabe als Mittel der Informationsbeschaffung nutzen können.

Interface zwischen Benutzer und intelligenter Suchmaschine und zwischen mehreren intelligenten Suchmaschinen

Damit die Kommunikation zwischen der intelligenten Suchmaschine und dem Benutzer sowie anderen intelligenten Suchmaschinen und den verschiedenen Zielplattformen möglich ist, werden jeweils speziell gestaltete Interfaces bereitgestellt.

Zur Inter-Suchmaschinen-Kommunikation dienen spezielle Sprachen. Hierdurch können die intelligenten Suchmaschinen Wissen und Informationen mit anderen austauschen. Des weiteren können andere Suchmaschinen zur Bearbeitung der gestellten Aufgabe mit eingesetzt werden. Als Kommunikationsinterface zwischen intelligenten Suchmaschinen und dem Benutzer werden zum jetzigen Zeitpunkt Dialogfelder benutzt. An anderen Interfaces (natürlichsprachliche Kommunikation, sei sie in geschriebener oder verbaler Form) wird geforscht.

Das Interface zwischen intelligenten Suchmaschinen (Agenten) wird hauptsächlich über sogenannte ACL's (Agent Communication Language) gestaltet, die eine einheitliche Schnittstelle für die Kommunikation zwischen ihnen bereitstellen sollen. Eine solche Sprache ist KQML (Knowledge Query and Manipulation Language).

Mobilität

Man unterscheidet zwischen statischen intelligenten Suchmaschinen, bei denen die Aktionen zentral vom gleichen Ort abgewickelt werden, und dynamischen intelligenten Suchmaschinen. Diese wandern durch das Internet von Adresse zu Adresse (anders als die von den Index-Katalogen eingesetzten Suchroboter, die eine Adreßliste durch Browsen abarbeiten und nicht durchs Internet wandern).

Die intelligente Suchmaschine nimmt beim Wandern ihre Wissensbasis und den Quellcode ständig mit. Daher sind große Anforderungen an die Sicherheit zu stellen. Je effektiver die intelligente Suchmaschine auf den Benutzer eingehen kann, desto präziser ist das von ihr erstellte Benutzerprofil (desto mehr persönliche Daten des Benutzers sind in der Wissensbasis enthalten). Es wird gebildet durch: Gewohnheiten, Verhaltensweisen, Bedürfnisstrukturen u.a. Diese kritischen Daten müssen vor unberechtigten Zugriffen und Manipulationen geschützt werden, damit die Suchmaschine nicht durch andere mißbräuchlich eingesetzt werden kann, z.B. als „trojanisches Pferd".

In der Praxis sind nur gewisse Teilaspekte der idealen intelligenten Suchmaschine realisiert. Bei den Angeboten von intelligenten Suchmaschinen kann zwischen speziell konzipierten (auf ein bestimmtes Themengebiet beschränkt) intelligenten Suchmaschinen und den mobilen Agenten, die innerhalb eines größeren Themenspektrums einsetzbar sind, unterschieden werden.

Einige Probleme beim Einsatz

Weitere Aspekte beim Einsatz einer mobilen intelligenten Suchmaschine sind die Auslastung der besuchten Server und die durch die Tätigkeit der mobilen intelligenten Suchmaschine hervorgerufene Netzbelastung. Gründe für diese Belastung liegen in der Autonomität, da über http-Request Daten angefordert werden und diese sich über TCP/IP im Netz fortbewegen.

Die Zensur bzw. Filterung von Daten ist ein weiterer Aspekt. Suchagenten oder News-Filter-Agenten suchen nach einem bestimmten teilweise vorgegebenen Schema Informationen und Nachrichten und treffen dabei Entscheidungen darüber, welche dieser Daten der Benutzer letztendlich zu sehen bekommt. Somit entsteht die Gefahr der indirekten oder direkten Zensur, weil der Benutzer den Agenten entsprechend seinen Bedürfnissen programmiert hat, so daß dieser von vornherein bestimmte Themen ausschließt oder Dokumente herausfiltert. Auch besteht die Möglichkeit, daß die mobile intelligente Suchmaschine (der mobile Agent) aus Erfahrungen schließt, daß der Benutzer bestimmte Informationen nicht haben will und diese nicht besorgt, wodurch dem Benutzer vielleicht wichtige Informationen vorenthalten werden.

Sicherheitsaspekte

Mobile Agenten müssen in einer sicheren Programmiersprache geschrieben sein, d.h. die intelligente Suchmaschine darf keinen direkten Zugang zum Computer haben. Aus diesen Gründen werden die meisten mobilen Suchmaschinen in interpretierenden Sprachen geschrieben wie TCL/TK und Telescript, aber auch in C und C++, Java, Smalltalk, Perl, Python, Active X.

Schutz eines Computers vor einer mobilen Suchmaschine:
-   Identifikation des Eigentümers der mobilen Suchmaschine
-   Autorisierung für die Benutzung bestimmter Ressourcen
-   Die Einhaltung der vorgegebenen Beschränkungen muß erzwungen werden.

Schutz einer mobilen Suchmaschine vor einer mobilen Suchmaschine:
-   gehört als Teilproblem zu den vorher geschilderten Schutzfunktionen.

Schutz einer mobilen Suchmaschine vor dem benutzten Computer:

– Da die mobile Suchmaschine sensible Daten des Benutzers beinhalten kann, muß gewährleistet werden, daß diese vom Computer nicht gelesen bzw. geändert werden können. Eine Erschwerung des Lesens bzw. Verändern der sensiblen Daten wird durch Verschlüsselungstechniken ermöglicht (Thema Datenschutz).

Weiterhin beeinflußt das Umfeld, in dem die intelligente Suchmaschine eingesetzt wird, deren Tätigkeit. Umfelder sind in der Abbildung als Ketten dargestellt.

Das technische Umfeld

Die intelligente Suchmaschine bewegt sich in verschiedenen technischen Umfeldern bzw. tritt in Interaktion mit technisch unterschiedlich gestalteten Umgebungen und muß mit diesen Unwägbarkeiten umgehen können.

Das rechtliche Umfeld

Einige Teilaspekte aus diesem Umfeld sind unterschiedliche rechtliche Beschränkungen (Datenschutz, Urheberschutz, u.a.) in den Ländern. Hier hinein gehören auch gesellschafts-politische Themen.

Das fachliche Umfeld

Für wen und warum werden diese Daten beschafft, und welche wissenschaftlichen Gebiete sind zu berücksichtigen (Daten für Ingenieure, Betriebswirte, Lehrer, usw.)?

Das sozioökonomische Umfeld

Ein Aspekt dieses Umfelds sind die unterschiedlichen kulturellen Umfelder, die die intelligente Suchmaschine bei ihrem Navigieren im Internet vorfindet. So werden bestimmte Informationen, die die Suchmaschine über das Internet transportiert, in den verschiedenen Kulturen unterschiedlich aufgefaßt. Das kann zu Irritationen bzw. großen Problemen führen (Pornographie in islamischen Staaten, Gewaltdarstellungen [Bombenbastler], usw.).

Ein ideales Informationssystem

Die Benutzung eines solchen Systems erfordert beim Benutzer keine für die Bedienung des Systems notwendige Wissensbasis, d.h. der Benutzer muß nichts über Programmiersprachen und über die richtige Bedienung des Systems wissen. Ebenso braucht er keine tiefer gehende Wissensbasis zum Gegenstand der Informationssuche besitzen. Das ideale Informationssystem stellt die entsprechenden Informationen bereit und führt den Benutzer durch die Bedienung. Weiterhin ermittelt dieses System die Wissensbasis des Benutzers und klärt verbal und interaktiv (wenn nötig unter Verwendung multimedialer Virtual Reality Echtzeit-Environments) ab, inwieweit diese Wissensbasis angehoben werden muß, und unternimmt die dazu notwendigen Schritte. Dabei stellt sich dieses Informationssystem als eine gut definierte glaubwürdige Persönlichkeit dar, die am besten für eine Interkommunikation mit dem Benutzer geeignet ist. Die Persönlichkeit des Benutzers wurde erfaßt und der virtuelle Kommunikationspartner auf diese abgestimmt. Das geht so weit, daß die Kommunikation in der richtigen „Sprache" stattfindet (sehschwache, gehörlose, körperlich behinderte Benutzer). In einem interaktiven Kommunikationsprozeß wird vom idealen Informationssystem erfaßt, was gesucht wird. Dann werden alle nötigen Schritte vom Informationssystem eingeleitet, um das Gewünschte zu beschaffen. Die gefundenen Daten werden so aufbereitet, daß der jeweilige Benutzer des Informationssystems sie verständlich und in der richtigen Form übermittelt bekommt.

Realität intelligenter Suchmaschinen (mobiler Agenten)

Die Realisierung einer idealen intelligenten Suchmaschine bzw. eines idealen Informationssystems ist beim heutigen Stand der Technik bezüglich der verschiedenen Eigenschaften solcher Systeme noch reine Utopie und wird sie vielleicht in gewissen Bereichen auch in Zukunft bleiben.

Nachfolgend sollen einige Ansätze bei den realen intelligenten Suchmaschinen angesprochen werden. Als erstes werden die spezialisierten intelligenten Suchmaschinen behandelt und anschließend der Stand der Entwicklung bei den mobilen Agenten an Hand von einigen Beispielen betrachtet.

Spezialisierte intelligente Suchmaschinen

Die intelligenten Suchmaschinen werden unter anderem auch mit dem Begriff BOT (Abkürzung für Robot) bezeichnet und können in 13 verschiedene Kategorien eingeteilt werden.

Tabelle 9.3: Übersicht Spezialisierte intelligente Suchmaschinen

Academic Bots	Diese intelligenten Suchmaschinen werden an Hochschulen und akademischen Einrichtungen entwickelt. Forschungsaktivitäten im Bereich der Künstlichen-Intelligenz-Forschung.
Chatter Bots	Sind intelligente Suchmaschinen, die mit den Anwendern „talken" (sprechen, kommunizieren) können.
Commerce Bots	Sind intelligente Suchmaschinen, die für die Benutzer kommerzielle Tätigkeiten im Internet und im WWW erledigen, z.B. Auktionen durchführen u.a.
Fun Bots	Sind spezielle Entwicklungen, die den Benutzern ermöglichen, interaktiv mit ihnen zu spielen, wobei der Benutzer eventuell in das Spielgeschehen integriert werden kann. Einsatz von Virtual Reality Charaktern, Erstellen von Voraussagen usw.
Government Bots	Spezialisierte intelligente Roboter, welche nur Informationen von Servern beschaffen, die von Behörden, Verwaltungen usw. betrieben werden.
Knowledge Bots	Diese Datenbanken offerieren Informationen an eine bestimmte Anzahl von intelligenten Agenten.

Tabelle 9.3: Übersicht Spezialisierte intelligente Suchmaschinen

News Bots	Dies sind spezialisierte Suchmaschinen, welche dem Benutzer ermöglichen, eine eigene Zeitung zu konzipieren bzw. spezielle Artikel für den Benutzer aus Zeitungen der ganzen Welt zu beschaffen.
Search Bots	Diese Kategorie der Suchmaschinen bezeichnet nicht allein die „nicht intelligenten" Suchroboter der Index-Kataloge, die häufig zum Aufbau einer Suchmaschine genutzt werden können, sondern auch die mobilen intelligenten Suchmaschinen.
Shopping Bots	Sie werden im Internet und im WWW eingesetzt, um die besten Angebote zu einem Produkt zu beschaffen. Einsatz z.B. für Preisvergleiche u.ä..
Software Bots	Im allgemeinen gehören die intelligenten Suchmaschinen zu den Software-Robotern. Zu diesen zählen koordinierte Agenten, mobile Agenten, assistierende Agenten usw..
Stock Bots	Sie bringen dem Benutzer ausgewählte Börsennotierungen, letzte Preise, Trends, Pressemitteilungen usw. aus dem Internet.
Update Bots	Dies sind intelligente Suchmaschinen, die darauf spezialisiert sind, die beim Benutzer vorliegenden Daten auf den neuesten Stand zu bringen. Diese Daten können Software, News, Börseninformationen usw. sein.
Miscellaneous Bots	In diese Kategorie gehören die intelligenten Suchmaschinen, die sich nicht in eine der anderen Klassen einteilen lassen.

Ausgesuchte Beispiele

News Rover (News Bot)

`http://www.newsrover.com/what.htm`

Diese intelligente Suchmaschine ist spezialisiert auf die Extraktion von Informationen aus
den Usenet News-Gruppen. News Rover automatisiert den Prozeß der Suche nach Nachrichten, lädt diese auf die Festplatte des Benutzers,
dekodiert die Datei-Eintragungen und rekon-
struiert Dateien, die vorher in verschiedene
Teilpakete aufgeteilt wurden.

All Seeing EYE (Search Bot)

`http://www.streeteye.com/cgi-bin/`
`allseeingeye.cgi`

Street EYE All Seeing EYE ist ein Java-Skript-
basierter, großer Search Bot zu den Bereichen
„Geschäfte" und „Finanzen". Er führt die
Suche simultan in mehr als 30 Ressourcen
durch.

Bargain Bot (Shopping Bot)

http://www.ece.curtin.edu.au/~saounb/
bargainbot/

Bargain Bot ist ein Suchroboter, der viele virtuelle Buchhandlungen gleichzeitig nach Prei-
sen für spezifizierte Bücher durchforstet und
Sonderangebote ermittelt.

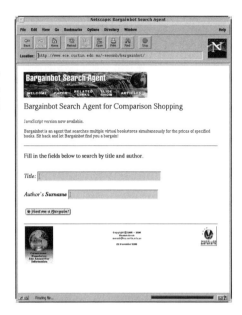

„Universelle" intelligente Suchmaschinen

An zwei Beispielen sollen die komplexen intelligenten Suchmaschinen vorgestellt werden,
mit denen etliche auf unterschiedliche Themengebiete ausgerichtete spezialisierte intelligente Suchmaschinen eingerichtet werden können. Somit müssen für die verschiedenen Themengebiete nicht jeweils darauf spezialisierte intelligente Suchmaschinen von entsprechenden anderen Anbietern beschafft werden.

Autonomy Agentware

http://www.agentware.com/main/index.html

Agentware benutzt neurale Netzwerk-basierte intelligente Agenten, damit die Interessen des
Benutzers richtig erfaßt und die gewünschten Informationen beschafft werden können. Dabei
werden dem Benutzer einige spezialisierte Agenten zur Verfügung gestellt, die z.B. für Shop-
ping Bots, News Bots, Search Bots oder für andere Themengebiete als speziell trainierte
Agenten fungieren. Die Suchanfrage wird dabei in natürlicher Sprache eingegeben, d.h. die
Anfrage wird als ganzer Satz - mit so vielen Informationen wie möglich - formuliert.

Wird ein Agent als Search Bot für eine bestimmte Anfrage trainiert und für die Suche aktiviert, dann lädt die intelligente Suchmaschine alle gefundenen relevanten Daten aus dem
Internet auf die Festplatte des Benutzers. Das kann zu extremen Hardware-Anforderungen
führen (mehrere MB pro Web-Site).

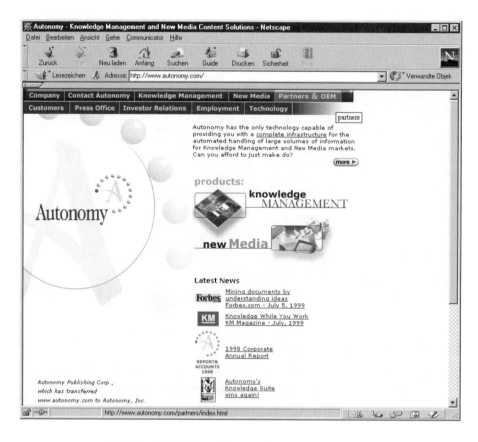

Abbildung 9.34: Startseite vom „Autonomy Agentware"

Forschungsaktivitäten an Universitäten zu den intelligenten Suchmaschinen

Weltweit wird an vielen Universitäten und Forschungseinrichtungen zum Themengebiet der künstlichen Intelligenz und ihrem Einsatz bei der Entwicklung von intelligenten Informationsrecherchesystemen und intelligenten mobilen Suchmaschinen geforscht.

Einige dieser Projekte sollen kurz aufgelistet werden. Der nachfolgende Text ist ein Zitatauszug aus einem Proseminar, das im WS 95/96 von Herrn Rohs an der TH Darmstadt gehalten wurde [2].

Projekt Waiba (OSF)

Im Rahmen der Open Software Foundation gibt es mehrere Projekte zum Thema „World Wide Web Interoperability and Usability". Eines dieser Projekte mit dem Namen „Intelligent Browsing Associates for the WWW" beschäftigt sich mit intelligenten Agenten zur WWW-Unterstützung (Intelligente Agenten sollen das Finden, Auswählen und Teilen von Informationen vereinfachen). Version öffentlich zugänglich.

Projekt Basar (GMD)

BASAR-Agenten bauen Informationsräume zu Themen auf, die den Benutzer interessieren. Dadurch wird die Komplexität des WWW für den Benutzer gemildert. Außerdem unterstützen sie den Umgang mit Suchmaschinen.

Projekt Letizia

Letizia ist eine Agentin, die zusammen mit dem Benutzer das Netz durchstöbert. Gelangt dieser auf eine bestimmte Webseite, so sucht Letizia davon ausgehend Links nach interessanten Dokumenten oder Sackgassen („dead links") ab. Versucht der Benutzer, einen solchen Link zu verfolgen, weist Letizia sofort darauf hin, daß darunter kein Dokument erreichbar ist. Gültige Links werden in einer Präferenzliste abgelegt, die der Benutzer auf Wunsch aufrufen kann.

CIG Search Bot (University of Massachusetts)

CIG steht für Cooperative Information Gathering. Damit ist gemeint, daß mehrere Agenten zusammenarbeiten, um Informationen zu filtern. Die CIG-Search Bots gehören somit zu den Multisuchsystemen. In der Endfassung des Systems soll es für den Benutzer möglich sein, Anfragen wie „Wie finde ich Informationen über Tabellenkalkulationen für Windows und OS/2"... zu stellen. Daraufhin stellt das Agentsystem Pläne auf, wie eine koordinierte Suche durchzuführen ist, und benutzt dabei Teilresultate, um weitere Informationsquellen zu erschließen. Aufgrund der Verwendung solcher Teilresultate zur Verfeinerung und Verbesserung der Suchstrategie hebt sich der Ansatz dieser Suchmaschine von der Suche bei den Index-Katalogen ab.

Projekt Sodabot (MIT)

Sodabot ist ein Projekt am Artificial Intelligence Laboratory, Massachusetts Institute of Technology (MIT), das die Vereinfachung der Konstruktion von intelligenten Agenten zum Ziel hat. Es soll möglich sein, intelligente Agenten herzustellen, indem nur ihr abstraktes Verhalten definiert wird, statt sie in einer herkömmlichen Programmiersprache zu implementieren.

Internet Softbot

Der „Internet Softbot" - Softbot steht für „Software Robot" - ist ein intelligenter Agent für den Internetzugriff. Er benutzt Techniken des Planens und maschinellen Lernens, um als intelligenter Assistent handeln zu können. Der Benutzer formuliert Anfragen auf hohem Niveau, die der Softbot in Pläne umsetzt. Dieser ist in der Lage, aus der Erfahrung zu lernen. Der Benutzer sagt in seiner Anfrage lediglich, was er wissen möchte. Der Softbot ist dafür verantwortlich zu entscheiden, wie und wo die Informationen gewonnen werden können.

Projekt Webdoggie (MIT)

WEBDOGGIE ist ein Informationsfilter für WWW-Dokumente. Für den Benutzer stellt WEBDOGGIE einen persönlichen WWW-Agenten dar, der periodisch oder auf Anfrage Empfehlungen zu WWW-Dokumenten gibt. Die von WEBDOGGIE getroffene Auswahl richtet sich nach der Bewertung von Dokumenten, die man zuvor besucht hat.

Zusätzliche Informationen zu Forschungsaktivitäten und Ressourcen sowie weitere Literaturstellen zu den intelligenten Suchmaschinen sind im Internet verfügbar [3-5].

Eigenentwicklungen intelligenter Suchmaschinen

Wie schon erwähnt, werden die meisten intelligenten Suchmaschinen (Agenten) in den Programmiersprachen C, C++, Smalltalk, Tcl/TK, Perl, KQML, Python, Telescript, Java, Active X u.a. geschrieben. Zu der Thematik des Designs von intelligenten Suchmaschinen sind einige englische Veröffentlichungen vorhanden [6-9]. Leider existieren bisher keine deutschen Veröffentlichungen zu diesem Thema. Eine neuere deutsche Veröffentlichung gibt es jedoch zum Themenbereich „Intelligente Softwaretechniken" [10].

Eine Ressourcenquelle für das Design einer eigenen intelligenten Suchmaschine ist z.B. Botspot [11], auf der hauptsächlich allgemeine Informationen verfügbar sind. Für die Realisierung können aus dem Internet etliche Beispielprogrammierungen, vorliegend in den verschiedenen Programmiersprachen, genutzt werden. Java-, Tcl/Tk- sowie Python-Quelltexte für die Entwicklung intelligenter Suchmaschinen sind auf verschiedenen FTP-Archiv-Servern im Internet zu finden. Eine Ressourcenquelle stellt das CPAN „Netzwerk" (Comprehensive Perl Archive Network) dar (Java-Quelltexte, [12]).

10 Suche nach Sucheinstiegspunkten (Suchmaschinen)

Sehr oft reichen die bekannten Sucheinstiegspunkte für eine effiziente Suche nach spezifischen Informationen nicht aus, und es ist daher notwendig, weitere Alternativen zu finden.

Der bisher beste Ansatz für die Suche nach neuen oder anderen Sucheinstiegspunkten ist der Subject-Katalog Yahoo. Dieser bietet in der Unterkategorie „Suche im WWW" einen hervorragenden Einwahlpunkt für diese Suche. Die Internetadresse lautet für Yahoo-Amerika:

```
http://www.yahoo.com/Computers_and_Internet/
Internet/World_Wide_Web/Searching_the_Web/
```

Im untenstehenden Bild ist diese Unterkategorie aufgeführt.

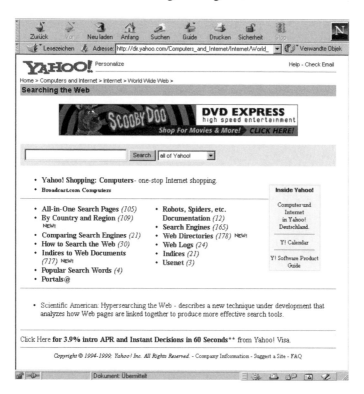

Abbildung 10.1:   Die Unterkategorie „Computers_and_Internet/Internet/
World_Wide_Web/Searching_the_Web" bei Yahoo

In der Unterkategorie „Indices" werden weitere Ressourcenlisten zum Themengebiet „Suchmaschinen" und „Web-Directories" aufgelistet (s. Abb. 10.2).

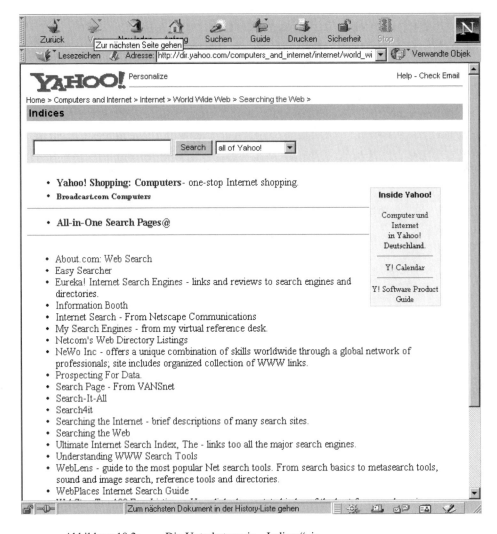

Abbildung 10.2:   Die Unterkategorie „Indices" in
                    „Computers_and_Internet/Internet/ World_Wide_Web/
                    Searching_the_Web" bei Yahoo

Die Unterkategorie „All in One Search Pages" (ohne Abbildung) enthält eine größere Anzahl
von weiteren Ressourcenlisten (Suchmaschinenlisten) und Meta-Suchern (Multi-Sucher und
Multi-Suchmaschinen).

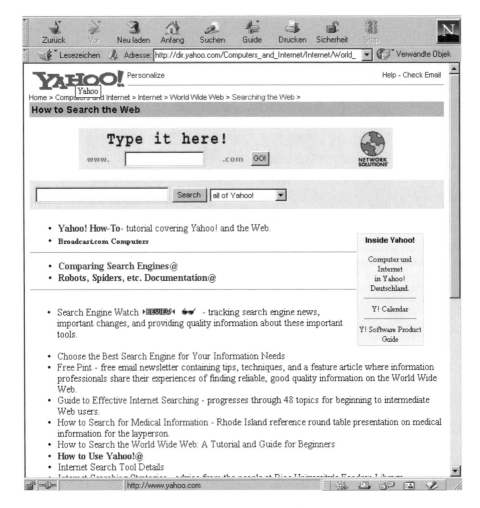

Abbildung 10.3:   Die Unterkategorie „How to Search the Web" in „Computers_and_Internet/ Internet/ World_Wide_Web/ Searching_the_Web" bei Yahoo

Leider ist zu beobachten, daß die Hilfeseiten bei den verschiedenen Suchmaschinen in letzter Zeit immer weniger werden, ganz besonders in Hinsicht auf Übungsbeispiele zu den verschiedenen Suchoptionen der Suchmaschinen. In solchen Fällen ist es sinnvoll, die Unterkategorie „How to Search the Web" (siehe Abb. 10.3) zu Rate zu ziehen, da in dieser eine Vielzahl von Internetadressen aufgelistet sind, die nützliche Informationen bereithalten. Das gleiche gilt für die Informationen, die in der Unterkategorie „Comparing Search Engines" (siehe Abb. 10.4) bereitgestellt werden.

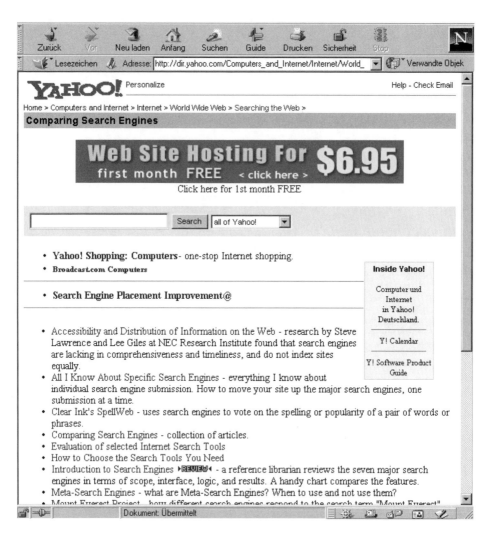

Abbildung 10.4:   Die Unterkategorie „Comparing Search Engines" in
                    „Computers_and_Internet/ Internet/ World_Wide_Web/
                    Searching_the_Web" bei Yahoo

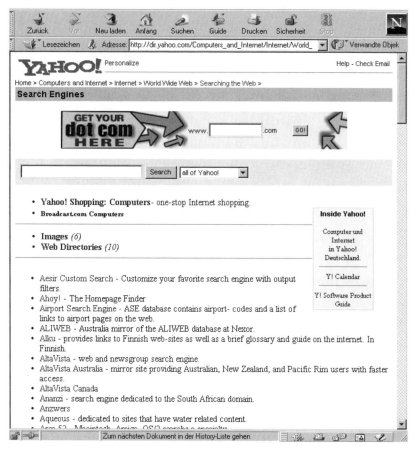

Abbildung 10.5:   Die Unterkategorie „Search Engines" in
                    „Computers_and_Internet/ Internet/ World_Wide_Web/
                    Searching_the_Web" bei Yahoo

Die meisten Informationen liegen in englischer Sprache vor. Allerdings gibt es von Yahoo etliche regionale Angebote. In den entsprechenden Unterkategorien dieser regionalen „Yahoo's" gibt es dann vergleichbare Informationen in der entsprechenden Landessprache.

Eine gute Informationsquelle zu dem Gebiet der Suchmaschinen ist die USENET Top-News-Gruppe **Comp.infosystems.search**.

Diskutiert werden sollen: Die richtige Benutzung von Suchmaschinen und die ihnen zugeordnete Technik; Informationen über die Installation, die Fehlersuche, das Indizieren, die eingesetzten Suchprogrammiersprachen, deren Syntax, die effektive Suchprogrammierung und die Suchtechniken, die Interpretation im WWW usw.

Fast alle im WWW relevanten globalen sowie speziellen Suchmaschinen sind in der Unterkategorie „Search Engines" aufgelistet. Diese kommentierten Ressourcen sind immer auf dem neuesten Stand.

Wer zum Thema Suchmaschinen up to date sein will, sollte sich folgende Internetadresse merken:

http://www.searchenginewatch.com/

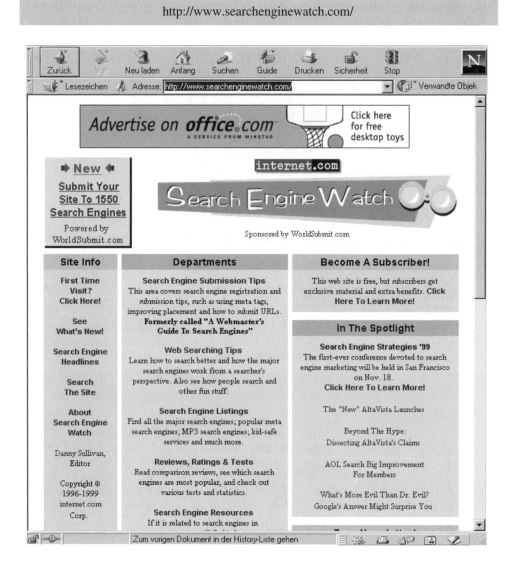

Abbildung 10.6: Die Startseite von „Search Engine Watch"

Besteht Interesse an Informationen zur Entwicklung bei den intelligenten Suchmaschinen, dann ist die nachfolgende Internetadresse die richtige.

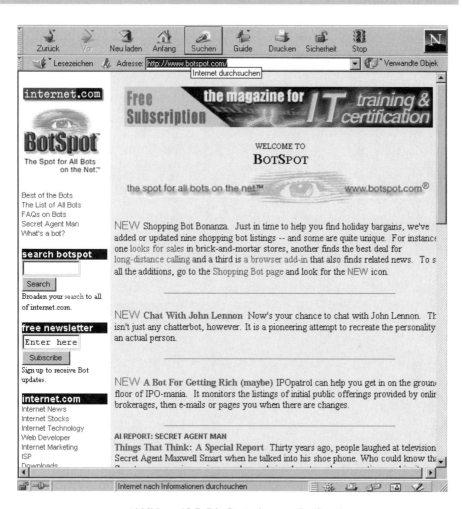

Abbildung 10.7: Die Startseite von „BotSpot"

In den Unterkategorien „Web Directories" und „Indices to Web Documents" können viele thematisierte Suchmaschinen gefunden werden.

Weiterhin bietet Yahoo in den entsprechenden thematisierten Kategorien spezielle Ressourcen (Suchmaschinen) an. Ob spezielle wissenschaftliche Themen (Genetik, Biologie, Physik, u.a.), grenzwissenschaftliche Themen (Astrologie, X-Files, UFO's, u.a.) oder Themengebiete allgemeiner Art, für jeden dieser Bereiche findet sich eine Suchmaschine bzw. ein Sucheinstiegspunkt (nach dem Motto: „Jeder Topf findet einen Deckel").

11   Auswahl des richtigen Sucheinstiegspunktes

Für die effiziente Suche sollten möglichst viele verschiedene Einstiegspunkte berücksichtigt werden, da sie jeweils Stärken und Schwächen aufweisen (siehe vorherige Kapitel).

So sind beispielsweise in keinem der großen Index-Kataloge „alle" Internetadressen erfaßt, selbst diejenigen nicht, die im World Wide Web angesiedelt sind, sondern nur etwa 25%. Auch wenn alle großen Index-Kataloge bei der Suche nach Informationen einbezogen werden, erhöht sich der Prozentsatz an verfügbaren Internetadressen nicht nennenswert (ca. 40%; siehe dazu auch Abbildung 7.3).

Obwohl viele der in den anderen Informationsquellen des Internets (Verweislisten, Ressourcenlisten, Subject-Katalogen Spezial-Suchmaschinen) erfaßten Internetadressen in den Index-Katalogen enthalten sind, unterscheiden sich die Datenbestände doch in einem solchen Maße, daß es in vielen Fällen Sinn macht, diese Quellen zusätzlich zu nutzen. Häufig ist die Suche in den obengenannten Informationsquellen effizienter und damit kostengünstiger als die Suche nach Informationen bei ausschließlicher Verwendung eines Index-Kataloges. Selbst wenn alle genannten Informationsquellen gleichzeitig genutzt werden, sind dennoch nicht alle Internetadressen erfaßt. Dies gilt auch für das WWW.

Die Suchstrategie ist im wesentlichen abhängig von der zu suchenden Information und der vorliegenden Wissensbasis. Es ergeben sich unterschiedliche Anforderungskriterien an die Suchmethodik beim Einstieg an den jeweiligen Sucheinstiegspunkten. Die Suchmethodik wird durch die Form der Informationsbeschaffung beeinflußt: zum einen dokumentiert durch die spezifische Suche nach einer Information und zum zweiten durch eine Recherche (möglichst alle zugänglichen Informationen, die im Internet verfügbar sind).

Die Leistungsfähigkeiten der einzelnen Sucheinstiegspunkte wurden in den vorherigen Kapiteln (mit Ausnahme der Beurteilung der Leistungsfähigkeit der Index-Kataloge) näher betrachtet. Daher wird an dieser Stelle nicht näher darauf eingegangen.

In den nachfolgenden Abschnitten wird die Eignung der im Internet verfügbaren Index-Kataloge für eine spezifische Suche nach Informationen und hinsichtlich der Verwendung als Recherche-Datenbasis näher untersucht werden. Ziel ist es dabei, eine Rangfolge (bester Index-Katalog an erster Stelle) sowohl für die spezifische Suche als auch für die Recherche zu ermitteln.

Es wird auf der Basis der weiteren Sucheinstiegsmöglichkeiten, die über die Internetadressen der Index-Kataloge angeboten werden (Hybrid-Suchmaschinen), eine Rangfolge erarbeitet. Der Sucheinstiegspunkt wird hinsichtlich seines Variantenreichtums und der sich damit bietenden Möglichkeiten untersucht.

Für die Beurteilung der Index-Kataloge wurden einige allgemeingültige Kriterien formuliert.

Anforderungsprofil an das Benutzerinterface des Index-Katalogs

Für eine effiziente Suche in der Datenbank eines Index-Kataloges sind bestimmte Leistungsmerkmale seines Benutzerinterfaces ausschlaggebend.

Leistungskriterium 1:
Geschwindigkeit beim Aufbau der Startseite / Ergebnisseite.

Je schneller der Aufbau erfolgt, desto kostengünstiger ist die Suche. Das ist nur gegeben, wenn beim Design der Startseite (im allgemeinen ein HTML-Dokument) wenig Grafikstilelemente verwendet werden. Leider wird dieses nicht im notwendigen Maße berücksichtigt. Mittels dieser Stilelemente werden nämlich Marketingstrategien verfolgt. Der Betreiber des Index-Katalogs bestreitet dadurch einen großen Teil der Einnahmen (geschaltete Werbung).

In den Tabellen 11.1 und 11.2 sind die wichtigsten internationalen und deutschen Index-Kataloge hinsichtlich der Zugriffsgeschwindigkeit aufgelistet und bewertet. Je größer der Wert, desto höher ist die Geschwindigkeit des Benutzerinterfaces.

Zwei deutsche Index-Kataloge wurden in den Tabellen nicht berücksichtigt, da sie Spiegel von anderen großen Index-Katalogen sind:

Fireball (`http://www.fireball.de/`) ist ein Spiegel von Alta Vista.

Netguide (`http://www.netguide.de/`) ist ein Spiegel von Lycos.

Im Februar 1999 ist eine speziell auf deutsche Adressen ausgelegte Index-Suchmaschine von Alta Vista gestartet worden, bei der alle in Deutschland verfügbaren Adressen im Index enthalten sein sollen.

Tabelle 11.1: Geschwindigkeit des Benutzerinterfaces - internationale Kataloge

Index-Katalog	Lycos	Hotbot	Alta Vista	Info Seek	Excite	Web Crawler	Northern Light
Startseite	++	++	++++	+++++	+++	+++	+++
Ergebnisseite	++	++	++++	+++++	+++	+++	++++
+ sehr langsamer Aufbau +++++ sehr schneller Aufbau							

Tabelle 11.2: Geschwindigkeit des Benutzerinterfaces - deutsche Kataloge

Index-Katalog	Inter-Search	Aladin	Nathan	Columbus	Eule	Craw-ler.de	Kolibri	Euro-seek
Startseite	++++	++++	++++	++++	++++	++++	+++	+++
Ergebnisseite	++++	++++	++++	++++	++++	++++	++	++++
+ sehr langsamer Aufbau +++++ sehr schneller Aufbau								

Leistungskriterium 2: Suchsteuerungsoptionen der Darstellungsmethodik

Bei den Steuerungsoptionen der Suche wird unterschieden zwischen den Optionen, die die Darstellungsmethodik der Ergebnisse beeinflussen, und denen, die die Ergebnisse bezüglich der Übereinstimmung zwischen der Suchanfrage und den gelieferten Ergebnisinformationen steuern.

Vorgabe der Trefferanzahl pro Ergebnis-Set

Warum ist eine solche Option wichtig? Ein Beispiel soll die Bedeutung verdeutlichen.

Annahme: Bei der Suche nach einem bestimmten Begriff bieten die verschiedenen Index-Kataloge eine Trefferanzahl von 220 Ergebnissen an.

Katalog A erlaubt keine explizite Vorgabe der Trefferanzahl pro Ergebnis-Set, sondern legt eine Trefferanzahl von 10 Treffern pro Ergebnis-Set fest. Dadurch ist es notwendig, nach dem Start der Suchanfrage und der Anlieferung des ersten Ergebnis-Sets zusätzlich 21 weitere Anforderungen von Ergebnis-Sets vorzunehmen, um an alle Ergebnisse der Suche zu kommen. Das hat zur Folge, daß 22-mal der Aufbau der Ergebnisseite (ggf. mit vielen für die Suche nicht relevanten Informationen und Werbegrafiken) erforderlich ist.

Katalog B ermöglicht eine Vorgabe der Trefferquote pro Ergebnis-Set in einem Definitionsbereich von 10 bis maximal 100 Treffern. Wurde beim Suchstart der maximale Wert für die Trefferanzahl gewählt, dann sind insgesamt nur 3 Ergebnis-Sets anzufordern. Die Ergebnisseite wird somit nur dreimal aufgebaut. Der Zeitaufwand für die Beschaffung aller vorliegenden Suchergebnisse ist infolgedessen meist wesentlich geringer. Man kann die maximale Trefferquote pro Ergebnis-Set von der Auslastung des Internets abhängig gestalten. Damit verringern sich die anfallenden Kosten in erheblichem Umfang.

Vorgabe des Informationsumfanges beim Darstellen der Ergebnisse

Diese Option bietet die Möglichkeit, den Informationsumfang der Ergebnisbeschreibung jedes Treffers zu beeinflussen. Oft kann zwischen mehreren möglichen Beschreibungsarten ausgewählt werden:

- auf bestimmte Elemente des Original-Dokuments beschränkte Form z.B. Autorennamen, Titel des Dokuments, usw.;
- kompakte Darstellung des Ergebnisses;
- ausführliche Darstellung mit einer Kurzbeschreibung des Dokumentinhalts und mit weiteren wichtigen Daten, wie z.B. Größe, Erstellungs-, Indizierungs-, Änderungsdatum des Dokuments.

Wegen der Best-Match-Retrievalmethodik entsteht eine unsortierte Ergebnisdatenmenge, in die durch den Einsatz spezieller Rankierungsalgorithmen eine gewisse Sortierung gebracht wird. Diese Algorithmen sind von Index-Katalog zu Index-Katalog verschieden. Die Ergebnisdaten sind somit unterschiedlich sortiert.

Diese Form der Sortierung hat leider nichts mit einer Sortierung hinsichtlich der Qualität der Ergebnisdaten gemeinsam. So kann es vorkommen, daß diejenigen Informationen, die am besten mit der Wissensbasis und dem Informationsbedürfnis des Suchenden übereinstimmen, ans Ende des Ergebnisdatenbestandes sortiert sind.

Das heißt, je informativer die Darstellung der Ergebnisse ist, desto leichter kann eine Vorauswahl für die Verifikation der Informationen aus dem Ergebnisdatenbestand getroffen werden, unabhängig davon, wie ein Ergebnisdokument rankiert wurde. Dadurch wird die Suche effizienter gestaltet bzw. zielgerichtet möglich.

In den Tabellen 11.3 und 11.4 sind die wichtigsten internationalen und deutschen Index-Kataloge hinsichtlich ihrer Steuerungsoptionen bei der Ergebnisdarstellung aufgelistet und bewertet. Je höher der Wert, desto besser ist die Umsetzung der Funktion.

Tabelle 11.3: Steuerungsoptionen der Darstellungsmethodik - Internationale Index-Kataloge

Index-Katalog	Lycos	Hotbot	Alta Vista	Info Seek	Excite	Web Crawler	Northern Light
Qualität der Ergebnisdarstellung	++++	++++	++++	+++	++++	++++	+++++
Treffer pro Ergebnis-Set	++++	+++++	+	+	++++	+++++	++
+ schlechte Umsetzung +++++ sehr gute Umsetzung							

Tabelle 11.4: Steuerungsoptionen der Darstellungsmethodik - Deutsche Index-Kataloge

Index-Katalog	Inter-Search	Aladin	Nathan	Columbus	Eule	Crawler.de	Kolibri	Euroseek
Qualität der Ergebnisdarstellung	+++	++++	++++	+++++	+	++++	++++	++++
Treffer pro Ergebnis-Set	+	+++++	+++++	+++++	+	+	++++	+
+ schlechte Umsetzung +++++ sehr gute Umsetzung								

Leistungskriterium 3: Verständlichkeit des Benutzerinterfaces

Ein weiterer wichtiger Aspekt für die Beurteilung von Index-Katalogen ist die leichte Bedienbarkeit des Benutzerinterfaces eines Index-Katalogs. Das Benutzerinterface sollte übersichtlich konstruiert sein. Auch sollte man es möglichst ohne weitere Hilfestellungen (Aufrufen von Hilfeseiten) bedienen können.

Häufig werden zwei verschiedene Benutzerinterfaces angeboten. Über das einfach gestaltete Benutzerinterface (einfache Suche) sind nur wenige Suchsteuerungsoptionen verfügbar. Diese Schnittstelle ist für den „Massenmarkt" konzipiert und soll durch die Verwendung einer „FUZZY-AND"-konzipierten Suchanfrage möglichst viele Treffer zum Suchbegriff produzieren.

Das zweite Benutzerinterface ist für den Power-User konzipiert und bietet im allgemeinen viele Suchsteuerungsoptionen (Feld-Suche, Proximity-Suche, Phrasen-Suche, genestete mehrfache Boolesche Suche, Konzeptbasierte Suche, Suche nach Beispielergebnissen [QBE -Query by Example] u.a.). Bei diesen Benutzerinterfaces werden häufig auch JAVA-Applets eingesetzt.

In den Tabellen 11.5 und 11.6 sind die wichtigsten internationalen und deutschen Index-Kataloge hinsichtlich der Verständlichkeit des Benutzerinterfaces und der Auswahl zwischen den Benutzerinterfaces für die einfache und für die erweiterte Suche aufgelistet und bewertet. Je höher der Wert, desto besser ist die Umsetzung der Funktion.

Tabelle 11.5: Verständlichkeit des Benutzerinterfaces - Internationale Index-Kataloge

Index-Katalog	Lycos	Hotbot	Alta Vista	Info Seek	Excite	Web Crawler	Northern Light
Verständlichkeit	++++	++++	++++	++++	++++	++++	++++
einfache und erweiterte Suche	++++	+++++	+++++	++	++++	+++	++
+ schlechte Umsetzung +++++ sehr gute Umsetzung							

Tabelle 11.6: Verständlichkeit des Benutzerinterfaces - Deutsche Index-Kataloge

Index-Katalog	Inter-Search	Aladin	Nathan	Columbus	Eule	Crawler.de	Kolibri	Euroseek
Verständlichkeit	+++	+++	++++	+++	+++	+++	+++	+++
einfache und erweiterte Suche	+++	++	++++	++	+	+	+++	++
+ schlechte Umsetzung +++++ sehr gute Umsetzung								

Leistungskriterium 4: Bedienungsanleitungen der Index-Kataloge

Die Bedienungsanleitungen der Index-Kataloge sind sehr wichtig. Sie werden leider nicht in ausreichendem Maße von allen relevanten Index-Katalogen bereitgestellt.

Neben Erläuterungen zu den angebotenen Funktionen der Benutzerinterfaces und zu deren Einsatz sollten darüber hinaus zusätzliche Tutorials mit vielen verständlichen Suchbeispielen vorhanden sein, die die richtige Verwendung der Funktionen und Optionen erläutern und ein Training für deren Benutzung ermöglichen.

Ideal wäre ein weiteres Informationsangebot in Form einer FAQ, in der häufig gestellte Anwenderfragen einfach und klar formuliert beantwortet werden. Damit würde die Benutzung erleichtert.

Ein kontextbasiertes Hilfesystem zum Einsatz des Benutzerinterfaces wäre in vielen Fällen die beste Lösung. Allerdings ist diese Form der Hilfestellung bisher von keiner Bedienungsanleitung eines Index-Kataloges realisiert worden. Es ist sogar eine Verschlechterung der Informationsqualität in den Bedienungsanleitungen der Index-Kataloge zu beobachten. Manche Index-Kataloge bieten nur eine rudimentäre Informationsunterstützung für den Benutzer an. Einen Ausweg bieten viele Online-Veröffentlichungen zur Suche sowie Vergleichsuntersuchungen zum Einsatz der Suchmaschinen (online und offline [Artikel in PC-Zeitschriften, Bücher zum Thema]).

Es wird hier nicht näher auf die Beschreibung der Benutzerinterfaces von Index-Katalogen eingegangen. Der Grund dafür liegt in der ständigen Veränderung der Schnittstellen.

In den Tabellen 11.7 und 11.8 sind die wichtigsten internationalen und deutschen Index-Kataloge hinsichtlich der Qualität der Bedienungsanleitungen aufgelistet und bewertet. Je höher der Wert, desto besser ist die Umsetzung der Funktion.

Tabelle 11.7: Bedienungsanleitungen - Internationale Index-Kataloge

Index-Katalog	Lycos	Hotbot	Alta Vista	Info Seek	Excite	Web Crawler	Northern Light
Qualität der Hilfe	+++	+++++	+++++	+++	+++++	+++	+++
+ schlechte Umsetzung +++++ sehr gute Umsetzung							

Tabelle 11.8: Bedienungsanleitungen - Deutsche Index-Kataloge

Index-Katalog	Inter-Search	Aladin	Nathan	Columbus	Eule	Crawler.de	Kolibri	Euroseek
Qualität der Hilfe	++	+++++	+++++	+++++	+	+	++++	++
+ schlechte Umsetzung +++++ sehr gute Umsetzung								

11.1 Anforderungskriterien an die Suchmethodik

Die für die Beurteilung der Sucheinstiegspunkte formulierten Kriterien K1-K4 (siehe dazu Kapitel 3.7) können als Basis für spezielle Kriterien zur Beurteilung der Index-Kataloge, für die *spezifische Suche* und als *Recherche-Datenbasis* herangezogen werden.

Aus dem *Kriterium K*1 (Mindestdatenvolumen an Internetadressen) und den Recherche-Erfahrungen im Internet bei der Erstellung einer speziellen Informations-Datenbank soll anhand von Fragestellungen das Anforderungsprofil für eine spezifische Suche unter Verwendung eines Index-Katalogs erarbeitet werden.

1. Ansatz zur Suchstrategie:

Genaue Formulierung der Anfrage zum Suchbegriff. Gegebenenfalls Festlegung eines übergeordneten Themengebiets.

2. Ansatz zur Suchstrategie:

Analyse des Informationsbedürfnisses und Abklärung der vorauszusetzenden Wissensbasis für die Suche (wie detailliert, wie fundiert sollen die gefundenen Informationen sein).

3. Ansatz zur Suchstrategie:

Abgleich der Informationen, die aus den beiden vorgenannten Schritten gewonnen wurden, um eine möglichst breite Variation von eventuell einsetzbaren Suchbegriffen zu erreichen. Dadurch wird die Größe des Ergebnisdatenpools stark beeinflußt.

Kriterium: Größe des Informationsdatenpools

Der Informationsdatenpool des Index-Katalogs sollte ausreichend groß sein, damit Daten zum Suchbegriff gefunden werden können. Es sollte möglichst immer - unabhängig vom Suchbegriff - ein Mindestdatenvolumen vorhanden sein. Es sind bestimmte Recherchestrategien in Betracht zu ziehen, wenn der Ergebnisdatenbestand zu einem Suchbegriff nicht ausreichend ist (Erweiterung des Suchraums durch Einbeziehung weiterer thematisch zugeordneter Suchbegriffe).

Aus dem *Kriterium K2* (Datenvolumen an Internetadressen sollte aus Zeit- und Kostengründen nicht zu komplex sein) und den Rechercheerfahrungen im Internet können weitere Schlußfolgerungen gezogen werden.

Je genauer die Suche präzisiert werden kann, desto weniger zusätzliche Internetadressen sind erforderlich. Im Idealfall benötigt man eine Adresse, bei der das Informationsangebot exakt mit dem Informationsbedürfnis und der Wissensbasis des Informationssuchenden übereinstimmt. Dieser Idealfall tritt leider nur sehr selten ein. In der Regel ist es notwendig, einige bis viele Internetadressen bereitgestellt zu bekommen, um bei der Suche erfolgreich zu sein.

Kriterium: **Zeit- und Kostenminimierung der Suche in einem komplexen Ergebnisdatenbestand**

Durch geeignete Methoden muß gewährleistet sein, daß aus einem komplexen Ergebnisdatenbestand nur diejenigen Daten mit den informationsreichsten Internetadressen   gezielt extrahiert werden können. Dazu setzt man Suchverfeinerungsmethoden ein (s.u.).

Das *Kriterium K3* (Verfügbarkeit) kann auch auf die Verfügbarkeit des Index-Katalogs selbst angewandt werden. In Kapitel 5 (Abbildung 5.1) wurden die verschiedenen Verfügbarkeitstypen schon gekennzeichnet.

Kriterium: **Verfügbarkeit der Ergebnisdaten**

Sowohl der Index-Katalog als auch die in ihm bereitgestellten Informationen sollten frei und ohne Kosten verfügbar sein (Verfügbarkeitstyp a). Dies gilt für die meisten und wichtigsten Index-Kataloge.

Verfahren zum Suchen im Index-Katalog sollten in großer Anzahl bereitgestellt werden.

Kriterium: **Effiziente Verfahren zum Suchen von Daten in der Datenbank des Index-Katalogs und Methodenvielfalt zum Eingrenzen der Ergebnisdatenmenge**

Ein Index-Katalog, der besonders viele Suchverfeinerungsmethoden („Suchlupen", siehe Abbildung 11.1) anbietet, ermöglicht bei richtiger Anwendung die ideale Suche: Der Suchansatz führt direkt zu der Internetadresse, unter der die Informationen vorzufinden sind.

Daher ist es wichtig, zwischen Suchergebnissen, die zu einem Suchbegriff gefunden wurden, und denjenigen Suchergebnissen, die exakt mit der Wissensbasis und dem Informationsbedürfnis korrelieren (also den wirklich gesuchten Informationen), zu unterscheiden.

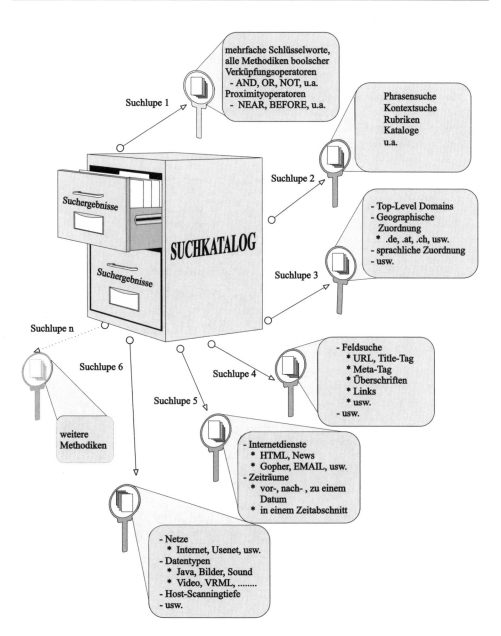

Abbildung 11.1: Suchverfeinerungsmethoden bei Index-Katalogen

11.1.1 Anforderungsprofil: Spezifische Suche nach Informationen

Mit den Kriterien zur Suchmethodik läßt sich das Anforderungsprofil für die spezifische Suche erstellen.

Der Informationsdatenpool eines Index-Katalogs sollte hier möglichst groß sein. Damit ist gewährleistet, daß die Ergebnisdatenmenge (abhängig von den berücksichtigten Internetadressen [Informationsdatenpool] im Index-Katalog) ein gewisses Mindestdatenvolumen an Internetadressen aufweist.

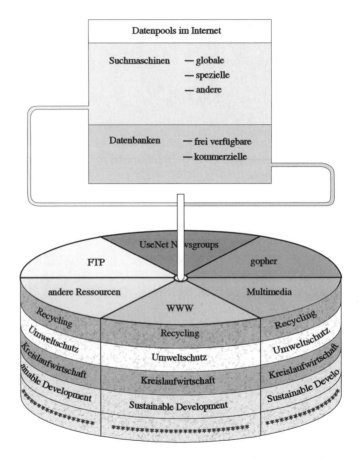

Abbildung 11.2: Verbesserung der Recherche-Ergebnisse durch Suchraumerweiterung

Das Mindestdatenvolumen ist notwendig, da die Informationen, die der Benutzer zum Suchbegriff wirklich sucht, nur auf einigen Internetadressen in der gewünschten Form bezüglich Wissensbasis (Schüler, Lehrer, Laie usw.) und Informationsbedürfnis (detaillierte wissenschaftliche Darstellung oder populärwissenschaftliche Darstellung usw.) vorliegen.

Ist dies nicht der Fall, müssen weitere Suchbegriffe oder andere globale Themengebiete genutzt werden, in denen ähnliche Informationen verfügbar sein könnten.

In Abb. 11.2 ist ein solcher Sachverhalt dargestellt. Wurden beispielsweise Informationen zum Thema „Recycling" gesucht, dann kann es möglich sein, daß viele Web-Dokumente dieses Themengebiet behandeln, ohne diesen Suchbegriff zu verwenden. In solchen Dokumenten werden vielleicht andere Begriffe wie: Wiederverwertung, Kreislaufwirtschaft, sustainable development, Umweltschutz etc. verwendet. Im Index-Katalog sind solche Dokumente zum Suchbegriff „Recycling" vorhanden, jedoch nicht auffindbar. Eine Suchraumerweiterung kann sinnvoll sein.

Durch die Suchraumerweiterung und eine nicht genau einzugrenzende Ergebnisdatenmenge kann allerdings ein sehr komplexes Ergebnisdatenvolumen entstehen. Um dieses Datenvolumen in vertretbaren Zeiträumen und damit unter der Prämisse einer Kostenminimierung durchsuchen zu können, sind vielfältige Suchverfeinerungmethoden vom Index-Katalog bereitzustellen. Der Index-Katalog, der die meisten Suchverfeinerungsmethoden bietet, ist hierfür der beste Sucheinstiegspunkt.

Darüber hinaus gibt es weitere Methoden zur Suchverfeinerung, wie z.B. Vorschläge für die Verwendung von abgeleiteten Suchbegriffen. Der Index-Katalog Alta Vista bietet mit seiner Refine-Funktion (siehe Abb. 11.3) ein solches Hilfsmittel. Nach einer Suche werden die Dokumente, in denen der Suchbegriff vorkommt, auf weitere Begriffe hin untersucht und die häufigsten als Suchverfeinerungen vorgeschlagen. Der Benutzer kann diese Begriffe bei einer erneuten Suche verwenden oder Dokumente ausschließen, in denen diese Begriffe zusätzlich zum Startsuchbegriff vorkommen. Der Index-Katalog Excite bietet ein ähnliches Verfahren (siehe Abb. 11.4), welches anders als bei Alta Vista arbeitet.

Die Suchverfeinerungsmethodik der beiden Index-Kataloge kann auch für die Suche in anderen Index-Katalogen genutzt werden. Zunächst erfolgt die Suche in den Index-Katalogen von Alta Vista oder Excite. Die gewonnenen zusätzlichen Suchbegriffe können für die Suche im Index-Katalog eigener Wahl eingesetzt werden. Voraussetzung hierfür ist die Möglichkeit der echten Booleschen Suche mit mehrfachen Suchbegriffen.

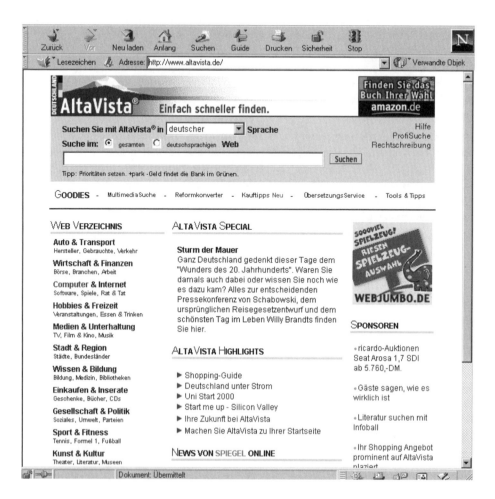

Abbildung 11.3: Die Refine-Funktion bei „Alta Vista"

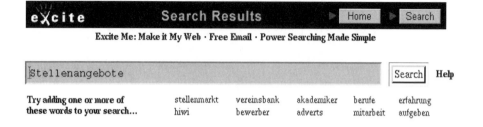

Abbildung 11.4: Suchverfeinerung bei „Excite"

Sehr gute Suchergebnisse bringt die Methodik QBE (Query by Example - Suche anhand von Beispielen). Der Konzept-basierte Index-Katalog Excite bietet schon bei der normalen Suche einen qualitativ hochwertigen, gut sortierten Ergebnisdatenbestand (siehe Abb. 11.5). Durch die Suchmethodik QBE wird die Effektivität der spezifischen Suche nach Informationen deutlich gesteigert. Im Ergebnisdokument einer „QBE-Suche" werden die einzelnen Treffer recht ausführlich beschrieben. Nachdem der Treffer mit der besten Beschreibung gefunden wurde, kann das zugeordnete Dokument als Suchbeispiel für eine erneute Suche genutzt werden. Es sind nur diejenigen Dokumente im Ergebnisdatenbestand enthalten, die einen ähnlichen Inhalt aufweisen. Der Index-Katalog Infoseek bietet eine ähnliche Funktionsweise.

> **67% Stellenmarkt – Stellenanzeigen – Stellengesuche – Jobs & Adverts O...**
> *URL:* http://www.jobs.adverts.de/index.html
> *Summary:* Sagen Sie uns Ihre Meinung und schauen Sie sich an, was Andere ber uns sagen. Alle Seiten – Von A bis Z Angebote fr feste Anstellungen Angebote fr freie Mitarbeit Angebote fr Absolventen Bewerber suchen (fr Firmen) Firmenbersicht Gesuche fr freie Mitarbeit ansehen Internationale Stellenangebote Job–Ticker Kontakt zu Jobs & Adverts Preise und Konditionen Systems 97 Stellenangebote II.
> *More Like This:* Click here to perform a search for documents like this one.
>
> **63% netscout.de: Job–Index fuer Deutschland**
> *URL:* http://netscout.de/jobs/
> *Summary:* 0) && (BrowserName != "Microsoft Internet Explorer2")) { refstat = new Image(1,1) refstat. a. Hitlisten) conclusion: Jobs, Stellenangebote, Stellenboersen kategorisiert; Job Offers, Job Markets catagorized
> *More Like This:* Click here to perform a search for documents like this one.

Abbildung 11.5: Die „Query by Example"-Funktion bei „Excite"

Unter Einbeziehung der Kriterien kann nachfolgendes Anforderungsprofil für die spezifische Suche erstellt werden:

Anforderungsprofil: Spezifische Suche

- Informationsdatenpool des Index-Katalogs sollte möglichst groß sein
- Mindestdatenmenge zum Suchbegriff sollte möglichst groß sein
- Suchverfeinerungsmethoden sollten möglichst vielfältig sein

- speziell abgestimmt auf Eingrenzung des Suchraums
- Boolesche Suche (genetzte - mehrfache Suchbegriffe)
- Phrasensuche
- Feldsuche
- und andere Suchverfeinerungen (z.B. QBE)

11.1.2 Anforderungsprofil: Informationsrecherche

Bei der Informationsrecherche geht es in der Regel darum, möglichst alle verfügbaren Informationen zu einem Suchbegriff zu ermitteln und gegebenenfalls eine statistische Auswertung vorzunehmen.

Prinzipiell gelten die gleichen Aussagen wie für das Anforderungsprofil der spezifischen Suche. Der Unterschied bezieht sich hauptsächlich auf eine andere Gewichtung der einzelnen Anforderungen.

Bei einer komplexen Recherche ist die Anforderung an den Informationsdatenpool des Index-Katalogs noch kritischer als bei der spezifischen Suche, d.h. der Informationsdatenpool sollte größer sein. Daraus folgt, daß ein Index-Katalog allein (abhängig vom Umfang der Recherche) häufig nicht ausreicht. Es sind mehrere Index-Kataloge als Informationsdatenbasen zu berücksichtigen.

Die gleichen Aussagen gelten für den Ergebnisdatenbestand der Index-Kataloge. Gegenüber der spezifischen Suche ist die Recherche in anderen, dem Suchbegriff benachbarten Themengebieten durchzuführen, d.h. der Suchraum zu erweitern.

Abhängig von der Zielrichtung der komplexen Recherche sind die Anforderungen an die einsetzbaren Suchverfeinerungen anders zu gewichten. Einige Suchverfeinerungsmethoden treten in ihrer Bedeutung bei der Recherche in den Vordergrund, andere in den Hintergrund. Wegen der größeren zu verarbeitenden Datenmenge ist es notwendig, bestimmte Suchverfeinerungsmethoden zur Minimierung des Zeit- und Kostenaufwandes bei der Recherche gezielt einzusetzen.

Unter Beachtung dieser Modifikationen ergibt sich das nachfolgende Anforderungsprofil für die Informationsrecherche:

Anforderungsprofil: Informationsrecherche

- Verwendung der Informationsdatenpools von möglichst vielen Index-Katalogen
- Ergebnisdaten von möglichst vielen Index-Katalogen unter Beachtung der Suchraumerweiterung (benachbarte Themengebiete) verwenden
- Suchverfeinerungsmethoden sollten möglichst vielfältig sein

- speziell abgestimmt auf Eingrenzung von statistisch relevanten Suchräumen
- regionale Suchräume (Top-Level Domains - .de, .com)
- thematische Suchräume (Suchbegriffe)
- zeitlich definierte Suchräume
- und andere Suchverfeinerungen

11.1.3 Anforderungsprofil: Komplexer Sucheinstiegspunkt

Bei der Beurteilung der verschiedenen Index-Kataloge als komplexer Sucheinstiegspunkt ist die Anzahl der zusätzlichen Suchoptionen, die ein Benutzer für seine Suche nach Informationen im Internet und im WWW vorfindet, von Bedeutung. Hier sind u.a. gemeint: Möglichkeiten zur Personensuche, Suche nach EMail-Adressen, Suche nach Bildern, Filmen, Software, Telefonnummern, Nachrichtentickern zu Sport, Politik oder wissenschaftlichen Themen, Diskussionsgruppen zu den verschiedensten gesellschaftsrelevanten Themen, usw.

Weiterhin wird beurteilt, welche Möglichkeiten zur sogenannten „schnellen" Suche geboten werden: Browsen durch Kategorien und Bereitstellung von kommentierten Ressourcenlisten. Es geht also um die Beurteilung der Index-Kataloge in ihrer Eigenschaft als Hybrid-Suchmaschinen.

Damit läßt sich das folgende Anforderungsprofil für die Beurteilung der Index-Kataloge als komplexer Sucheinstiegspunkt erstellen.

Anforderungsprofil: Komplexer Sucheinstiegspunkt

- Leistungsstarker Index-Katalog mit guten Suchsteuerungsoptionen
- Schnelle Suche mittels Blättern (Browsen) durch Themenkategorien
- Vielfältiges Angebot an thematisierten Suchmaschinen

- Personensuche, Suche nach EMail-Adressen, Suche nach Dateien, u.a.
- Besprochene Ressourcenlisten zu bestimmten Themengebieten
- Shoppingcenter
- Nachrichtenticker, Börsenticker u.ä.
- Diskussionsgruppen

11.2 Suchmaschinenauswahl: Spezifische Suche

Die leistungsstärksten Index-Kataloge werden auf ihre Eignung zur spezifischen Suche hin betrachtet, und es wird eine Rangfolge aufgestellt. Abgeleitet aus dem Anforderungsprofil für die spezifische Suche ist derjenige Index-Katalog besonders geeignet, der folgende Punkte am besten erfüllt:

Der Ergebnisdatenbestand zum Suchbegriff sollte sehr groß sein.

Das Kriterium wird im allgemeinen von den Index-Katalogen erfüllt, die einen großen Informationsdatenpool vorweisen.

Der Index-Katalog sollte viele Suchverfeinerungsmethoden anbieten.

Der Index-Katalog ist der beste, der die meisten Suchverfeinerungsmethoden anbietet.

Im Informationsdatenpool des Index-Katalogs sollten sehr viele Informationsressourcen berücksichtigt sein.

Informationsressourcen wie: World Wide Web, FTP, IRC, UseNet News-Gruppen, LISTSERV, Gopher, Telnet, WAIS, andere Datenbanken usw.

Allgemeine Kriterien wie: Benutzerinterface, Steuerungsoptionen für die Suche, Ergebnisdarstellung, Bedienungsanleitungen.

Beurteilung der internationalen Index-Kataloge im Einsatzgebiet: Spezielle Suche

Nachfolgend werden einige der real existierenden internationalen Index-Kataloge bezüglich des Erfüllungsgrades der oben formulierten Bedingungen für die spezifische Suche näher betrachtet.

Alta Vista

http://www.altavista.digital.com

Der Index-Katalog hat einen ausreichenden Informationsdatenpool und bietet damit in nahezu jedem Fall eine Mindestdatenmenge an Ergebnissen.

Geben Sie z.B. „star trek deep space nine" ein, dann interpretiert die Suchmaschine die Wortliste automatisch als Phrase, bzw. extrahiert aus der Liste diejenigen Wortkombinationen, die eine Phrase sein könnten, und vergleicht diese mit Phrasen, die im internen Wörterbuch enthalten sind. Wird eine Übereinstimmung gefunden, erfolgt automatisch eine Phrasensuche. Sonst wird nach der üblichen Weise vorgegangen.

Alta Vista bietet bei der erweiterten Suche sehr viele Suchverfeinerungsmethoden an.

Es wird nur ein geringer Teil der im Internet verfügbaren Informationsressourcen berücksichtigt. Zusätzlich zur Refine-Funktion bietet Alta Vista Ergebniscluster zur Suchverfeinerung an.

Das Benutzerinterface ist gut gestaltet; das gleiche gilt für die Darstellung der Ergebnisse.
Die Ergebnisse werden schnell dargestellt; allerdings können hohe Kosten auftreten, wenn
größere Ergebnisdatenmengen angefordert werden müssen, da Alta Vista nur maximal 10
Treffer pro Ergebnis-Set anbietet.

Dem Benutzer werden viele Hilfestellungen für die Bedienung des Benutzerinterfaces und
den richtigen Einsatz der vielfältigen Funktionen zum Wiederfinden der Informationen in der
Datenbank des Index-Katalogs geboten.

Alta Vista kann zum jetzigen Zeitpunkt als eine Hybrid-Suchmaschine aufgefaßt werden,
über deren Interface eine thematisierte Suche durchführbar ist.

Hotbot

http://www.hotbot.com

Der Index-Katalog hat einen ausreichenden Informationsdatenpool und stellt damit in nahezu
jedem Fall eine Mindestdatenmenge an Ergebnissen zur Verfügung.

Hotbot bietet bei der Power-Suche sehr viele
Suchverfeinerungsmethoden an. Wenn man
alle Index-Kataloge zum Vergleich heranzieht,
bietet Hotbot bisher die meisten.

Es wird nur ein geringer Teil der im Internet
verfügbaren Informationsressourcen berücksichtigt.

Das Benutzerinterface ist gut gestaltet; das glei-
che gilt für die Darstellung der Ergebnisse. Die Ergebnisseiten werden allerdings relativ langsam aufgebaut (viele Grafikstilelemente). Weil Hotbot die Möglichkeit bietet, die Anzahl der
Treffer pro Ergebnis-Set auszuwählen, ist die Bearbeitung einer größeren Ergebnisdatenmenge relativ kostengünstig. Die Suche läßt sich gut steuern.

Dem Benutzer werden einige Hilfestellungen für die Bedienung des Benutzerinterfaces und
für den richtigen Einsatz der vielfältigen Funktionen zum Wiederfinden von Informationen
in der Datenbank des Index-Katalogs geboten.

Seit der 1. Auflage hat sich das Angebot des Index-Katalogs erheblich erweitert. So bietet
Hotbot nicht nur eine größere Zahl an thematisierten Suchmaschinen an, sondern zusätzlich
für die schnelle thematisierte Suche aus dem Index gefilterte Informationen, klassifiziert wie
bei einem Subject-Katalog. Diese Informationen wurden von Editoren bzw. von dem Subject-Katalog Look Smart begutachtet.

Eine weitere interessante Funktion bietet Hotbot im Zusammenspiel mit der parallelen Suchmaschine Direct Hit. Diese ermittelt bei den von ihr eingesetzten Index-Katalogen die populärsten Internetadressen. Hotbot integriert die Top 10 in sein Ergebnisprotokoll.

Hotbot ermöglicht es nun auch, daß die Ergebnisse in Clustern zusammengefaßt werden. Das bedeutet, daß nur die Einstiegsadressen im Ergebnisprotokoll gelistet sind. Die untergeordneten Web-Dokumente einer Web-Site können durch Auswahl von „see results from this site only" in einem weiteren Ergebnisprotokoll angefordert werden.

Neu ist auch die Suche nach persönlichen Web-Dokumenten, welche bei verschiedenen Anbietern wie AOL oder GeoCities von Interessierten angeboten werden. Hotbot klassifiziert Web-Sites durch die Domain-Adresse oder begutachtet die jeweiligen Internetadressen hinsichtlich der Präsenz der Tilde (~) oder des Wortes „member".

Bald sollen Funktionen integriert werden, mit denen ein Ausschluß bestimmter Inhalte (Kinderpornographie, etc.) möglich ist.

Durch die Funktionen wie „Chat", „Free Email" und Abspeicherung von persönlichen Web-Dokumenten direkt bei Hotbot entwickelt sich die Hybrid-Suchmaschine allmählich in Richtung eines Portals. Das gilt ebenso für die meisten anderen Index-Kataloge (Excite, Infoseek, Alta Vista, Lycos).

Excite

`http://www.excite.com`

Der Index-Katalog hat einen ausreichenden Informationsdatenpool und bietet damit in nahezu jedem Fall eine Mindestdatenmenge an Ergebnissen.

Excite bietet einige Suchverfeinerungsmethoden an. Qualitativ sind die von Excite gefundenen Ergebnisse sehr hochwertig. Das liegt darin begründet, daß Excite im Gegensatz zu den anderen Schlüsselwort-basierten Index-Katalogen, konzept - basiert ist.

Ein weiteres hervorragendes Merkmal ist die Suchverfeinerungsmethodik QBE.

Es wird nur ein geringer Teil der im Internet verfügbaren Informationsressourcen berücksichtigt.

Das Benutzerinterface ist gut gestaltet; das gleiche gilt für die Darstellung der Ergebnisse. Die Ergebnisse werden sehr schnell dargestellt. Excite bietet die Möglichkeit, die Anzahl der Treffer pro Ergebnis-Set auszuwählen (10 Treffer bis zu 50 Treffer). Somit ist die Bearbeitung einer größeren Ergebnisdatenmenge relativ kostengünstig. Die Suche läßt sich gut steuern.

Dem Benutzer werden viele Hilfestellungen für die Bedienung des Benutzerinterfaces und den richtigen Einsatz der vielfältigen Funktionen zum Wiederfinden der Informationen in der Datenbank des Index-Katalogs geboten.

Die Auflistung der Treffer in den Ergebnisprotokollen erfolgt üblicherweise nach den Relevanzkriterien des Index-Katalogs. Diese Vorgehensweise hat zur Folge, daß mehrere Webseiten von der Internetadresse (untergeordnete Dokumente) verteilt in den Ergebnisprotokollen plaziert sind. Wird die Anzeigeart "List by Web Site" (Nach Webseiten auflisten) ausgewählt, werden die 40 Seiten aufgelistet, die die meisten Informationen bereithalten. Wie Ihre Ergebnisse verbessert werden können, erfahren Sie, wenn Sie auf „About your Results" (Über Ihre Ergebnisse) klicken.

Excite bietet die Einbeziehung der Informationen aus Kanälen wie „Autos", „Computer" oder „Internet". Haben Sie z.B. den Begriff „Computer" bei der Suche eingegeben, besteht nach Auflistung der Ergebnisse die Möglichkeit der kanalisierten Suche, d.h. der Suche in der Kategorie „Computer & Internet".

Infoseek

`http://www.infoseek.com`

Der Index-Katalog hat einen ausreichenden Informationsdatenpool und bietet damit in nahezu jedem Fall eine Mindestdatenmenge an Ergebnissen.

Infoseek bietet einige Suchverfeinerungsmethoden an. Wie einige andere Index-Kataloge (Alta Vista, Hotbot) ermöglicht Infoseek die Feldsuche. Darüber hinaus werden zwei gute Suchverfeinerungsmethoden zur Verfügung gestellt. Über einen Pipe (|) kann die Suche innerhalb eines bestimmten Ergebnisdatenbestands durchgeführt werden, und es wird nur eine bezeichnete Untermenge der Ergebnisse

dargestellt. Dazu ein Beispiel: Es wird der Suchbegriff „Dog" (Hund) eingegeben, und es sollen nur Hunde, die der Rasse der Dalmatiner angehören, im Ergebnisdatenbestand aufgelistet werden. Eingabe der Suchbegriffe erfolgt in folgender Weise: dog | dalmatiner.

Eine weitere Verfeinerung der Suche ist möglich, wenn nach erfolgter Suche weitere Suchbegriffe eingegeben werden und die Suche durch Betätigen des Start-Button mit der Bezeichnung „Search These Results" erneut gestartet wird. Es werden scheinbar innerhalb des ursprünglichen Ergebnisdatenbestandes diejenigen Dokumente (Treffer) herausgefiltert, in denen zusätzlich die neu eingegebenen Suchbegriffe stehen.

Infoseek ermittelt alle dem Suchbegriff zugeordneten Dokumente, die auf der Internetadresse (Serverhierarchie) vorliegen und bietet sie im Ergebnisdatenbestand an. Die Auswahl erfolgt durch den Hyperlink „More Results from this Site ...".

Es wird nur ein geringer Teil der im Internet verfügbaren Informationsressourcen berücksichtigt.

Das Benutzerinterface ist gut gestaltet; das gleiche gilt für die (sehr schnelle) Darstellung der Ergebnisse. Die Suche läßt sich gut steuern.

Dem Benutzer werden einige Hilfestellungen für die Bedienung des Benutzerinterfaces und für den richtigen Einsatz der vielfältigen Funktionen zum Wiederfinden der Informationen in der Datenbank des Index-Katalogs geboten.

Bei der Ergebnisdarstellung werden die Treffer in Cluster zusammengefaßt, d.h. nur die Einstiegsdokumente (Top Level) werden gelistet. Alle anderen untergeordneten Dokumente können wie oben beschrieben (More Results, ...) angefordert werden.

Die Feldsuche erlaubt unter anderem die Suche nach Dokumenten einer bestimmten Web-Site, bzw. es werden Internetadressen gesucht, in deren URL-Bezeichnung bestimmte Terme enthalten sind.

Lycos

`http://www.de.lycos.de/`

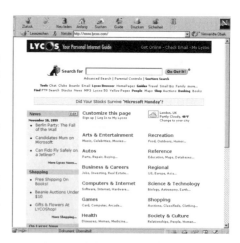

Der Index-Katalog hat einen ausreichenden Informationsdatenpool und bietet damit in nahezu jedem Fall eine Mindestdatenmenge an Ergebnissen.

Lycos bietet bei der einfachen Suche keine Suchverfeinerungen an. Bei der erweiterten Suche wird eine große Anzahl von Suchverfeinerungsmethoden angeboten. Insgesamt stehen zwölf Steuerungsoptionen zur Verfügung. Der Benutzer kann die Sortierung (Relevanz) der Ergebnisdaten durch die Verwendung des Power Panels beeinflussen.

Es wird nur ein geringer Teil der im Internet verfügbaren Informationsressourcen berücksichtigt.

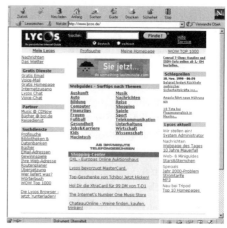

Das Benutzerinterface ist gut gestaltet; das gleiche gilt für die Darstellung der Ergebnisse (Auswahl zwischen „Just the Links", „Standard Description", „Detailed Description"). Die Ergebnisse werden (wegen der vielen Grafikstilelemente) relativ langsam dargestellt. Lycos Pro bietet die Möglichkeit, die Anzahl der Treffer pro Ergebnis-Set auszuwählen (10 Treffer bis zu 40 Treffer), somit ist die Bearbeitung einer größeren Ergebnisdatenmenge relativ kostengünstig. Die Suche läßt sich gut steuern. Für die schnelle Suche bietet Lycos die Web Guides.

Dem Benutzer werden viele Hilfestellungen für die Bedienung des Benutzerinterfaces und den richtigen Einsatz der vielfältigen Funktionen zum Wiederfinden der Informationen in der Datenbank des Index-Katalogs geboten.

Auch bei Lycos gibt es über erweiterte Optionen quasi eine Feldsuche (Suche nach einer bestimmten Domäne, im URL oder Titel).

Bei der Darstellung können die Treffer nach unterschiedlichen Arten sortiert werden, z.B. nach Domänen. Ist diese Option gewählt worden, dann werden das Top-Level-Web-Dokument und die untergeordneten Dokumente jeweils untereinander aufgelistet.

WebCrawler

`http://www.webcrawler.com`

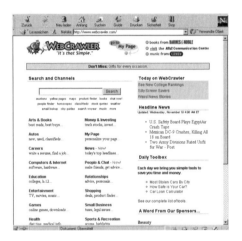

Der Index-Katalog hat einen ausreichenden Informationsdatenpool (Anbieter ist Excite) und bietet damit in nahezu jedem Fall eine Mindestdatenmenge an Ergebnissen.

WebCrawler bietet einige Suchverfeinerungsmethoden (Boolesche Suche, Nähesuche) an. Zusätzlich wird die Suche nach Dokumenten gleichen Inhalts (QBE) durch die Option „Similar Pages" ermöglicht, zumindest bei den Ergebnissen, von denen im Index weitere ähnliche Ergebnisse vorhanden sind.

Es werden einige der im Internet verfügbaren Informationsressourcen berücksichtigt.

Das Benutzerinterface ist gut gestaltet. Die Darstellung der Ergebnisse ist bei der Darstellungsart „show titels" sehr kompakt. Eine recht gute Darstellung wird bei der Darstellungsart „show summaries" geboten. Die Ergebnisse werden relativ schnell dargestellt. Webcrawler bietet nach erfolgter Suche über benutzerspezifische Optionen die Möglichkeit, die Anzahl der Treffer pro Ergebnis-Set auszuwählen. So ist die Bearbeitung einer größeren Ergebnisdatenmenge relativ kostengünstig. Die Suche läßt sich gut steuern.

Dem Benutzer werden einige Hilfestellungen für die Bedienung des Benutzerinterface und den richtigen Einsatz der vielfältigen Funktionen zum Wiederfinden der Informationen in der Datenbank des Index-Katalogs geboten.

Zum Suchbegriff bietet WebCrawler spezielle Ergebnisse, z.B. Bücher zum Thema (Barnes and Noble), Deja News Usenet News zum Thema, Web-Sites zu einem Oberbegriff.

Northern Light

`http://www.nlsearch.com`

Der Index-Katalog hat einen ausreichend großen Informationsdatenpool und bietet in nahezu
jedem Fall eine Mindestdatenmenge an Ergebnissen.

Einige Suchverfeinerungsmethoden sind integriert (emulierte Boolesche Suche, Phrasensuche).

Nach erfolgter Suche werden die Ergebnisse in
ausgezeichneter Qualität dargestellt (die bisher
informativste   Beschreibung   der   Treffer).
Außerdem bietet Northern Light durch die
sogenannten „Custom Search Folder" eine
Klassifizierung der gefundenen Ergebnisse an.

Es werden einige der im Internet verfügbaren Informationsressourcen berücksichtigt. Darüber hinaus bietet Northern Light mit der „Special Collection" Informationen aus dem
„unsichtbaren" Internet, bzw. WWW, an. Allerdings treten zum Teil erhebliche Kosten auf
(abhängig vom angeforderten Datenvolumen), wenn der Benutzer mehr als die frei verfügbare summarische Liste - nämlich zusätzlich detaillierte Informationen zu den Treffern -
erhalten will.

Das Benutzerinterface ist gut gestaltet. Die Darstellung der Ergebnisse ist relativ gut und
schnell. Leider kann die Anzahl der Treffer pro Ergebnis-Set nicht vorgewählt werden (25
Treffer). Die Suche läßt sich nicht gut steuern.

Dem Benutzer werden einige Hilfestellungen für die Bedienung des Benutzerinterfaces und
den richtigen Einsatz der vielfältigen Funktionen zum Wiederfinden der Informationen in der
Datenbank des Index-Katalogs geboten.

Die Suche kann jeweils im gewählten Bereich durch entsprechend gestaltete Optionen
gesteuert werden. Für jeden der Suchbereiche wird eine eigenständige Hilfe angeboten.

Rangfolge der besten Index-Kataloge für die spezifische Suche

- Komplexer Ergebnisdatenbestand (Einsatz von Suchverfeinerungen):
Hotbot ⇐ Alta Vista ⇐ Lycos ⇐ Excite ⇐ Infoseek ⇐ Open Text ⇐ Northern Light ⇐ WebCrawler

- Informationsqualität der Ergebnisse (Übereinstimmung zwischen dem, was gesucht werden sollte, und dem, was gefunden wurde - Wissensbasis + Informationsbedürfnis):
Excite ⇐ Infoseek ⇐ Hotbot ⇐ Alta Vista ⇐ Northern Light ⇐ Lycos ⇐ WebCrawler ⇐ Open Text

- Suchverfeinerung im Ergebnisdatenbestand:
Excite ⇐ Alta Vista ⇐ Infoseek ⇐ Open Text ⇐ Northern Light ⇐ Lycos ⇐ Hotbot ⇐ WebCrawler

Beurteilung der deutschen Index-Kataloge im Einsatzgebiet: Spezielle Suche

Nachfolgend werden einige der deutschen Index-Kataloge bezüglich des Erfüllungsgrades der oben formulierten Bedingungen eines idealen Index-Kataloges für die spezifische Suche näher betrachtet.

Kolibri

http://www.kolibri.de/

Kleiner, auf den deutschen WWW-Bereich ausgelegter Index-Katalog (ca. 2.7 Millionen Web-Dokumente). Dieser Katalog bietet einige hervorragende Funktionen und läßt sich einigermaßen gut steuern. Für die Zukunft sind weitere Suchsteuerungsoptionen (Nähesuche, Phrasensuche) angekündigt. Kolibri ist nur eingeschränkt für eine spezifische Suche einsetzbar. Wenn zum Suchbegriff keine Daten auf den deutschen Web-Servern gefunden werden können, ist keine Möglichkeit der Suchraumerweiterung auf internationale Web-Dokumente vorgesehen.

Crawler.de

`http://www.crawler.de/`

Die Größe des Informationsdatenpools dieses Index-Katalogs ist recht klein. Der Katalog (nur deutsche Adressen) ist für eine spezifische Suche noch weniger geeignet als Kolibri, da weniger Steuerungsoptionen für die Suche bereitgestellt werden. Sehr langsam. Kaum Hilfen. Jedoch Links zu weiteren Suchmaschinen.

Eule

`http://www.eule.de/`

Kleiner Index-Katalog, ausgelegt auf deutsche Web-Adressen. Es werden einige Suchsteuerungsoptionen für die Suche und Suchverfeinerungen zur Eingrenzung des Suchraums bereitgestellt. Dieser Katalog ist nur sehr eingeschränkt für eine spezifische Suche einsetzbar, da sein Datenbestand noch kleiner als bei den bisher betrachteten Index-Katalogen zu sein scheint. Suche in Kategorien wird durch ein Service-Angebot von Yahoo.de bereitgestellt.

Columbus

`http://www.columbus-finder.de/`

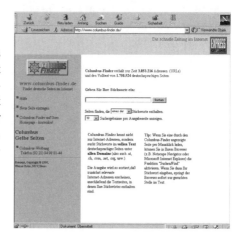

Der Index-Katalog hat ca. 2,8 Millionen URLs (Stand Februar 99) und zusätzlich den Volltext von ca. 900.000 deutschsprachigen Web-Dokumenten in seinem Datenbestand und ist damit ein kleiner Index-Katalog. Es werden nur wenige Suchsteuerungsoptionen bereitgestellt. Damit ist dieser Index-Katalog nur eingeschränkt für eine spezifische Suche einsetzbar.

Nathan

`http://www.nathan.de/`

Auch Nathan gehört zu den kleinen Index-Katalogen (sowohl WWW- als auch FTP-Adres-
sen). Das Angebot hat sich gegenüber früher erheblich verschlechtert.

Es sind kaum Suchsteuerungsoptionen vorhanden und nur wenige Hilfetexte gegeben. Dafür
hat die Plazierung von Werbung extrem zuge-
nommen.

Die Darstellungsmethoden der Ergebnisse sind
reduziert worden. Bei einem Vergleich der Ergebnismenge zu einem Suchbegriff mit anderer
deutschen Suchmaschinen bleibt diese deutlich
hinter letzteren zurück (Angaben zur Größe
des Index fehlen).

Aladin

`http://www.aladin.de/`

Aladin hat sich zu einer Hybridsuchmaschine
weiterentwickelt.

Es ist ein kleiner Index-Katalog mit deutschen
Internetadressen. Die Suchmaschine bietet in
einigen logischen Ressourcen des Internets
(Firmen, Nachrichten) eine thematisierte Suche
an.

Es werden nur wenige Suchsteuerungsoptionen
bereitgestellt. Die Ergebnisdarstellung ist ge-
lungen.

EuroSeek

`http://www.euroseek.net/page?ifl=de`

Der Index-Katalog ermöglicht den Zugang zu
Benutzerinterfaces in 40 verschiedenen Lan-
dessprachen, wobei die oben angegebene
Adresse das deutschsprachige Benutzerinterface aufruft. Über die Größe des Informationsdatenpools dieses Index-Katalogs liegen keine
Daten vor. Man kann die Suche regional oder
bezüglich der Sprache, in der ein Dokument erstellt wurde, einschränken. Suchsteuerungsoptionen sind nicht vorhanden. Damit läßt sich
nur eine einfache Suche durchführen (Boolesche Suche ist möglich). Eine Suche weltweit
und ohne sprachliche Eingrenzungen zum
Suchbegriff „Raytracing" erbrachte knapp 4.000 Ergebnisse. Legt man dieses Ergebnis zugrunde und schließt auf dieser Basis auf die Größe des Informationsdatenpools, dann ist dieser Index-Katalog von kleiner Größe (geschätzt auf ca. 2 Millionen Internetadressen). Für
eine spezifische Suche ist er nur bedingt geeignet, da keine Suchverfeinerungen für die Eingrenzung des Suchraums zur Verfügung gestellt werden. Zusätzlich werden ein Web-Directory sowie Chaträume, u.a. bereitgestellt (Hybrid-Suchmaschine).

Intersearch Deutschland

`http://de.intersearch.net/`

Der Index-Katalog bietet nur wenige Suchsteuerungsoptionen an.

Angaben über die Größe des Katalogs liegen
nicht vor. Er ist für eine spezifische Suche nicht
geeignet.

Fireball

`http://www.fireball.de`

Dies ist eine Hybridsuchmaschine, die durch
Software von Alta Vista betrieben wird und daher ähnliches bietet. Allerdings ist der Datenbestand auf deutsche Internetadressen beschränkt.

Alta Vista (D)

`http://www.altavista.de`

Dieser Index mit einem deutschsprachigen Interface und Hilfetexten ist auf rein deutsche Internetadressen ausgelegt. Bisher keine Hybrid-
Suchmaschine.

Lotse

`http://www.lotse.de`

Dies ist eine Hybridsuchmaschine mit einem
Web-Katalog und weiteren Portalangeboten
(Chat, Email usw.)

Spider.de

`http://www.spider.de`

Eine Hybridsuchmaschine. Kleiner Index. Keine
Suchoptionen. Darstellung der Ergebnisse informativ. Es können alle Ergebnisse angefordert
werden.

11.3 Auswahl des geeigneten Index-Katalogs für die Informationsrecherche

Die leistungsstärksten Index-Kataloge wurden auf ihre Eignung für eine komplexe Informationsrecherche hin betrachtet, und es wurde eine Rangfolge aufgestellt. Abgeleitet aus dem
Anforderungsprofil für die komplexe Informationsrecherche ist derjenige Index-Katalog am
besten geeignet, der folgende Punkte besonders gut erfüllt:

- Ergebnisdatenbestand zum Suchbegriff sollte sehr groß sein.

  Das Kriterium wird im allgemeinen von den Index-Katalogen erfüllt, die einen großen
  Informationsdatenpool vorweisen. Besser ist es, auch andere Index-Kataloge als
  Informationsquellen zu nutzen.

- Der Index-Katalog sollte viele Suchverfeinerungsmethoden anbieten.

  Derjenige Index-Katalog ist der beste, der die meisten Suchverfeinerungsmethoden
  anbietet - hier in Hinsicht auf eine einfache Gestaltung einer statistischen Analyse bzw.
  Auswertung der gefundenen Ergebnisse.

- Im Informationsdatenpool des Index-Katalogs sollten sehr viele Informationsressourcen
  berücksichtigt sein.

  Informationsressourcen wie: WWW, FTP, IRC, UseNet News-Gruppen, LISTSERV,
  Gopher, Telnet, WAIS, andere Datenbanken usw.

- Allgemeine Kriterien wie: Benutzerinterface, Steuerungsoptionen für die Suche,
  Ergebnisdarstellung, Bedienungsanleitungen

> Sehr wichtig im Hinblick auf die Minimierung des Zeit- und Kostenaufwandes der komplexen Informationsrecherche ist die Auswahlmöglichkeit der Trefferanzahl pro Ergebnis-Set. Derjenige Index-Katalog, der die größte maximale Trefferzahl bietet - aber auch Alternativen -, ist am besten zur Kostenminimierung geeignet.

Beurteilung der internationalen Index-Kataloge für das Einsatzgebiet: Komplexe Informationsrecherche

Unter Verwendung der oben formulierten Bedingungen eines idealen Index-Katalogs für die komplexe Informationsrecherche wird nachfolgend eine Rangfolge der internationalen Index-Kataloge bestimmt.

Alta Vista

Der Informationsdatenpool von Alta Vista ist (Stand Februar 99: ca. 150 Millionen Internetadressen) für eine Informationsrecherche ausreichend groß. Weiterhin wurde angekündigt, daß die Überprüfung sog. „toter Links" und die Entfernung von Dokument-Duplikaten eingeführt werden sollen. Allerdings erscheint diese Anzahl an Internet-Adressen für eine komplexe Informationsrecherche vielleicht nicht groß genug. Das gilt aber auch für alle anderen Index-Kataloge.

Wegen der großen Vielfalt an Suchverfeinerungsmethoden, die angeboten werden, wäre Alta Vista als Recherche-Katalog eigentlich gut geeignet. Dem steht allerdings die schlechte Steuerbarkeit der Suche bei der Auswahl der Trefferanzahl pro Ergebnis-Set entgegen. Bisher ist keine Auswahl möglich, vorgegeben ist ein Wert von 10 Treffern. Somit können beim Einsatz von Alta Vista als Recherche-Katalog die anfallenden Kosten recht hoch werden. Alta Vista ist daher nur bedingt als Recherche-Katalog geeignet.

Hotbot

Der Informationsdatenpool von Hotbot kann mit ca. 110 Millionen Web-Dokumenten im Datenvolumen im Vergleich mit Alta Vista als Recherche-Katalog gleich bewertet werden. Da Hotbot sehr viele Suchverfeinerungsmethoden (in manchen Bereichen sogar vielfältiger als Alta Vista) anbietet und darüber hinaus eine gute Steuerungsmöglichkeit bei der Trefferauswahl (zwischen 10 und 100 Treffern) zur Verfügung stellt, ist eine Informationsrecherche kostengünstig zu gestalten (am kostengünstigsten von allen anderen Index-Katalogen). Weil Hotbot neben der Funktion „Duplikatentfernung" auch den eigenen Datenbestand turnusmäßig auf „tote Links" hin überprüft (10 Millionen Überprüfungen pro Tag), ist die Verifikation der Ergebnisdaten leichter und kostengünstiger durchführbar als bei Index-Katalogen, die diese Funktionen nicht anbieten.

Excite

Mit ca. 60 Millionen Web-Dokumenten ist der Informationsdatenpool von Excite für einen Einsatz als Recherchekatalog zwar ausreichend groß, doch bietet der Index-Katalog nur wenige für den Einsatz bei einer statistischen Analyse sinnvoll zu gebrauchende Suchverfeinerungsmethoden an. Daher sollte Excite nicht als Recherchekatalog eingesetzt werden. Er eignet sich allerdings hervorragend als Informationsdatenbasis.

Infoseek

Die Größe des Informationsdatenpools (ca. 45 Millionen) ist schon relativ klein für einen idealen Recherchekatalog. Da Infoseek nur wenige für eine statistische Analyse der Ergebnisdaten sinnvoll einsetzbare Suchverfeinerungsmethoden anbietet, sollte dieser Index-Katalog nicht als Recherchekatalog sondern als Informationsdatenbasis eingesetzt werden.

Lycos

Auch Lycos ist nur als Informationsdatenbasis nutzbringend. Bei Lycos erscheint die Größe des Informationsdatenpools mit ca. 50 Millionen Internetadressen (eigene Angaben) ausreichend groß für den Einsatz als Recherchekatalog. Lycos bietet darüber hinaus viele Suchverfeinerungsmethoden an. Bedauerlicherweise lassen sich diese aber nicht sehr gut für eine statistische Analyse verwenden. Damit ist Lycos nur bedingt als Recherchekatalog einsetzbar.

WebCrawler

Da der Informationsdatenpool sehr klein ist (ca. 2 Millionen) und für die statistische Analyse kaum sinnvoll einsetzbare Suchverfeinerungsmethoden angeboten werden, ist der WebCrawler als Recherchekatalog nicht verwendbar, aber eingeschränkt als Informationsdatenbasis nutzbar.

Northern Light

Bei diesem neuen Index-Katalog stimmt zwar die Größe des Informationsdatenpools, aber es werden keine Suchverfeinerungsmethoden für eine statistische Analyse angeboten. Daher sollte Northern Light hauptsächlich als Informationsdatenbasis genutzt werden.

- Rangfolge der besten Index-Kataloge als Recherche-Kataloge für die komplexe Informationsrecherche:

  Alta Vista wurde abgewertet, weil nur eine Anzahl von 10 Treffern pro Ergebnis-Set gestattet ist und keine größere Anzahl ausgewählt werden kann.

  Lycos Pro wurde abgewertet, weil die Suchverfeinerungsmethoden, die angeboten werden, nicht gut für eine statistische Analyse der Ergebnisse einsetzbar sind.

  Hotbot $\Leftarrow$ (bedingt einsetzbar sind Alta Vista $\Leftarrow$ Lycos)

Alle weiteren Index-Kataloge eignen sich wegen unzulänglicher Größe des Informationsdatenpools, wegen fehlender oder beschränkter Auswahlmöglichkeit bei der Trefferanzahl und den Suchverfeinerungsmethoden, die für eine statistische Analyse der Ergebnisse hilfreich wären, nicht als Recherche-Katalog.

> • Rangfolge der übrigen Index-Kataloge als Informationsdatenbasen für die komplexe Informationsrecherche: Einsatz als Informationsdatenbasis, um alternative Adressen für die Informationsrecherche zu bekommen.
>
> Excite $\Leftarrow$ Infoseek $\Leftarrow$ Lycos $\Leftarrow$ Northern Light $\Leftarrow$ WebCrawler

Eignung der deutschen Index-Kataloge für eine komplexe Informationsrecherche

Die deutschen Index-Kataloge (Intersearch, Aladin, Nathan, Columbus, Eule, Crawler.de, Kolibri) sind aufgrund ihres geringen Informationsdatenpools (ca. 2 Millionen Web-Dokumente) nicht für eine statistische Analyse der Ergebnisse als Recherchekataloge geeignet, es sei denn, es besteht das Interesse, eine Recherche auf deutschen Servern durchzuführen. Auch als Informationsdatenbasis sind sie nicht unbedingt geeignet, denn innerhalb des Datenbestandes großer internationaler Index-Kataloge sind im Durchschnitt mindestens ebenso viele deutsche Web-Dokumente zum Suchbegriff enthalten wie im leistungsstärksten deutschen Index-Katalog.

Der Index-Katalog Euroseek ist nicht als Recherchekatalog geeignet (keine Suchverfeinerungsmethoden für statistische Analyse der Ergebnisse), wohl aber aufgrund seiner Größe als Informationsdatenbasis. Alta Vista Deutschland wäre (zumindest für Deutschland) geeignet. Die kleineren Index-Kataloge sind nicht geeignet.

11.4 Auswahl der besten Hybrid-Suchmaschine (Komplexer Sucheinstiegspunkt)

Die großen Index-Kataloge entwickeln sich immer weiter in Richtung eines komplexen Sucheinstiegspunktes, bezeichnet als Hybrid-Suchmaschine. Bei der Rangfolgeermittlung der besten Hybrid-Suchmaschinen ist die Verwendung des Anforderungsprofils sehr hilfreich. Neben dem üblichen Angebot eines Index-Katalogs sind folgende Sucheinstiegspunkte bei einer guten Hybrid-Suchmaschine zu erwarten:

Thematisierte Kategorien: Einsetzbar bei der schnellen Suche nach Informationen zu bestimmten Themengebieten (Browsen durch die Hierarchie-Struktur). Teilweise werden Suchergebnisse thematisiert aufbereitet dargestellt.

Kommentierte Ressourcenlisten: Ressourcen, zugeordnet zu speziellen Themengebieten, sind von kompetenten Fachleuten besprochen und kommentiert.

Thematisierte Suchmaschinen: Es werden zu verschiedenen Themen spezielle Suchmaschinen angeboten (Personensuche, EMail-Adreßsuche, Softwaresuche, Suche nach News aus den UseNet-Newsgruppen usw.).

Nachrichtenbörsen: Zu verschiedenen Bereichen werden Nachrichtenticker angeboten (Sportnachrichten, Börsennachrichten, allgemeine Nachrichten, usw.).

Einkaufszentren, Shopping: Viele Einkaufsmöglichkeiten

Diskussionsgruppen zu vielen Themen

Beurteilung der internationalen Index-Kataloge als Hybrid-Suchmaschinen

Die großen Index-Kataloge Hotbot, Excite, Infoseek, Lycos und WebCrawler stellen sehr leistungsstarke Hybrid-Suchmaschinen dar, die zum einen Kategorien für eine schnelle Suche nach Informationen zu bestimmten Themen bieten, zum anderen den Zugriff auf eine größere Anzahl von thematisierten Suchmaschinen ermöglichen. Einerseits realisieren verschiedene Partner der Betreiber dieser Index-Kataloge das Angebot an thematisierten Suchmaschinen. Darüber hinaus stellen die jeweiligen Betreiber auch eigene Lösungen bereit.

Die nachfolgenden Tabellen stellen einen Auszug aus den vielfältigen Sucheinstiegsmöglichkeiten dar, die die Hybrid-Suchmaschinen Hotbot, Excite, Infoseek, Lycos / LycosPro und WebCrawler bieten. Es wird eine Übersicht über die für eine schnelle Suche angebotenen Kategorien und die jeweils einsetzbaren thematisierten Suchmaschinen der Index-Kataloge gegeben.

Tabelle 11.9: Kategorien bei *Hotbot*

Reference	Technology	Current Affairs	Investing, ...
Statistics	News	News	Stocks
People finder	Computing	Commentary	Indices
Dictionaries	Downloads	Cyber rights	SEC filings
Style guides	Web tools	US government	IPOs
Atlases	Programming	World	Research
Maps	Organizations		

Tabelle 11.9: Kategorien bei *Hotbot*

Media	Recreation	Health/Sience	Culture
Newspapers	Auto	Wellness	Art
Magazines	Travel	Resources	Books
TV	Sports	Organizations	Film
Radio	Games	Research	Music
Internet	Vice		

Tabelle 11.10: Thematisierte Suchmaschinen bei *Hotbot*

Themengebiet	thematisierte Suchmaschine (Internetadresse)
UseNet Newgroups	`http://www.hotbot.com/usenet.html`
Top News	`http://www.hotbot.com/newsbot/index.html`
Classifieds	`http://www.classifieds2000.com/cgi-cls/` `display.exe?hotbot+class`
Domain Names	`http://www.hotbot.com/partners/websitez.htm`
Stocks	`http://stocks.hotbot.com/`
Discussion Groups	`http://www.hotbot.com/partners/forumore.html`
Shareware	`http://www.hotbot.com/partners/filez.html`
Business	`http://www.hotbot.com/partners/business.html`
People	`http://www.hotbot.com/partners/people.html`
EMail Adresses	`http://main.hotbot.com/partners/EMail.html`

Tabelle 11.11: Kategorien bei *Infoseek*

Automotive	Business
Buy a car, makes & models, vehicles ...	Business resources, small businesses ...
Careers	Computer
At work, education, find an ideal job ...	Buy a PC, download, shareware ...
Entertainment	The Good Life
Books, games, great movies, music ...	Beer, dining, wine ...
Health	Internet

Tabelle 11.11: Kategorien bei *Infoseek*

Diseases, drugs, fitness ...	Intranet, web publishing ...
Kids & Family	News
Hobbies & interests, parenting ...	Business, tech, world ...
Personal Finance	Real Estate
Investing, mutual funds, taxes ...	Buy a home, financing, fix it up ...
Shopping	Sports
Gifts, music CDs, online malls ...	Baseball, football, golf ...
Travel	
Air travel, money savers, vacation ideas ...	

Tabelle 11.12: Thematisierte Suchmaschinen bei *Infoseek*

Themengebiet	thematisierte Suchmaschine (Internetadresse)
UseNet News-Gruppen	`http://search.dejanews.com/`
Top News	`http://www.infoseek.com/Topic?tid=1486`
Reference	`http://www.infoseek.com/Facts?pg=deskref.html`
Stocks	`http://www.infoseek.com/Topic?tid=459`
Shareware	`http://www.infoseek.com/Topic?tid=501`
Business	`http://www1.bigyellow.com/`
People	`http://www.infoseek.com/Facts?pg=EMail.html`
EMail Adresses	`http://www.infoseek.com/Facts?pg=EMail.html`
Maps	`http://www.infoseek.com/Facts?pg=maps.html`

Tabelle 11.13: Kategorien bei *Lycos/Lycos Pro*

Autos	Fashion	News
Classifieds, Parts	Apparel, Models	Sites, Business
Business	Games	People
Investors, Small Biz	Strategy, Action	Family, Celebs
Careers	Government	Shopping
Jobs, Advice	Services, Politics	Catalogs
Computers	Health	Space/Sci-Fi
Web Design, Games	Nutrition, Fitness	Exploration, X-Files

Tabelle 11.13: Kategorien bei *Lycos/Lycos Pro*

Education	Kids	Sports
Financial Aid, Colleges	Games, Sites	Football, Fantasy
Entertainment	Money	Travel
Movies, TV, Music	Brokers, Advice	World, City Guide

Tabelle 11.14: Thematisierte Suchmaschinen bei *Lycos/Lycos Pro*

Themengebiet	thematisierte Suchmaschine (Internetadresse)
News-Gruppen	Zugriff von Lycos auf Dejanews
Top News	`http://news.lycos.com/headlines/TopNews/default.asp`
Classifieds	`http://www.classifieds2000.com/cgi-cls/` `display.exe?lycos+class`
Road Maps	`http://www-english.lycos.com/roadmap.html`
Stocks	`http://www.stockfind.newsalert.com/`
Yellow Pages	`http://yp.gte.net/`
Shareware	`http://www-english.lycos.com/software/`
Business	`http://www.companiesonline.com/`
People	`http://www-english.lycos.com/peoplefind/`
City Maps	`http://cityguide.lycos.com/`
Shopping	`http://www.lycos.com/commerce/shopnet/body_index.html`
UPS	`http://www-english.lycos.com/ups/bridge.html`
Books	`http://www.barnesandnoble.com/`

Tabelle 11.15: Thematisierte Suchmaschinen beim *WebCrawler*

Themengebiet	thematisierte Suchmaschine (Internetadresse)
UseNet News-Gruppen	http://www.dejanews.com/forms/webcrawler_qs.shtml
Top News	http://nt.excite.com/webcrawler/
MAPS	http://www.webcrawler.com/Reference/maps.html
Stocks	http://quicken.webcrawler.com/investments/portfolio/
Business	http://quicken.webcrawler.com/

Tabelle 11.15: Thematisierte Suchmaschinen beim *WebCrawler*

People	http://www.whowhere.com/WebCrawler/wc_search.html
Yellow Pages	http://www.webcrawler.com/Reference/yellowpages.html
Music	http://cdnow.com/from=w:homeser

Northern Light bietet keine Kategorien für die schnelle Suche an. Auch sind bisher keine thematisierten Suchmaschinen einsetzbar.

Rangfolge der internationalen Hybrid-Suchmaschinen

Northern Light ist bisher keine Hybrid-Suchmaschine und kann nicht als komplexer Sucheinstiegspunkt genutzt werden.

Rangfolge der besten internationalen Hybrid-Suchmaschinen als komplexer Sucheinstiegspunkt für die Suche nach Informationen im Internet:

- Einsatz als komplexer Sucheinstiegspunkt (Rangfolge der Hybrid-Suchmaschinen): Excite $\Leftarrow$ (Hotbot, Infoseek, Lycos, Alta Vista) $\Leftarrow$ WebCrawler

Beurteilung der deutschen Index-Kataloge als Hybrid-Suchmaschinen

Nur wenige deutsche Index-Kataloge können als Hybrid-Suchmaschinen bezeichnet werden. Wenn Kategorien für die schnelle Suche nach Informationen zu einem bestimmten Themengebiet ermöglicht werden, sind keine thematisierten Suchmaschinen verfügbar und umgekehrt.

Netguide: Es werden im wesentlichen News (das Nachrichtenmagazin Focus ist der Betreiber von Netguide) für eine thematisierte Suche angeboten. Netguide ist im eigentlichen Sinn keine Hybrid-Suchmaschine.

Fireball: Thematisierte Suchmöglichkeiten werden angeboten. Fireball ist eine Hybrid-Suchmaschine.

EuroSeek: Kategorien werden über das Webdirectory (eventuell auch der Zugriff auf andere Suchmaschinen) angeboten. Euroseek ist im eigentlichen Sinn noch keine Hybrid-Suchmaschine.

Crawler: Keine Hybrid-Suchmaschine. Links zu anderen Suchmaschinen.

Eule: Kategorien für die schnelle Suche werden angeboten. Eine thematisierte Suche ist in wenigen Gebieten möglich (Links). Spezialsuche in bestimmten Bereichen (Jobs, Auto, u.a.).

Columbus-finder: Keine Hybrid-Suchmaschine.

Nathan: Es werden Kategorien für die schnelle Suche angeboten. Keine thematisierten Suchmaschinen verfügbar.

Aladin: Ist eine Hybrid-Suchmaschine.

Intersearch: Wenige Sucheinstiegspunkte. Es werden Kategorien für die schnelle Suche angeboten. Bisher sind keine thematisierten Suchmaschinen verfügbar.

Alta Vista Deutschland: Neues Angebot (seit Anfang 1999). Ist bisher keine Hybrid-Suchmaschine, aber in Entwicklung (siehe Alta Vista USA).

Lotse: Hybridsuchmaschine mit Elementen eines Portals (Chat u.a.)

Spider.de: Hybrid-Suchmaschine

11.5 Suchmaschinentrends

Im Bereich der Suchmaschinen lassen sich viele Entwicklungstendenzen aufzeigen. Daher soll nachfolgend auf einige dieser Trends eingegangen werden.

11.5.1 Allgemeine Entwicklung bei der Informationsqualität der Index-Kataloge

Bei den Index-Katalogen sind verschiedene Trends zu beobachten. Eine Entwicklung scheint zur Verschlechterung der Einsatzqualität von Index-Katalogen für die wissenschaftliche Arbeit zu führen. Grund hierfür ist die wirtschaftliche Ausrichtung der Index-Kataloge. Betrachtet man die ständige Zunahme von Werbung und Marketinginformationen in der Datenbank eines Index-Katalogs, so kann man derzeit beobachten, daß der größte Teil des Inhalts Werbeinformationen enthält und nur noch wenige wissenschaftlich relevante Informationen.

Entwicklung bei den Benutzerinterfaces der Index-Kataloge

In letzter Zeit wird bei den Benutzerinterfaces bezüglich der Gestaltung eine Aufteilung in zwei unterschiedliche Gruppen vorgenommen.

Für die schnelle Suche mit möglichst vielen Ergebnissen wird ein einfach gestaltetes Benutzerinterface mit sehr wenigen Suchsteuerungsmethoden zur Verfügung gestellt. Der professionelle Benutzer erhält bei der erweiterten Suche bzw. Power-Suche ein mehr oder weniger aufwendig gestaltetes Benutzerinterface mit vielen Suchsteuerungsmethoden.

Bei dem einfach gestalteten Benutzerinterface geht der Trend in Richtung der Produktion von möglichst vielen Treffern durch den Einsatz einer Fuzzy-And-Suche. Der Trend bei dem Benutzerinterface der erweiterten Suche bzw. bei der Powersuche geht in Richtung einer Erweiterung der Funktionalität bei den Suchsteuerungsmethoden. Weiterhin werden immer mehr Methoden aus dem Bereich der Künstlichen Intelligenz (natürlichsprachliches Interface, Erweiterung des Interfaces in Richtung eines „Virtual Reality Environments", Einsatz der verbalen Interkommunikation zwischen dem virtuellen Benutzer und dem Benutzerinterface des Index-Katalogs) bei der Gestaltung der Mensch-Maschine-Schnittstelle eingesetzt.

11.5.2 Spezielle Formen der Ergebnisdarstellung bei Index-Katalogen

Zwei verschiedene Darstellungsformen sollen als Beispiele für mögliche Entwicklungsrichtungen bei der Ergebnisdarstellung dienen.

Darstellung von Ergebnisdaten unter Verwendung eines 3D-Browsers. Der erfaßte Informationsbereich bei der speziellen Suche in einer Datenbank wird in Informations-Kategorien klassifiziert erfaßt. Der Benutzer kann zwischen mehreren Ebenen des Zugriffs auf die ermittelten Daten wählen.

1. Zugriffsebene:	Frage-basierte Suche unter Verwendung einer Eingabe-Maske für die Suchparameter.
2. Zugriffsebene:	Die Erforschung der in der Datenbank wiedergefundenen Ergebnisse in einem Virtual Reality Environment (Cyberspace) mit der Inspektion der gesuchten Informationsgebiete und der ihnen zugeordneten Ergebnisdokumente.

Als Beispiel für solch ein Interface kann Geolis dienen. Leider sind die Dokumente des GFZ Potsdam zu den Benutzerinterfaces über Knowledgebrowser nicht mehr im WWW verfügbar.

Darstellung der Ergebnisse durch einen Hyper-Index-Browser. Der Benutzer gibt die Datenbank an (Index-Katalog, u.a.), aus der das Informationsvolumen an Ergebnissen zu einem bestimmten Suchbegriff beschafft werden soll. Zur Erleichterung der Navigation durch das erfaßte Informationsvolumen werden die Ergebnisdaten in einem Hyper-Index, der durchblättert werden kann (browsen), dargestellt. Dabei werden dem Benutzer alle Informationen zum Suchbegriff in Form von Ergebnislisten zur Verfügung gestellt (siehe Abb. 11.7).

Abbildung 11.6: Startseite eines Hyper-Index Browsers

Häufig sind Suchverfeinerungen in einer Hyper-Text-Liste dargestellt, so daß der Benutzer gezielt auf Teilgebiete innerhalb des Informationsraums der Ergebnisse zugreifen kann.

Wenn der Benutzer aus der Hyper-Text-Liste eine Kategorie ausgewählt hat, bestehen zwei Möglichkeiten. Zum einen kann der Informationsraum der Ergebnisse erweitert, zum anderen eventuell nochmals verfeinert werden.

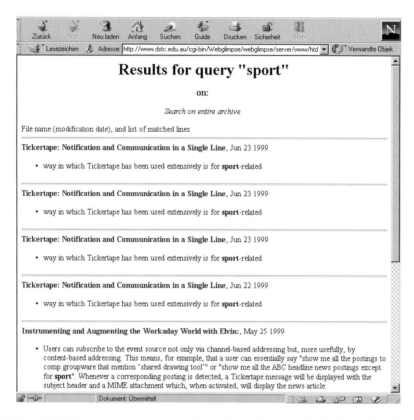

Abbildung 11.7: Ergebnisdarstellung eines Hyper-Index-Browsers für die Suchanfrage "sport"

11.5.3 Gateways zu Spezial-Datenbanken im sichtbaren und unsichtbaren WWW

In der Suchmaschinenübersicht wurde dieser Zweig der Suchmaschinen aufgezeigt (siehe Kapitel 4.5). Nachfolgend wird anhand von drei Beispielen diese Form der Suchmaschinen vorgestellt. In Zukunft ist auch wegen der immer stärker werdenden Kommerzialisierung des Internets bzw. des World Wide Webs mit weiteren Angeboten zu dieser Form der Suchmaschine zu rechnen. Diese Gateways zählen zum Verfügbarkeitstyp c, bei dem eine Übersicht bezüglich des Suchbegriffs im sichtbaren Internet bzw. WWW aufgelistet wird und der Benutzer auf diese Daten frei und ohne Kosten zugreifen kann. Weiterhin wird eine kostenfreie Übersicht über Daten zum Suchbegriff, die in Datenbanken des unsichtbaren Internets bzw. WWW vorhanden sind, zur Verfügung gestellt. Der Benutzer kann wählen, worüber er alle relevanten Daten erhalten möchte. Um auf diese Daten zugreifen zu können, muß er ein Account beim Gateway haben und sich registrieren lassen.

IBM Infomarket

`http://www.infomarket.com/`

Die Suche kann in vielen Daten-Ressourcen parallel durchgeführt werden. Mehr als 75 Newswires, 300 Zeitungen, 800 Rundschreiben, 6800 Zeitschriften und 11 Millionen Unternehmen, die nach ihren Tätigkeitsfeldern in die nachfolgenden Kategorien unterteilt werden können, stehen als Daten-Ressourcen zur Verfügung.

Abbildung 11.8: Startseite von „Infomarket"

Klassifizierung der Unternehmen: Business & Finance, News, Computers & Telecommunications, Health & Biotechnology, Science & Engineering, Environment, Law & Government, Entertainment & Leisure, Travel and Industries.

Für die Suche fallen keine Kosten an. Es wird eine Inhaltsliste der Ergebnisse erstellt, aus der der Informationssuchende diejenigen Einträge wählt, von denen er alle relevanten Informationen erhalten will. Entsprechend dem angeforderten Datenvolumen fallen Kosten an.

Northern Light

`http://www.nlsearch.com/`

Northern Light durchsucht das sichtbare WWW (ca. 50 Millionen Web-Dokumente im Index). Es wird darüber hinaus die Suche in den sogenannten Special Collections (unsichtbares WWW) angeboten. Sie ist mit mehr als 1 Million Artikeln aus Journalen, Büchern, Datenbanken, Newswires etc. recht umfangreich. Wird die Suche in den Special Collections durchgeführt, dann erstellt Northern Light ein kostenloses Verzeichnis der Informationen, die zum Suchbegriff vorrätig sind.

Abbildung 11.9: Inhaltsverzeichnis der Special-Collections bei „Northern Light"

Erst wenn auf die Einträge des Verzeichnisses zugegriffen wird, fallen - abhängig vom angeforderten Datenvolumen - Kosten an. Der Benutzer muß dazu ein Account einrichten (5 US$ pro Monat $\Rightarrow$ 50 Datensätze).

11.5.4 Intelligente Suchmaschinen

Gerade auf dem Gebiet der intelligenten Suchmaschinen, der mobilen Agenten, sind in Zukunft viele Veränderungen zu erwarten.

11.5.5 Webringe

Der Webring ist ein Weg, verschiedene Internetadressen des WWW, die einem bestimmten Themengebiet zuzuordnen sind, zu einer interaktiven Linkliste zu verbinden. Ist der Informationssuchende in einem thematisierten Webring eingeloggt, kann er in diesem Ring von einer Adresse zur nächsten wandern. Innerhalb eines Webrings kann der Informationssuchende den speziellen Webring suchen, in dem er die gewünschten Informationen erwarten kann. Dieser thematisierte Webring wird in Form einer Linkliste dargestellt.

Zum Zeitpunkt der 1. Auflage gab es eine Handvoll globaler Webringe. Die Anzahl der bei Yahoo.com aufgeführten Webringe hat sich seither vervielfacht (mehrere Hundert).

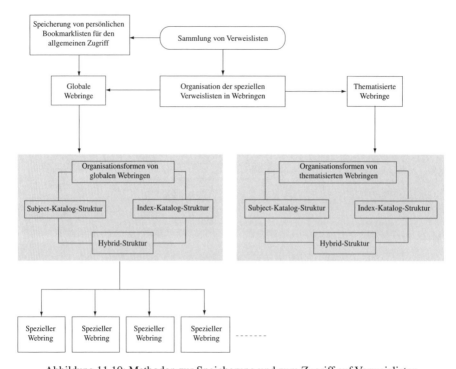

Abbildung 11.10: Methoden zur Speicherung und zum Zugriff auf Verweislisten

In der Abb. 11.10 ist eine Übersicht bezüglich der verschiedenen Methoden zur Speicherung und zum Zugriff auf Sammlungen von Verweislisten dargestellt. Es zeigt sich, daß die Verweislisten generell auf drei Arten zugänglich gemacht werden. So bieten verschiedene Webspace-Provider allen Interessenten die Möglichkeit, auf private Bookmarklisten zuzugreifen. Ein Beispiel für solch ein Angebot ist „What´s Hot Largest Bookmark Collection" (`http://what-s-hot.vic.cmis.csiro.au:80`). Andere Formen der Zugriffsmöglichkeit auf Sammlungen von Verweislisten stellen die thematisierten und globalen Webringe dar. Wie ein globaler Webring realisiert sein könnte, ist in Abb. 11.11 schematisch skizziert worden. Zum Themenbereich der Webringe werden anschließend Beispiele vorgestellt. Über Yahoo.de und Yahoo.com können weitere Webringe gefunden werden.

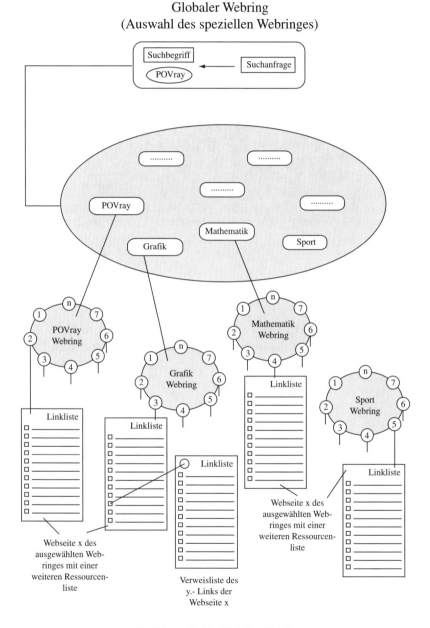

Abbildung 11.11: Globaler Webring

Abbildung 11.12: Suchseite zum Auffinden von geeigneten Unterringen bei Webring

Webring

http://www.webring.org/

Ein großer Webring, bei dem die Suche im Datenpool als auch das Durchblättern eines klassifizierten Directory möglich ist (40.000 verschiedene Ringe). Bei einer Suche nach Ringen, die sich mit Recyclingthemen beschäftigen, werden 19 Ringe gefunden, in denen nahezu 200 Internetadressen je Ring gesammelt wurden.

Bomis

http://www.bomis.com/

Der Webring bietet neben den für Webringe üblichen Informationen zusätzliche Dienste an (Wetter, Forum, News u.a.). Es kann durch ein Directory geblättert werden. Die Suche nach speziellen Webringen ist möglich und erbringt beim Suchbegriff „Recycling" 17 Ringe. Auf dem Ergebnisprotokoll ermöglicht Bomis über entsprechend gestaltete Links die Suche in einer größeren Anzahl von globalen Suchmaschinen.

Oneseek

http://www.oneseek.com/

Ein weiteres interessantes Angebot zum Thema Webringe stellt diese Meta-Suchmaschine zur Verfügung. Hier heißen Webringe „Webchains". Der Webring gestattet eine klassifizierte Suche im Web. Im Datenpool können die Informationen gesucht werden. Das angebotene Directory erlaubt das Durchblättern.

Es kann erwartet werden, daß sich die Webringe zu einer Alternative zu Suchmaschinen entwickeln. Zu einigen Suchbegriffen sind sie schon jetzt ein Einstiegspunkt für eine effiziente
Suche.

11.5.6 Integration von Suchmaschinen in Betriebssysteme

Ein weiterer Trend ist die Integration von Suchmaschinen in das Betriebssystem.

Betriebssysteme der Firma Microsoft

Im neuen Internet Explorer 4.x ist mit dem „Active Desktop" eine Suchfunktion integriert.
Realisiert werden die im „Active Desktop" avisierten Channels vom Index-Katalog Lycos.
Innerhalb des eigenen Netzwerks MSN wurde auch eine Suchmaschine integriert, die auf der
Inktomi-Datenbank (Hotbot-Index-Katalog) aufsetzt. Allerdings wird das Benutzerinterface
der Suchmaschine anders gestaltet sein als bei dem Index-Katalog Hotbot.

Nach Informationen des TIME-Magazins entwickelt Microsoft eine eigene Suchmaschine
mit dem Code-Namen „Yukon". Der Beta-Test dieser Suchmaschine soll im Oktober 97
beginnen. „Yukon" soll Anfang 98 verfügbar sein. Es kann also davon ausgegangen werden,
daß Microsoft eine Suchmaschine in seine Betriebssysteme integrieren wird.

Betriebssysteme der Firma Apple

Im Betriebssystem „Rhapsody" wird eine Suchmaschine integriert (für die Textsuche innerhalb des verwalteten Datenbestands des Betriebssystems), die früher unter dem Code-Namen
V-TWIN bekannt war.

Auf der Basis von V-TWIN wurde der „Apple Information Access Toolkit" (AIAT) geschaffen, mit dem eine Textindizierung und -suche möglich gemacht wird (Einsatz dieses Toolkits
in einem Anwendungsprogramm). Bisher nutzen schon einige spezielle Anwendungsprogramme diese Möglichkeiten. In Zukunft ist mit weiteren derartigen Anwendungsprogrammen zu rechnen.

„Apple e.g." ist ein CGI-Script, welches MacOS-basierte Web-Server durchsuchbar macht.
Dabei können Hunderte von Web-Sites bearbeitet werden.

„Find-by Content" ist eine zukünftige Funktion des MacOS, die AIAT benutzt, um alle
Dateien auf dem eigenen Rechner zu indizieren. Die Dateien können auch dann gefunden
werden, wenn der Suchbegriff in ihnen enthalten ist.

Seit dem Betriebssystem MacOS8.5x ist eine Suchmaschine namens „Sherloc" integriert
(entwickelt aus AIAT).

Betriebssysteme der Firma IBM

Die Entwicklung intelligenter Suchmaschinen ist unter anderem ein Forschungsschwerpunkt
bei IBM. Diese Forschungsaktivitäten führten zu einigen Softwareentwicklungen, die für
eine Integration in Betriebssysteme sehr gut geeignet sind und sowohl als integrale Bestand-
teile wie auch als externe Programmpakete konzipiert werden können.

Knowledge Utility (KnU) ist ein Vielzweck-Hypermedia-System, welches ein intelligentes Information-Retrieval und -Management ermöglicht. KnU erlaubt die Verflechtung aller Datenarten und stellt dabei den Benutzern das nötige Wissen auf der Basis von zutreffenden Wissensvorlagen zur Verfügung. Hierdurch soll der Nutzer in die Lage versetzt werden, die dazu passenden Informationen bei der Suche wiederzufinden. KnU ermöglicht weiterhin eine individuelle Identifikation von Zwischenverbindungen von Wissensgebieten aus unterschiedlichen Wissensdisziplinen und erstellt über den durchgeführten Untersuchungsprozeß einen Bericht. Um eine Beziehung zwischen dem Benutzer und Datenobjekten zu erkennen, zu gestalten und somit die zu beschaffenden Informationen auf das Interesse des Benutzers zuschneiden zu können, braucht KnU benutzerspezifische Informationen. Die zu den Benutzern transferierten Daten, werden automatisch, prioritätbasiert und unter Verwendung von Methoden aus dem Wissensgebiet des Information-Retrieval (Bayesian Networks) gespeichert.

Intelligent Miner ist eine intelligente Suchmaschine, welche eine Anzahl von Techniken zur Präsentation und Modellierung von Daten, einschließlich neuronale Netzwerke, einsetzt, um interaktiv eine Informationsanalyse in großen Datenbeständen unter Verwendung spezieller Informationsmuster durchzuführen. Dabei streicht der Intelligent Miner bestimmte Informationen und charakterisiert interessante Informationen. Die neuronale Netzwerkfunktion des Intelligent Miners nutzt eine Kombination von neuronalen Netzwerken, Fuzzy-Regel-Systemen und Datenfilterung/Übersetzungsfunktionen zur graphischen Verbindung und bettet diese in Anwendungsprogramme ein. Der Intelligent Miner unterstützt ONLINE-Learning und kann durch Scripts bzw. Anwendungsprogramme gesteuert und kontrolliert werden.

Aglets sind eine Erweiterung des Java-Applets-Konzepts für den Einsatz in mobilen Agenten (intelligenten Suchmaschinen). Basierend auf den Aglets wurde Aglets Workbench (AWB) geschaffen. Es ist eine visuelle Entwicklungsumgebung, die das Programmieren von Netzwerk-basierten Anwendungsprogrammen ermöglicht, die mobile Agenten für die Suche, den Zugriff auf Daten und das Verwalten gemeinsamer Daten nutzen.

IBM stellt somit etliche Programme und Entwicklungsumgebungen zur Verfügung, die extern die Einsatzmöglichkeiten von Betriebssystemen für eine Suche erweitern.

Im Laufe des Jahres sollen ein neuer WARP-Server und -Client erscheinen. Da IBM im Bereich Commerz sehr aktiv ist, kann erwartet werden, daß eine Suchmaschine integriert sein wird.

11.6 Aufbau einer Spezial-Suchmaschine zu einem bestimmten Themengebiet

In diesem Abschnitt wird die Konzeption einer thematisierten Suchmaschine besprochen, in der Informationen zu einem bestimmten Thema aus dem Internet bzw. WWW berücksichtigt sind. Nicht behandelt wird jedoch der Aufbau einer Datenbank (Suchmaschine), die als Wissensbasis oder als Referenz zu einem bestimmten Themengebiet ausgelegt ist (also eine Art Expertensystem, in dem Informationen aus dem Internet bzw. WWW kaum oder gar nicht enthalten sind). Informationen, wie solch ein Expertensystem aufgebaut und konzipiert werden kann, liegen in großer Anzahl im Internet und WWW vor und können unter Verwendung der in den vorherigen Kapiteln besprochenen Sucheinstiegspunkte ermittelt werden. Es darf aber nicht vergessen werden, daß die Daten, die in den Web-Dokumenten veröffentlicht sind, im allgemeinen urheberrechtlich geschützt sind.

Konzeption von kommentierten Ressourcenlisten

Die kommentierte Ressourcenliste kann bei kleineren Datenvolumina als einzelnes HTML-Dokument erstellt werden. Im HTML-Dokument werden die Datensätze (kommentierte Ressourcen), die infolge ihres Informationsgehaltes verschiedenen Themengebieten zugehörig sind, bestimmten Bereichen zugeordnet. Das HTML-Dokument erhält durch diese thematische Zuordnung eine gewisse innere Struktur. Damit kann innerhalb des Dokuments, unter Verwendung von intern gültigen Hyperlinks, durch diese hierarchisch organisierte Themenstruktur navigiert werden. Der Zugriff auf eine einzelne Internet-Adresse erfolgt über einen Hyperlink, der aus dem HTML-Dokument heraus in das Internet führt.

Ist das Datenvolumen zu umfangreich für das oben angesprochene Konzept, müssen andere Gestaltungskonzepte genutzt werden. Dies kann die themenspezifische Verteilung auf eine größere Anzahl von HTML-Dokumenten sein. Innerhalb des HTML-Dokuments, das einer bestimmten Themenkategorie zugeordnet ist, können weitere Verweise auf andere, hierarchisch organisierte HTML-Dokumente enthalten sein. Im HTML-Dokument der untersten Ebene der Hierarchiestruktur sind nur kommentierte Ressourcen enthalten, über deren Hyperlinks die entsprechende Web-Site aufgerufen werden kann. Weiterhin sind entsprechende Rückverweise auf hierarchisch übergeordnete HTML-Dokumente verfügbar. Die Navigation nach der gewünschten Information (Ressource) erfolgt innerhalb der Baumstruktur der HTML-Dokumente entlang der thematisierten Äste und innerhalb des jeweiligen Knotens, sprich HTML-Dokuments. Soll die komplexe kommentierte Ressourcenliste durchsuchbar gestaltet werden, müssen die Daten in eine Datenbank gespeichert werden.

Technische Realisierung als kommentierte Ressourcenliste

Ein erster Ansatz ist die Beschaffung der thematisierten Adressenliste, die bei der Gestaltung der Ressourcenliste berücksichtigt werden soll. Diese thematisierte Adressenliste kann auf vier Wegen erstellt werden:

- Verwendung von thematisierten Ressourcenlisten aus dem Internet, beispielsweise aus Subject-Katalogen wie Yahoo oder aus der Zusammenstellung von Ressourcen wie den WWW-Virtual-Library-Listen.
- Extraktionsprozeß aus den Suchergebnissen einer Suchanfrage in einem großen Index-Katalog.
- Einsatz einer intelligenten Suchmaschine, die das Internet bzw. WWW nach Adressen durchsucht, die Informationen zum Thema vorrätig haben. Aus diesen wird die Ressourcenliste geschaffen.
- Verwendung eines thematisierten Webringes. Was eigentlich schon die Aufgabenstellung lösen kann, gilt auch für die Verwendung einer speziell für solch einen Einsatzzweck konzipierten intelligenten Suchmaschine.

Sind die Adressen auf einem der vorgenannten Wege beschafft worden, kann mit der Kommentierung der vorliegenden Informationen begonnen werden. Dazu werden die Adressen der Liste angewählt und die dort vorgefundenen Informationen bezüglich der Informationsqualität beurteilt und kommentiert. In einer Datei werden die Internetadressen und die Kommentare einander zugeordnet aufgeführt. Es liegt auf der Hand, daß die Erstellung einer solchen kommentierten Ressourcenliste sowie ihre Aktualisierung sehr aufwendig sein können. Zeit- und Kostenaufwand hängen in ihrem Umfang von der Komplexität der so gestalteten Ressourcenliste ab.

Bei der Überprüfung hinsichtlich der Verfügbarkeit der Adressen („tote Links") in der kommentierten Ressourcenliste können intelligente Suchmaschinen oder spezielle Programme eingesetzt werden, um den Prozeß zu automatisieren. Das gilt auch für die Aktualisierung der Informationen. Es kann eine intelligente Suchmaschine eingesetzt werden, um diejenigen Adressen herauszufiltern, deren Inhalt sich geändert hat. Diese in einer Liste eingetragenen Adressen können dann angewählt und daraufhin überprüft werden, ob der Kommentar modifiziert werden muß.

Der Zugriff auf die Daten der kommentierten Ressourcenliste kann durch den Einsatz der Programmiersprache HTML allen Informationssuchenden ermöglicht werden. Soll dieser Dienst kostenpflichtig gestaltet sein, dann ist es sinnvoll, die Daten in einer Datenbank zu speichern und den Zugriff nur denjenigen zu erlauben, die sich registrieren lassen und ein Account beantragt haben.

Konzeption einer thematisierten Suchmaschine

Angelehnt an die in Kapitel 8 vorgenommene Klassifizierung der thematisierten Suchmaschinen in thematisierte Subject- und Index-Kataloge, kann die Konzeption einer thematisierten Suchmaschine darauf basieren.

Konzeption als thematisierter Subject-Katalog

Die Konzeption eines Subject-Katalogs wurde in Kapitel 6 näher betrachtet. Daher soll hier nicht explizit darauf eingegangen werden.

Technische Realisierung als Subject-Katalog

Die Beschaffung der Adressen kann auf den gleichen Wegen erfolgen wie bei der Erstellung einer kommentierten Ressourcenliste. Im Unterschied zu der kommentierten Ressourcenliste ist in einem Subject-Katalog die Suche im jeweiligen Datenbestand - auch im gesamten Datenbestand - von vornherein vorgesehen.

Die kommentierten Ressourcen können in einem strukturierten und hierarchisch thematisierten Verbund von Web-Dokumenten (durch Links verkettete Web-Dokumente) stehen. In den Web-Dokumenten sind im allgemeinen dann Links zu anderen untergeordneten Web-Dokumenten enthalten und weiterhin eine thematisch zugeordnete kommentierte Ressourcenliste. Innerhalb der Verzeichnisstruktur der verketteten Web-Dokumente kann unter Verwendung der Blätterfunktion (Browsen) navigiert werden.

Da in dem angebotenen Datenbestand gesucht werden soll, sind die Daten zu indizieren und in einer Datenbank zu speichern. Also ist zu entscheiden, welche Daten aufgenommen werden sollen und wie die Aktualisierung vorzunehmen ist (inwieweit der Vorgang durch den Einsatz von dazu geeigneter Software automatisiert werden kann).

Weiterhin ist festzulegen, auf welche Daten der Informationssuchende zugreifen darf und in welcher Form ihm diese Daten präsentiert werden sollen.

Das Benutzerinterface muß, wenn der Zugriff über das WWW erfolgen soll, als HTML-Dokument geschrieben werden. Damit ist auch festgelegt, daß der Zugriff auf die Datenbank unter Verwendung eine HTTP-Domäne erfolgen muß. HTTP-Domänen sind im Quelltext im Internet auch als freie Software verfügbar.

Problematisch ist die Aktualisierung eines solchen Katalogs, wenn der Datenbestand sehr groß ist und nur wenige Möglichkeiten einer Automatisierung bei der Beschaffung und Aktualisierung sowie der Überprüfung von „toten Links" gegeben sind. Sehr zeitintensiv ist die Erstellung der Kommentare, weil sie kaum automatisierbar ist.

Konzeption als thematisierter Index-Katalog

In erster Linie erfolgt die Beschaffung der Adressen in der gleichen Form wie beim Subject-Katalog. Wird der generelle Aufbau eines Index-Katalogs (siehe Kapitel 7 „Index-Kataloge") zugrunde gelegt, dann besteht der Aufbau aus vier funktionellen Einheiten.

Technische Realisierung als thematisierter Index-Katalog

Die vier funktionellen Einheiten eines Index-Katalogs sind: der *Suchroboter*, die *Indizierungssoftware*, die *Retrievalsoftware* und das *Benutzerinterface*.

Zunächst zum Suchroboter, der die Daten aus dem Internet bzw. dem WWW beschafft. Hier tritt schon ein gewisses Problem auf: In welchem Umfang sollen Daten von den URL´s der Adreßliste besorgt werden? Beispiel: Der HTML-Text eines Web-Dokuments hat eine Größe von einigen KB, während alle relevanten Daten, die dem Web-Dokument zugeordnet sind (Grafik, Sounddateien, Plugins usw.) dazu führen, daß die Größenordnung in MB gemessen werden muß, wenn das Dokument vollständig beschafft wird. Bei einer Suche nach Informationen zu einem Suchbegriff ist es keine Seltenheit, daß bis zu mehreren Millionen Internetadressen als Ergebnisse vorliegen können. Werden also z.B. 5 Millionen Adressen bei einer Suche gefunden und alle als gesamtes Web-Dokument einschließlich aller Daten (Annahme: die Größe beträgt ca. 2 MB) gespeichert, dann muß für eine sehr große freie Kapazität gesorgt werden, um alle Daten (10 TB) aufnehmen zu können. Dazu werden 2.000 Festplatten von 5 GB Kapazität notwendig. Daraus ist zu folgern, daß nur eine gewisse Größe von Daten aus dem Internet pro Adresse beschafft werden darf. Es muß also festgelegt werden, welche Daten indiziert und welche Teilmenge dieser Daten dem Informationssuchenden letztendlich zur Verfügung gestellt werden soll.

Für die nachfolgend aufgeführten Bereiche kann die jeweils passende Anwendungssoftware unter Verwendung der in den vorherigen Kapiteln vorgestellten Sucheinstiegspunkte aus dem Internet beschafft werden:

- Indizierungssoftware,

- Software für die Wiedergewinnung der in der Datenbank gespeicherten Daten,

- die Datenbank selbst,

- die Zugriffssoftware, die benötigt wird, um aus dem Web auf die Datenbank zugreifen zu können,

- die Software, die benötigt wird, um sog. „tote Links" zu ermitteln und Dokument-Duplikate im Datenbestand zu finden, um diese entsprechend zu behandeln (entfernen, alternative Adressen sichern)

- die Software, die eingesetzt wird, um Daten aus dem Internet zu beschaffen und

- Anwendungssoftware für die Erstellung von Benutzerinterfaces unter Verwendung der Auszeichnungssprache HTML.

Software für Intranet-Suchmaschinen

Intranet ist die Bezeichnung für unternehmensinterne, abgeschlossene und nicht öffentlich zugängliche Datennetze, die die Techniken (z. B. TCP/IP Übertragungsprotokolle) und Anwendungen (z. B. WWW-Browser, HTTP-Server) des Internets verwenden. Viele Unternehmen setzen dieses heute für die firmeneigene Informationsinfrastruktur ein.

Der Datenbestand im Intranet wächst schnell an und wird leicht unübersichtlich. Aus diesem Grund werden auch in Intranets Suchmaschinen eingesetzt. Die Betreiber der großen Index-Kataloge bieten ihr Wissen und ihre Anwendungen auch für die Konzeption einer sog. Intranet-Suchmaschine an. Alta Vista, Lycos, Inktomi (Hotbot), Opentext, Excite, Infoseek und andere (auch deutsche Firmen) halten Komplettlösungen für firmeninterne Suchmaschinen bereit.

11.6.1 Persönliche Suchmaschinen

Man muß unterscheiden zwischen der Personifizierung der Suche (individuelles Suchprofil, Customize) bei einer Index-Suchmaschine, einem Subject-Katalog oder einer parallelen Suchmaschine und einem Software-Produkt, mit dem der Informationssuchende direkt von seinem Rechner ausgehend im Internet nach Informationen suchen lassen und sie beschaffen

kann (intelligente Suchmaschinen, Agenten, ...). Da sich die Anzahl solcher Softwareprodukte seit der 1. Auflage vervielfacht hat, sollen einige Beispiele das Leistungsspektrum aufzeigen (sie haben den wissenschaftlichen Elfenbeinturm verlassen; die Forschungsaktivitäten
sind noch nicht beendet).

Frei verfügbare Softwareprodukte

Die nachfolgend aufgelisteten Software-Produkte sind im allgemeinen für die private Nutzung frei.

Alkaline Search

http://www.vestris.com/alkaline/

Software für Windows NT, Linux und Solaris Sun OS; Indiziert: HREFs, MAPs, Frames,
Meta Tag (Schlüsselwort und Beschreibung), Titel, Client-Server-Architektur; Suche:
Remote Sites, Meta Tag, case-sensitive, Alt-Tag, Boolesche Suche von lokalen Rechnern und
Netzwerken.

Cha Cha

http://cha-cha.berkeley.edu/

stellt ein Such-Interface für große Web-Intranets dar.

Excite For Web Servers (EWS)

http://www.excite.com/navigate/

Viele Funktionen, die die Suchmaschine Excite anbietet, sind in diesem Softwareprodukt realisiert. Zugriff auf Datenbanken (SQL) ist nicht möglich. EWS ist kein Suchroboter. Es kann
zum Indizieren von Daten, die auf Ihrem Rechner gespeichert sind, eingesetzt werden.

ht://DIG

http://htdig.sdsu.deu

Nicht für das Web konzipiert, aber für ein aus mehreren Web-Servern bestehendes Intranet.
Boolesche Suche, Fuzzy Suche in HTML- und Text-Dokumenten und Indizierung der Daten.

Lycos Site Spider

http://www.lycos.com/software/software-intranet.html

Freies Angebot von Lycos zur Intranetsuche. Wenn man so will: ein Web-Suchroboter für das
eigene Intranet.

Web Glimpse

`http://glimpse.cs.arizona.edu/webglimpse/`

Suchsoftware für das Intranet. HTML- und Text-Dokumente können durchsucht und die Informationen in einem Index abgespeichert werden.

Kommerzielle Software-Produkte

Verschiedene kommerzielle Software-Produkte (Suchmaschinen, Meta-Suchmaschinen, intelligente Agenten) werden nachfolgend aufgelistet.

Alta Vista

`http://altavista.software.digital.com/`

Intranetsoftware, kann aber auch im Web eingesetzt werden. Discovery ist frei verfügbar.

DATAWare

`http://www.dataware.com/`

Mit der Software ist es möglich, eine Suche nach Informationen im Intranet, Extranet und Internet durchzuführen (auch bei Suchmaschinen).

In Quizit

`http://www.itpinc.com/`

Konzeptsuchmaschine (natürliche Sprache - Englisch). Für die Suche in größeren Datenbanken konzipiert.

Infoseek

`http://software.infoseek.com/`

Infoseek bietet verschiedene Software-Produkte. Die Software Express ist ein Meta-Search-Tool (frei verfügbar). Ultraseek Server 3 ist eine Suchsoftware für Intranet und Web-Sites. Mit der CCE (Content Classification Engine) können die Daten ähnlich klassifiziert werden wie bei Yahoo.

Intelligenx

`http://www.intelligenx.com/`

Das Intelligenx Search System (ISS) stellt eine Verbindung zwischen einem Volltext-Fragesystem und einem System zur Kategorisierung der Suchergebnisse dar. Eine Entwicklungskooperation mit Digital Equipment (Alta Vista). Internet / Intranet-Software. Browserbasierte Navigation, für die Suche in Datenbanken.

Muscat

`http://www.muscat.com/`

Konzeptsuchmaschine (natürlichsprachiges Interface).

Ein Beispiel für die Technologie und die Leistungsfähigkeit der Software stellt die Suchmaschine Euroferret dar (`http://www.euroferret.com/`).

Eine gute Adresse, neben Botspot, ist Search-Tools (`http://www.searchtools.com/`). Auf der Web-Site ist eine umfangreiche Liste zu den vorher vorgestellten persönlichen Suchtools. Es gibt einführende Texte zu der Thematik der Suchtools mit Links zu Artikeln zum Thema, zu anderen Ressourcen und Besprechungen zu den Suchtools sowie News zu Neuerscheinungen von Softwareprodukten zu bestimmten Themengebieten.

Persönliche Meta-Suchmaschinen

Es gibt Softwareprodukte, die eine parallele Suche in verschiedenen Suchmaschinen für den Informationssuchenden direkt von seinem Rechner aus ermöglichen. Nachfolgend werden einige dieser Programme (Internetadressen) vorgestellt.

Bulls Eye

`http://www.intelliseek.com/`

Das Suchprogramm umfaßt eine große Spannweite von Suchmöglichkeiten im Internet. Suche nach Nachrichten, Software, im Web und für die Bearbeitung von geschäftlichen Aktivitäten. Bulls Eye sendet die Suchanfrage an mehrere Index-Kataloge und ordnet die enthaltenen Ergebnisse nach verschiedenen Kriterien (URL, Titel oder nach der Suchmaschine). Zeigt verwandte Worte und Wortähnlichkeiten auf. Gruppiert heruntergeladene Seiten in ähnlichen Kategorien.

Echo Search

`http://www.iconovex.com/`

Freie Software (Demo). Echo Search sendet parallel Suchanfragen an mehrere Suchmaschinen
(Excite, Alta Vista, Hotbot,...), lädt die Dokumente auf die Festplatte und analysiert sie. Alle
Ergebnisse können mit dem Web-Browser in
Form eines (nach Begriffen geordneten) Index
dargestellt werden. Dieser sowie Zusammenfas-
sungen werden alle verlinkt mit den Original-
Webdokumenten.

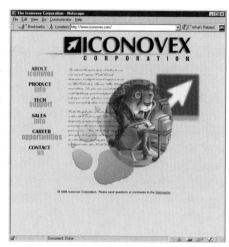

NetAttache Pro

`http://www.tympani.com/products/NAPro/`
`NAPro.html`

Web-Suchagent. Interner und externer Suchroboter zur optimalen Wiedergewinnung der
gewünschten Informationen. Anspruchsvolle
Filter für Ausschluß bzw. Einbeziehung von
Informationen, die der Suchroboter beschaffen
soll. Suchfilter für das Einbringen von Web-
Dokumenten, die nur die gesuchten Schlüsselworte enthalten. Darstellung der Ergebnisse mit
dem Web-Browser.

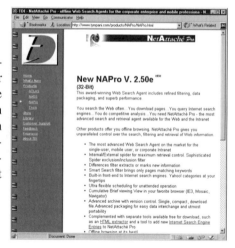

Search Wolf

`http://www.trellian.net/search/`

Search Wolf stellt ein Expertensystem und eine parallele Suchmaschine dar. Das System kann für den jeweiligen Einsatz spezifisch gestaltet werden (FTP-Daten, Suche nach Bildern, nach MP3-Dateien, als Site Mapper, als Suchmaschine, u.a.).

Web Ferret

`http://www.ferretsoft.com/`

Eine kleine und einfach zu handhabende Suchmaschine. Nur die Suche im Web ist über ein einfach gestaltetes Benutzerinterface möglich. Es gibt auch eine professionelle Version mit weiteren Funktionen.

11.6.1.4 Software zum Kreieren von Subject-Directories

Mit solchen Softwareprodukten (wie von Autonomy) können Verzeichnisse mit Links (wie bei Yahoo) erzeugt werden. Hierzu sind einige Beispiele angefügt.

Ask Jeeves Software

`http://www.askjeeves.com/docs/IMB.html`

Kann als automatisierter Customer Service Agent, Technical Support Agent, Human Ressources Expert oder Sale Agent eingesetzt werden. Der Kunde stellt eine Frage, das Softwareprogramm beantwortet sie ihm (siehe Suchmaschine „Ask Jeeves").

Concept Map

`http://www.cdimensions.com/products.html`

Arbeitet mit dem Softwareprodukt von Verity zusammen, um deren Topic Map Funktion zu erweitern. Verity erzeugt aus den Daten eine Baumstruktur, kategorisiert in Hierarchieebenen, ausgehend von einem Wurzelbegriff.

Hyperseek

`http://www.hyperseek.com/features.html`

Datenbank-orientierte Anwendung, die ein auf die Kunden zugeschnittenes HTML-Design zur Erstellung von Kategorien (mit Links) sowie die Kontrolle der Ergebnisprotokolle gestattet.

Index Site

`http://www.indexsite.com/`

Eine Software zur Erzeugung von Directories. Sie geben Ihre Informationen, die ins Web publiziert werden sollen, ein, und die Software erstellt ein Portal nach Ihren Layout-Vorgaben. Über dieses kann ein Informationssuchender aus dem Web Ihre freigegebenen Informationen durchsuchen.

Mondo Search

`http://www.mondosearch.com/`

Diese Software erzeugt Directory-Kategorien basierend auf dem Server-Dateien-Pfad, der durch den Administrator angepaßt und umbenannt werden kann. Dabei kann die Software mit framed Sites, dynamisch erzeugten Seiten, verschiedenen Sprachen und anderem umgehen. Remote search hosting ist auch berücksichtigt. Beispiel: Danish Broadcasting System.

Thinkmap

`http://www.thinkmap.com`

Eine Software zur Darstellung von komplexen Informationen unter Verwendung von einem animierten mehrdimensionalen Display, speziell ausgelegt für die interaktive Benutzung durch den Kunden (Einsatz von Java). Beispiel: Smithsonian Without Walls.

Thunderstone Automated Categorization Engine

`http://index.thunderstone.com/texis/indexsite`

Netscape Compass Server

`http://home.netscape.com/compass/`

Indiziert automatisch Informationen innerhalb eines Intranets oder aus dem Internet aus einer großen Anzahl von Informationsressourcen unterschiedlichen Typs (wie Yahoo). Dabei setzt die Software Suchroboter ein.

11.7 Schlußbemerkungen zu den Sucheinstiegspunkten

In regelmäßigen Zeitabständen werden Änderungen an den Benutzerinterfaces der großen internationalen Index-Kataloge vorgenommen. Gleichzeitig erfolgen meist auch Veränderungen bei den Bedienungsanleitungen und beim Funktionsumfang sowie der Größe des jeweiligen Datenvolumens der Index-Kataloge. Ähnliches gilt für die meisten anderen Sucheinstiegspunkte. Ein abgeleitetes Sprichwort beschreibt die Situation: „Suchmaschinen kommen und gehen, aber die Informationsinfrastruktur des Internets bleibt bestehen".

Durch das rasante Wachstum und die ständigen Veränderungen des WWW entstehen neue Datenbanken, Ressourcenlisten usw. Ebenso häufig treten bisher vorhandene Einstiegspunkte in den Hintergrund, werden bedeutungslos oder entfallen gar. Trotzdem wird es immer Ressourcenlisten, durchsuchbare Datenbanken und komplexe Zusammenstellungen und Listen für Sucheinstiegspunkte geben. Die Informationsinfrastruktur des Internets wird auch in den nächsten Jahren erhalten bleiben und sich weiterentwickeln. Veränderungen und Erweiterungen werden sie modifizieren.

Empfehlungen für Suchstrategien

Eine für alle Suchsituationen passende Suchstrategie gibt es nicht. Für jede Suche ist eine spezifische Suchstrategie zu erarbeiten. Was als Strategie für die Suche nach einem Begriff erfolgreich ist, führt bei der Übertragung auf eine andere Suchsituation nicht unbedingt zum Erfolg.

• Suchlotterie

Grundsätzlich muß gesagt werden, daß jede Suche bzw. jedes Finden für sich gesehen etwas Einzigartiges darstellt, d.h. auch wenn es auf den ersten Blick nicht so erscheint, gestaltet sich die Suche jedesmal unterschiedlich. Welche Gründe gibt es nun dafür, daß einmal die eingesetzte Suchstrategie zum Erfolg führt, das andere Mal nicht?

Gründe für die Erfolglosigkeit bzw. den Erfolg der Suche

Wenn man so will, gibt es drei Gruppen, die die Begründung für die Schwierigkeiten beim Suchen und Finden liefern:

- Die Gruppe der Informationssuchenden; es kann ja möglich sein, daß die Suche für andere durchgeführt wird;
- Die Gruppe der Autoren;
- Die Gruppen der Bereitsteller von Informationsquellen (Ersteller von Ressourcenlisten, Subject-Katalogen, Datenbanken usw.).

Der Informationssuchende

Einen ersten Grund für die Problematik der Suche stellt der Informationssuchende selbst dar. In Abb. 11.13 ist das Wissenspotential des Informationssuchenden, welches den Erfolg bzw. Mißerfolg entscheidend mit beeinflußt skizziert.

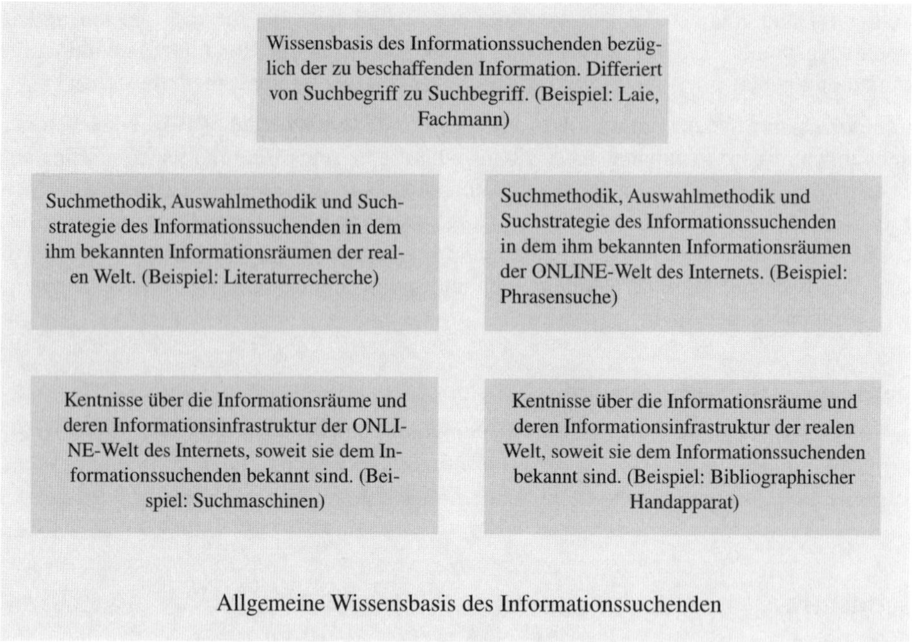

Wissensbasis des Informationssuchenden bezüglich der zu beschaffenden Information. Differiert von Suchbegriff zu Suchbegriff. (Beispiel: Laie, Fachmann)

Suchmethodik, Auswahlmethodik und Suchstrategie des Informationssuchenden in dem ihm bekannten Informationsräumen der realen Welt. (Beispiel: Literaturrecherche)

Suchmethodik, Auswahlmethodik und Suchstrategie des Informationssuchenden in dem ihm bekannten Informationsräumen der ONLINE-Welt des Internets. (Beispiel: Phrasensuche)

Kentnisse über die Informationsräume und deren Informationsinfrastruktur der ONLINE-Welt des Internets, soweit sie dem Informationssuchenden bekannt sind. (Beispiel: Suchmaschinen)

Kentnisse über die Informationsräume und deren Informationsinfrastruktur der realen Welt, soweit sie dem Informationssuchenden bekannt sind. (Beispiel: Bibliographischer Handapparat)

Allgemeine Wissensbasis des Informationssuchenden

Abbildung 11.13: Wissenspotential des Informationssuchenden

Das Wissenspotential des Informationssuchenden

Wie auch aus der Abbildung zu ersehen ist, besteht das Wissenspotential aus mehreren Bereichen:

– allgemeiner Bereich (allgemeine Wissensbasis);
– Wissensbasen zu den Informationsräumen und deren Struktur in der realen Welt
  + Such- und Auswahlmethodik und Suchstrategien, die für die Lösung von Beschaffungsproblemen in der realen Welt erarbeitet wurden;
– Wissensbasen zu den Informationsräumen und deren Struktur in der Online-Welt des Internets
  + Such- und Auswahlmethodik und Suchstrategien der Online-Welt;
– Wissensbasen zum jeweiligen Suchbegriff
  + Laie, Fachmann etc.

Die unterschiedlichen Wissensbasen beeinflussen die Suche und den Sucherfolg.

Die Bedürfnisstruktur des Informationssuchenden

Ebenfalls einen großen Einfluß auf den Sucherfolg haben die Bedürfnisse des Informationssuchenden. In Abb. 11.14 ist die Bedürfnisstruktur aus der Sicht der Suche betrachtet worden, wobei auch beachtet werden sollte, daß die Bedürfnisse komplexer sein können.

Abbildung 11.14: Bedürfnisstruktur

- Motivation für die Suche
  Die Suche kann in der Online-Welt durch die Lösung eines Beschaffungsproblems in der realen Welt initiiert worden sein. Die gesuchten Informationen können für andere bestimmt sein und unbedingt gebraucht werden. Vielleicht ist die Neugier der Auslöser, oder es gibt andere Gründe für die Motivation.

- Nutzwert der gesuchten Informationen
  Welchen Nutzen hat die gesuchte Information für den Informationssuchenden, bzw. wem sollen die Informationen dienen? Die Beantwortung dieser Fragen beeinflußt die Auswahl der richtigen Informationsräume.

- Ansprüche an die Qualität der Informationen
  Bei der Suche können die Ansprüche bezüglich der Qualität der Ergebnisse differieren. Das beeinflußt wiederum die Auswahl der Informationsräume und die angewandte Suchmethodik (Boolesche-, Fuzzy-, Phrasensuche). Hat der Suchende keine Qualitätsansprüche (wie der Surfer), dann ist der Sucheinstiegspunkt ohne Belang. Ist dagegen der höchste Qualitätsanspruch zu erfüllen (Verständnisgrad, Ausführlichkeit, Genauigkeit, Verfügbarkeit / Kosten und Verwendbarkeit), dann ist die Wahl des Informationsraumes und die Suchstrategie entscheidend für den Sucherfolg.

Die Typenklassen von Informationssuchenden

Eine Beeinflussung der Suche - speziell die Auswahl der richtigen Informationsräume ist betroffen - ist durch den „Typ des Informationssuchenden" gegeben. Generell können vier Typenklassen unterschieden werden:

*   Surfer
    Gehört der Informationssuchende dieser Klasse an, dann ist die Auswahl des richtigen Informationsraumes für die Suche irrelevant. Jede Adresse, die während des Surfens aufgesucht wird, ist ähnlich wertvoll. Die Qualität der gefundenen Informationen ist belanglos, ebenso wie der Zeitfaktor.

*   Neugieriger
    Für diesen ist der Einstiegspunkt zur Suche kritischer als für den Surfer, es sei denn, er gibt sich damit zufrieden, daß Informationen zum gesuchten Thema existieren. Je wichtiger der Zeitfaktor sowie das Finden von qualitativ „guten" Informationen wird, desto wichtiger ist die Auswahl des richtigen Informationsraumes.

*   Recherchierender
    Es gelten die gleichen Anmerkungen wie für den Neugierigen, jedoch mit einigen weiteren Besonderheiten. Eine Recherche hat im allgemeinen ein klar formuliertes Ziel bzw. eine Aufgabenstellung. Je nachdem, welches Ziel und welchen Umfang die Recherche hat, ändert sich der Schwierigkeitsgrad. Die richtige Suchstrategie, die Auswahl des richtigen Informationsraumes und damit Sucheinstiegspunktes ist hier noch kritischer.

*   Nutzer
    Am kritischsten ist der Sucheinstiegspunkt für den Nutzer, da er das, was er sucht, unbedingt finden muß, und dies möglichst schnell. Dabei wird großer Wert auf die Qualität der Ergebnisse gelegt.

Das Kreativitätspotential des Informationssuchenden

Die Kenntnisse des Informationssuchenden stellen die Bausteine für seine Suche dar. Was er letztendlich mit diesen Bausteinen baut, wie er seine Suche gestaltet, bestimmt sein Kreativitätspotential. Dabei steht die Person (P) in einem Umfeld von positiv sowie negativ die eigene Kreativität beeinflussenden Lebenserfahrungen, Kenntnissen und Bedürfnissen. Ein Teilbereich eigener Kreativität ist nur durch Einbeziehung anderer Personen erreichbar (Sie haben bestimmt schon erlebt, daß das Zusammensein mit anderen beflügeln kann). Eine positive Einstellung sowie eine entsprechend gestaltete Umgebung (Musik etc.) verbessern die Ausbeute des kreativen Prozesses. Und auch Erfahrungen anderer bei Suchaktionen (Tips und Tricks) bringen weiter.

Die Gruppe der Autoren

Für die Gruppe der Autoren gelten die gleichen Anmerkungen wie für die Gruppe der Informationssuchenden (Wissenspotential, Bedürfnisstruktur). In den seltensten Fällen veröffentlichen Autoren aus reinem Selbstzweck. Es ist vielmehr so, daß sie die Publikationen unter speziellen Gesichtspunkten vornehmen: Zur Selbstdarstellung, zur Förderung von speziellen Interessen wie der besseren Plazierung von Produkten (Marketing) oder Informationsvermittlung (Aufklärung über Gesetze, Darstellung von Wissen etc.). Diese Informationen werden mehr oder weniger verständlich und ansprechend gestaltet. Nur wenn der Informationssuchende die für seine Bedürfnisse angepaßte Webseite findet, kann die Suche erfolgreich abgeschlossen werden. Dazu werden die von den Betreibern ins Web gestellten Adressensammlungen u.a. genutzt.

Die Gruppe der Betreiber von Adressensammlungen

Eine bestimmte Internetadresse nur durch Surfen zu finden ist nahezu unmöglich. Daher ist die Nutzung von Adressensammlungen unabdingbar (Ressourcenlisten, Subject-Kataloge, Index-Kataloge, Datenbanken u.a.). Wer stellt diese ins Internet? Personen, Provider, Betreiber von Suchmaschinen (Subject- u. Indexkataloge, Datenbanken), Firmen und andere. Dabei sind die Adressensammlungen entweder globaler Natur (möglichst alle Themen) oder speziell thematisiert. Noch ein Aspekt ist von großer Bedeutung: Solche Adressensammlungen können zielorientiert sein, d.h. es sollen bestimmte Interessengruppen damit erreicht werden. Somit stellen Adressensammlungen subjektiv zusammengestellte Informationsquellen dar. Damit ist es nicht einfach, diejenigen Adressen herauszufiltern, die die eigenen Informationsbedürfnisse befriedigen können.

1. Beispiel

Sie haben sich 1996 bei Ihrem Händler einen Komplettrechner gekauft. Jetzt wollen Sie das Rechnersystem durch eine größere Festplatte, EIDE 20 Gigabyte, aufrüsten. Beschaffung und Einbau sind Probleme in der realen Welt. Sie wollen das Internet für diese Aufgabenstellung nutzen.

Suchvorbereitung: Aufgabenprofil erstellen!

Fragestellungen: Wie wäre die Vorgehensweise zur Lösung des Beschaffungsproblems in der realen Welt? Welche Informationsräume stehen zur Verfügung? Gibt es Umsetzungen auch in der Online-Welt? Welche Suchmethodik? Welche Erfahrungswerte gibt es?

Die Komplexität des Beschaffungsproblems macht die Vorbereitung der Suche notwendig. Sie haben generell zwei Möglichkeiten: Einbau der Festplatte durch eine andere Person, oder Sie installieren die Festplatte selbst.

Installation durch eine andere Person: Ein guter Freund wird Ihnen die Festplatte ohne größere weitere Kosten installieren. Dann können Sie die benötigten Teile entweder via Internet oder über den Fachhandel beschaffen (Adressen aus PC-Zeitschriften). Oder Sie beauftragen den PC-Händler, bei dem Sie den Komplettrechner geordert hatten (hoffentlich gibt es ihn noch), die Installation vorzunehmen. Dies kann kostspielig werden und relativ lange dauern.

Installation durch Eigeninitiative: Hier ist die Wissensbasis des Informationssuchenden für den richtigen Einbau entscheidend. Ist diese zu gering, gibt es online verschiedene Adressen für die Anhebung der Wissensbasis (auch Fachliteratur):

```
http://www.treiber.de/

http://www.hardware.de/
```

```
http://www.tomshardware.de/
http://www.nickles.de/
```

Sie können auch den Begriff „Hardware" z.B. beim Subject-Katalog Yahoo eingeben und bekommen eine größere Anzahl von Adressen gelistet. Es werden für drei Teilbereiche der Installation ausreichende Kenntnisse benötigt:

+   technischer Einbau
+   Anmeldung der Festplatte im Bios
+   Einbringung der Festplatte ins Betriebssystem

Technischer Einbau: Gewisses handwerkliches Können ist vonnöten. Einbau der Festplatte in den Laufwerkschacht des Gehäuses. Anschluß des Datenkabels, Setzen von Jumpern, Anschluß der Elektrik. Damit ist der erste Schritt getan.

Anmeldung der Festplatte im Bios: Da das Bios Ihres Rechners aus dem Jahre 96 oder früher ist, werden Sie Probleme bekommen, die EIDE-Festplatte mit 20 GB Kapazität im Rechner anzumelden. Das Bios unterstützt nur EIDE-Festplatten bis maximal 8,4 GB; alle größeren Festplatten bekommen Sie nur ins System, wenn Sie das Bios entweder durch ein Softwareprodukt (vom Festplattenhersteller oder einem anderen Anbieter) oder durch ein Bios-Update erweitern. Diese Kenntnisse sind Voraussetzung, um eine richtige Auswahl des Sucheinstiegspunktes zu treffen. Nahe liegt, das Bios-Update beim Hersteller des Bios (via Internet) zu besorgen. Aber dies ist im allgemeinen nicht die richtige Wahl. Warum? Weil das Bios vom Mainboardhersteller vom Bios-Hersteller lizensiert und dann den eigenen Bedürfnissen folgend (Verbauung von bestimmten Hardwarebausteinen auf dem jeweiligen Board des Herstellers) entsprechend konfiguriert wurde. Es wäre also der falsche Ansatz, das Update vom Bios-Hersteller zu beschaffen, es sei denn dieser hält solche konfigurierte Bios-Varianten auf seiner Webseite vor (vielleicht für die marktführenden Mainboard-Hersteller). Auch die vorher aufgeführten Hardware-Sites sind den Hardware-Sites des Mainboard-Herstellers nicht vorzuziehen. Wieder ist zu sehen, daß die Wissensbasis eine entscheidende Bedeutung hat.

Einbringung der Festplatte im Betriebssystem: Es leuchtet ein, daß die entsprechenden Kenntnisse unabdingbar sind.

Sind die Wissensbasen zu diesen Teilbereichen nicht ausreichend, dann ist ihre Anhebung notwendig. Dies kann auch über das Internet geschehen. Es gibt FAQs, Diskussionsforen, Web-Foren, Mailinglisten oder via Chat Ansprechpartner bei Firmen, die zur Lösung von solchen Hardware- bzw. Software-Problemen beitragen können (`http://www.giga.de`).

2. Beispiel:

Sie möchten Ihren Computer-Arbeitsplatz ergonomisch gestalten und suchen in diesem Zusammenhang einen Tisch nebst Stuhl.

Dies stellt ebenfalls ein Beschaffungsproblem in der realen Welt dar. Sie wollen (wenn möglich) das Internet zur Lösung der Aufgabenstellung nutzen.

Suchvorbereitung: Aufgabenprofil erstellen!

Fragestellungen: Wie wäre die Vorgehensweise zur Lösung des Beschaffungsproblems in der realen Welt? Welche Informationsräume stehen zur Verfügung? Gibt es Umsetzungen auch in der Online-Welt? Welche Suchmethodik? Welche Erfahrungswerte gibt es?

Ein erster Ansatz für die Lösung dieses Problems wäre, es bei den Geschäften zu versuchen, die solche Möbel im Sortiment führen (Möbelgeschäfte, Büroausstatter, Computer-Fachhandel, Baumärkte). Da nicht in jedem Ort entsprechende Auswahl an Fachmärkten sowie entsprechende Möbeln vorhanden sind, erscheint es sinnvoll, das Internet zu nutzen und damit die Auswahlmöglichkeiten zu erhöhen (um Firmen [bzw. Adressen] zu finden, die solche Möbel herstellen, und Geschäftsadressen zu ermitteln, bei denen man dann diese Möbel ordern kann).

Wer kann Hilfestellung für die richtige Auswahl ergonomisch gestalteter Möbel geben? Krankenkassen, Verbraucherzentralen, Verband der Möbelindustrie, Stiftung Warentest, Redaktionen von Zeitschriften zum Wohnen bzw. PC-Zeitschriften, Fachleute, Technischer Überwachungsverein, Industrie- und Handelskammer, Firmen, Gewerkschaften u.a. Gibt es diese Informationsquellen (Informationsräume) auch online? Wie kann man die zugehörigen Adressen finden?

Hierzu eignen sich Subject- und Index-Kataloge. Bei der Adressensuche in einer dieser Datenbanken bestimmt die Wahl des Suchbegriffs die Anzahl und Qualität der gefundenen Adressen:

Suchbegriff:	„Ergonomie" od. „Stuhl" od. „Tisch" (im Dokument ist der entsprechende Begriff enthalten)
Wortliste:	„Ergonomie_Stuhl" oder „Ergonomie_Tisch" (mindestens einer der beiden Begriffe ist im Dokument zu finden)
Boolesche Suche:	„Ergonomie_and_Stuhl" oder „Ergonomie_and_Tisch" (beide Begriffe sind in den Dokumenten enthalten)
Phrasensuche:	„ergonomischer Bürostuhl" (dieser Ausdruck kommt im Dokument vor)

Wie Sie sich leicht denken können, bekommen Sie je nach Art der Suchanfrage unterschiedliche Ergebnisse. Und es gibt viele weitere Begriffsvariationen, Ihrer Kreativität sind kaum Grenzen gesetzt.

Bei der Adressenbestimmung von Gewerkschaften, Krankenkassen etc. ist es sinnvoll, diese Oberbegriffe einzugeben und die Ergebnisse auszuwerten. Die Vorbereitung der Suche ist entscheidend, ebenso die Auswertung der gefundenen Ergebnisse und eine dann daraus folgende Modifikation der Suchstrategie. Wie Sie sehen, unterscheiden sich die Ergebnisse je nachdem, wie Sie die Informationsinfrastruktur mit geeigneten Suchmethoden für die Suche nutzen.

Aus diesem Grund ist eine gute Vorbereitung jeder Suche unerläßlich. Es können trotzdem einige generelle Empfehlungen gegeben werden.

Werden Informationen zu einem Begriff gesucht, dann ist ein guter Ansatzpunkt die Auswahl eines Subject-Katalogs, da man über ihn im allgemeinen weitere Alternativen von Sucheinstiegspunkten findet, wenn die Suche im Subject-Katalog selbst nicht erfolgreich war. Yahoo ist bisher von allen Subject-Katalogen der beste.

Bevor eine Suche in einem komplexen Index-Katalog durchgeführt wird, sollte sie mit einer der Multi-Suchmaschinen mit parallelem Zugriff durchgeführt werden, die eine Auswahl der einzusetzenden Suchmaschinen möglich macht und Informationen liefert, von welcher Suchmaschine Treffer stammen. Dies ist wichtig, wenn die Suche nicht so erfolgreich war. So kann die Suche in dem Index-Katalog, der die meisten Treffer geliefert hat, weitergeführt werden.

Die Index-Kataloge sind in vielen Fällen der einzig sinnvolle Einstiegspunkt. Allerdings ist darauf zu achten, daß der Index-Katalog ausgewählt wird, der entweder die beste Qualität der Informationen liefert und sie entsprechend sortiert, oder der die meisten Methoden für die Verfeinerung der Suche und die Eingrenzung des Suchraums bietet.

Häufig sind Alternativen für die Suche nach Informationen zu bestimmten Themengebieten notwendig. Daher sollten entsprechende Ressourcenlisten, die Alternativen bieten, berücksichtigt werden.

In vielen Fällen kann die Suche nicht ausreichend präzisiert werden, beispielsweise wenn eine Person bei der Suche ein Gebiet „betritt", in dem sie sich nicht auskennt und daher (überspitzt ausgedrückt) gar nicht weiß, was sie suchen soll. In den meisten Fällen werden dann entsprechende Experten befragt, um die notwendigen Informationen zu beschaffen und die Suche beginnen zu können. Der Informationssuchende sucht also zunächst einen geeigneten Ansprechpartner. Einstiegspunkte sind in solchen Fällen sogenannte „Experten-Suchmaschinen". In den USA gibt es eine größere Anzahl solcher Systeme. Der Informationssuchende erhält auf seine Frage hin eine Antwort via EMail zugestellt. In Deutschland existiert bisher nur eine solche Suchmaschine im WWW: „Wer weiß was?"
(`http://www.wer-weiss-was.de/`).

Beim Einsatz einer Experten-Suchmaschine wird im allgemeinen nur „ein" „Experte" antworten, was in den meisten Situationen unzulänglich ist. Eine Abhilfe bieten Sucheinstiegspunkte, über die nicht nur einzelne, sondern viele „Experten" parallel erreicht werden können. Solche Einstiegspunkte sind das Chatten, die Usenet News-Gruppen oder andere Diskussionsforen. Im wissenschaftlichen Bereich sind dies häufig Mailinglisten (Listserve).

Die bisher vorgestellten „Experten-Suchmaschinen" ermitteln dabei nicht einen Experten, sondern Wissen von Experten zu einem bestimmten Themengebiet. Soll ein Experte gefunden werden, also eine Person, dann führt dieser Ansatz durchaus auch zum Erfolg. Es muß nur die richtige Frage gestellt werden. Es gibt allerdings ein spezielles Angebot für Journali-

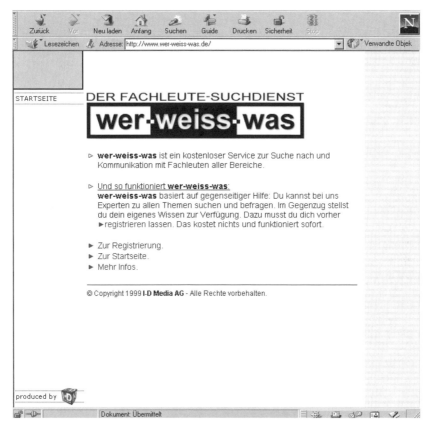

Abbildung 11.15: Startseite von „wer-weiss-was"

sten, die für ihre Arbeit zu einem bestimmten wissenschaftlichen Themenbereich einen kompetenten Ansprechpartner suchen. Sie können sogenannte Internet-Vermittlungssysteme als Recherchesysteme einsetzen.

Internationales Vermittlungssystem:

```
http://time.vyne.com/profnet/
http://www.profnet.com
```

Auch in Deutschland gibt es ein solches Angebot.

```
http://www.tu-clausthal.de/idw/info.htm
```

12 Tips für die gezielte Suche

Um bei einer Suche zufriedenstellende Ergebnisse zu erhalten, ist es erforderlich, eine effektive Suchstrategie zu entwickeln. Dieses Kapitel beinhaltet kurzgefaßte Tips, die dem Informationssuchenden den Einstieg in die Suche erleichtern sollen. Die hier zum Teil nur angerissenen Themen sind in den vorangegangenen Kapiteln ausführlich behandelt worden. Um bei Bedarf dort schnell nachschlagen zu können, werden Hinweise auf die entsprechenden Textstellen gegeben.

12.1 Die Vorgehensweise bei der Suche

Die Suche nach Informationen im Internet läßt sich wie in Abbildung 12.1 grob darstellen: Zunächst muß eine möglichst präzise Fragestellung erfolgen. Dann kann ein geeignet erscheinendes Suchhilfsmittel ausgewählt werden.

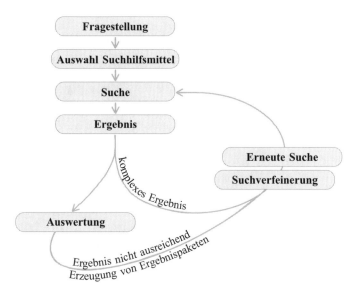

Abbildung 12.1: Vorgehensweise bei einer Suche

Je nachdem, welches Hilfsmittel Verwendung findet, gestaltet sich die Suche und wird das Ergebnis mehr oder weniger umfangreich sein. Ist auf den ersten Blick erkennbar, daß die Suche nicht zum erhofften Ziel geführt hat, oder sind die Ergebnisse zu komplex, um eine sinnvolle Auswertung in angemessener Zeit durchführen zu können, wird eine erneute Suche erforderlich. Durch Änderung von Formulierungen und Einsatz von Suchverfeinerungsmethoden kann die Anzahl der Ergebnisdokumente in einen Bereich gebracht werden, der eine Auswertung der Dokumente in bezug auf ihren Inhalt zuläßt. Soll ein umfangreicher Ergebnisdatenbestand dennoch bearbeitet werden (z.B. für eine Recherche), bietet es sich an, nochmals eine Suchmaschine zu nutzen, um Ergebnispakete zu erhalten.

Die nun folgenden Suchtips sind in der hier beschriebenen Reihenfolge geordnet.

12.1.1 Fragestellung

Da im allgemeinen der Fragesteller auch die Suche im Netz vornimmt, muß er sich selbst um eine möglichst treffende Formulierung seiner Frage bemühen (siehe dazu Kapitel 3.1 „Vorbereitung der Suche", Erstellung eines Anforderungsprofils).

Es kann nichts schaden, sich zu einer Suchanfrage kurz Notizen zu machen (Fragestellung, Suchhilfsmittel, Erfolg bzw. Fehlschlag ...), um für eine spätere Suche gewappnet zu sein und eigene Tips parat zu haben.

Ein Suchwort oder -begriff sollte möglichst so gewählt sein, daß eine Informationsquelle dadurch eindeutig aus dem Gesamten hervorgehoben wird. Je größer die zu erwartende Datenmenge ist, desto wichtiger ist eine spezielle Wortwahl. So werden irrelevante Treffer vermieden.

Solche Art Fachbegriffe ergeben sich z.B. aus Gesprächen oder finden sich in der Literatur (Bücher, Zeitschriften... - Stichwortregister, Abstracts). Hat man von vornherein einen Text zum Thema vorliegen, so besteht die Möglichkeit, daraus weitere wichtige Begriffe sowie Synonyme und Varianten zu entnehmen. Damit können entsprechende Suchterme erstellt - also mehrere Suchbegriffe logisch miteinander verknüpft - werden. Hat man nach einer ersten Suchanfrage zunächst wenige Artikel gesichtet, kann dies eine gute Hilfe sein, um daraus weitere Schlagwörter zu ziehen.

Einige Suchmaschinen bieten nach Eingabe eines Suchbegriffs Wortlisten an, die zum Thema eine sinnvolle Ergänzung sein können und somit dem Suchenden eine Eingrenzung des Themengebiets erleichtern.

Sucht man Artikel in deutscher Sprache, ist es sinnvoll, Begriffe zu wählen, die nur im Deutschen gebraucht werden. Möchte man z. B. nach Informationen über PVC suchen, so erhält man das Richtige bei Suche nach „PVC" und „Kunststoff". Umfangreiche auch anderssprachige Adressenlisten wird man dagegen erhalten, wenn man nach „PVC" und den entsprechenden Übersetzungen „plastic", „plastique" etc. sucht. Mittels „*" (Asterix) und Suche nach dem Wortteil „plast*" (Plastik - Plastic - Plastique) läßt sich die Suche ebenfalls auf mehrere sprachliche Gebiete erweitern.

Abschließend soll darauf hingewiesen werden, daß es nicht immer sinnvoll ist, eine Fragestellung per Internet beantworten zu lassen. Oftmals gibt es auch einfache und vor allem kostengünstigere Methoden, um an eine Information zu gelangen. Zieht man z.B. die schon erwähnte Suche nach einer Reiseverbindung heran, so ist die Suche nach Fahrplänen etc. im

Netz sicher nur dann sinnvoll, wenn man beispielsweise aus beruflichen Gründen öffentliche Verkehrsmittel häufig nutzt. Für eine einmalige Urlaubsreise dagegen ist es möglicherweise doch die bessere Methode, die Auskunft der Deutschen Bahn AG anzurufen...

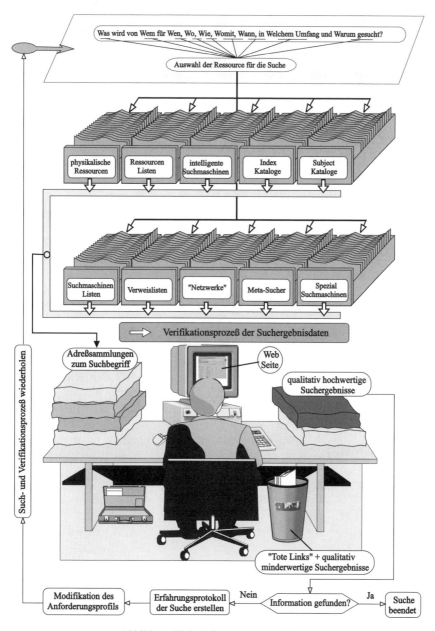

Abbildung 12.2: Informationsverdichtung

12.1.2 Auswahl eines geeignet erscheinenden Suchhilfsmittels

Da in Kapitel 3 „Einstiege für die gezielte Informationssuche" und den nachfolgenden Kapiteln die Wahl des geeigneten Suchhilfsmittels ausführlich behandelt wird, sollen hier nur noch einmal kurz wichtige Unterpunkte angesprochen werden.

• Die schlichteste (aber häufig auch wenig erfolgreiche) Art, an Informationen zu kommen, ist das Raten der Internetadresse (siehe dazu auch Kapitel 3.5 „Beschaffungsquellen von Adressen"). Ein einfaches Hilfsmittel ist in diesem Fall die Suche in einer Liste von Servern (weltweit, regional), die sich leicht über Subject-Kataloge finden läßt.

• Sucheinstiegspunkte wie Verweislisten (siehe Kapitel 4.2), Ressourcenlisten (siehe Kapitel 4.3) oder im günstigsten Fall ein Netzwerk (siehe Kapitel 4.4), die allerdings in bezug auf Umfang und Informationsqualität sehr unterschiedlich sein können, erleichtern die Suche nach Informationen. Hier seien dazu noch einmal die FAQ-Listen erwähnt, über die man zu nahezu jedem Thema Informationen von allgemeinem Interesse (FAQ = Frequently Asked Questions) erhalten kann (siehe Kapitel 4.3 „Ressourcenlisten").

• Da man jedoch nur in seltenen Fällen eine solche Adresse besitzt, um von dort aus die Suche zu beginnen, ist man im allgemeinen auf Suchmaschinen angewiesen, die diese Ressourcen erst einmal zutage fördern. Eine „Übersicht über Suchmaschinen" wurde bereits in Kapitel 4.5.1 gegeben. Zur Verfügung stehen insbesondere Subject-Kataloge (siehe dazu Kapitel 6) und Index-Kataloge. Auch Meta-Sucher, die die Möglichkeit bieten, mehrere Suchmaschinen in Einsatz zu bringen, d.h. eine Suchanfrage an mehrere Suchmaschinen zu übergeben (siehe Kapitel 9), können ans gewünschte Ziel führen. Zwei Suchbeispiele, die dies dokumentieren, sind in Kapitel 12.2 gegeben. Hier folgen nun in Kurzform einige allgemeine Bemerkungen zu den Suchmaschinen.

• Subject-Kataloge oder thematisierte Kataloge sind geeignet, um sich über ein Thema generell einen Überblick zu verschaffen, wenn die Fragestellung sehr weit gefaßt oder eine Einordnung in ein übergeordnetes Thema möglich ist. Da die Kataloge hierarchisch organisiert sind, kann man von einem Sammelbegriff aus in der Hierarchie herabsteigen, bis die gewünschte Information gefunden ist.
Einen Überblick über derart katalogisierte Datenbestände soll die übergeordnete Struktur des Verzeichnisses von DINO schaffen (siehe Tabelle 12.1).

Tabelle 12.1: Struktur des Katalogs DINO

Auskunftsservice	Internet	Umweltschutz / Natur
Esoterik	Sport	Wissenschaft
Gesellschaft/Soziales	Touristik	Computer / Software
Medien	Wirtschaft	Freizeit / Hobbies
Stellenmarkt	Bildung	Elektronische Marktplätze
Unternehmen	Finanzen	Stadt / Land

Tabelle 12.1: Struktur des Katalogs DINO

Auto / Verkehr	Kunst / Kultur	Unterhaltung
Essen / Trinken	Staat / Politik	private Homepages
	Sonstiges	

Im Fall eines Subject-Katalogs mit Suchmöglichkeit ist es nicht sinnvoll, sehr spezifische Begriffe einzugeben, da nur die Seitenbeschreibungen durchsucht werden, nicht die Inhalte der Dokumente, und somit Treffer weniger wahrscheinlich sind. Hier eignen sich eher globale Begriffe.

Diese Kataloge haben zwar einen kleineren Datenbestand als Index-Suchmaschinen - entsprechend sind die Ergebnislisten kleiner -, jedoch liefern sie im allgemeinen mehr relevante Links. Auch werden nur jeweils die Homepages von Firmen, Organisationen etc. aufgeführt und nicht diverse untergeordnete Dokumente.

• Index-Suchmaschinen eignen sich, um zunächst zu klären, ob zu einem bestimmten Thema im Internet Informationen existieren und mit welchem Umfang gerechnet werden muß. Hauptsächlich lassen sich hier spezielle Informationen finden und konkrete Fragen beantworten. Sind z.B. Namen oder Titel etc. bekannt, ist die Suche damit sinnvoll.
Von besonderem Gewicht für eine Recherche ist eine möglichst große Anzahl verschiedener Methoden zur Suchverfeinerung, zum Beispiel die Vorauswahl der Web-Inhalte und der zu berücksichtigenden Adressen sowie der zu nutzenden Ressourcen des Internets.

Alle diese Suchhilfsmittel haben Vor- und Nachteile, keines ist perfekt. Auch werden unterschiedliche Datenbestände erfaßt. In Kapitel 11 wurden die wichtigsten internationalen und deutschen Index-Kataloge hinsichtlich ihrer Nutzbarkeit (Geschwindigkeit, Steuerungsoptionen, Verständlichkeit des Benutzerinterfaces, Bedienungsanleitung) bewertet. Darüber hinaus wurden die in Kapitel 3.7 beschriebenen „Kriterien für die Beurteilung solcher Sucheinstiegspunkte" auf einige Kataloge angewandt. Für die Durchführung einer spezifischen Suche oder einer Recherche wurden die Index-Kataloge in bezug auf Größe des Datenpools, Zeit- und Kostenminimierung, Verfügbarkeit der Ergebnisdaten usw. beurteilt (Kapitel 11.1 bis 11.4).

Aufgrund der ständigen Veränderungen im Bereich der Suchmaschinen (neu erstellte Suchkataloge gehen ans Netz, aber auch schon etablierte Suchhilfsmittel werden verbessert) soll hier nur darauf hingewiesen werden, was Suchmaschinen bieten können (und in einigen Bereichen auch sollten):

– freien Zugang für die Suche und ebenso freien Zugriff auf alle vom Suchkatalog gefundenen Dokumente;
– Berücksichtigung von verschiedenen logischen Ressourcen des Internets im Katalog;
– ein gut gestaltetes, leicht erlernbares und bedienbares Benutzerinterface;
– gute Steuerungsmöglichkeiten für die Suche; umfangreiche Möglichkeiten der Suchverfeinerung (Phrasen-, Personensuche, Abgrenzung nach Zeit und geographischem Gebiet, Domains, Titelsuche, Suche nach Seiten bestimmter Ebenen bzw. Tiefe....);

- Suchanfrage in natürlicher Sprache;
- „Query by example" - Suche nach ähnlichen Seiten;
- Bereitstellung von zusätzlichen Suchbegriffen;
- hohe Zugriffsgeschwindigkeit auf die Suchmaschine und ihren Datenbestand;
- verschiedene Darstellungsarten der Ergebnisse, gute Darstellungsqualität;
- Clusterung von Ergebnissen (Einteilung in Unterbereiche);
- Überprüfung des Dateninhalts des Katalogs auf Dokument-Duplikate;
- Überprüfung auf „tote Links" ....

Es gilt: Je komfortabler die Steuerungsmöglichkeiten, desto besser läßt sich eine Suchmaschine nutzen.

• Metasucher, insbesondere parallele Suchmaschinen, sind ein sehr guter Sucheinstiegspunkt. Da hier die Datenbestände mehrerer Suchmaschinen nach Informationen durchforstet werden, können Metasucher im allgemeinen (ebenso wie die Index-Suchmaschinen) dazu herangezogen werden abzuklären, ob es Informationen zum Thema gibt. Gleichzeitig erfährt man bei vielen dieser Suchhilfsmittel, welche der eingesetzten Kataloge entsprechende Adressen zu bieten haben. Die Eignung einzelner globaler Suchmaschinen für die Suche zu dem speziellen Thema ist somit geklärt. Auch Recherchen im Netz werden aufgrund des umfangreichen über Metasucher erreichbaren Datenmaterials erleichtert.

• Zur gezielten Suche nach Texten, Software, Personen, Filmen, News-Gruppen und Nachrichten sind thematisierte Suchmaschinen geeignet. Über diese ist in Kapitel 8 ausführlich berichtet worden.

12.1.3 Suche

Hat man sich dafür entschieden, eine Suchmaschine zu nutzen, ist es sinnvoll, sich über die angebotenen Hilfeseiten mit der Suchsyntax vertraut zu machen.

Für die Eingabe des Suchterms gilt im allgemeinen: Die Begriffe sollten klein geschrieben werden. Eigennamen (auch Namen von Produkten) sowie Abkürzungen (von Organisationen etc.) sollten dagegen groß geschrieben werden.

Soll - um verschiedene Schreibweisen oder unterschiedliche relevante Worte zu berücksichtigen - nur nach einem Wortteil (Substring) gesucht werden, wird dies mit einem Trunkierungszeichen, dem Stern (Asterix, Joker), markiert.

Wird eine „einfache" (unscharfe) Suche angestrebt, so werden möglichst viele Suchbegriffe ohne weitere Angaben in das dafür vorgesehene Textfeld eingetragen. Für die erweiterte Suche (bzw. Suche mit verfeinerten Methoden) werden entsprechende zusätzliche Angaben gemacht, Verknüpfungen vorgenommen oder Menüpunkte ausgewählt.

Im allgemeinen kann man eine mehr oder weniger ausführliche Darstellung der Suchergebnisse durch die Suchmaschine wählen.

Das kürzeste Ergebnisdokument wird man erhalten, wenn nur die Adressen als Hyperlink (Titel) mit der jeweiligen Gewichtung des Dokuments angeführt sind. Diese Einstellung ist geeignet, um sich einen Überblick zu verschaffen, aber auch, um in einem vertrauten Themengebiet „auf dem laufenden" zu bleiben.

Des weiteren besteht die Möglichkeit, sich eine (Kurz)beschreibung des Dokumentinhalts, die Größe eines Dokuments sowie das Indizierungsdatum/Datum der letzten Änderung anzeigen zu lassen. Zur Beschreibung eines Dokuments wird von einigen Suchmaschinen der Anfang des Textes aufgeführt, bei anderen Maschinen werden die (ersten) Sätze herausgegriffen, die den Suchbegriff enthalten. Hier fällt es daher leichter, den Kontext festzustellen, in dem das Suchwort steht. Um die erhaltenen Ergebnisse schnell auf ihre Tauglichkeit überprüfen zu können, ist eine solche möglichst umfassende Beschreibung des Dokuments von Vorteil.

Außerdem lassen sich vor Abschicken der Suchanfrage noch anwählen: die in einem Ergebnisdokument maximal angeführte Anzahl an Treffern, bei einigen Suchmaschinen auch die maximal für die Suche zugelassene Zeit sowie die Vorabüberprüfung der erhaltenen Adressen auf ihr Vorhandensein.

12.1.4 Ergebnis

War eine Suche gut geplant und sofort erfolgreich, so ist im Ergebnisdokument eine überschaubare Anzahl von Adressen mit Kurzinfos enthalten. Man kann ohne Schwierigkeiten mit der Auswertung der Dokumente (siehe Kapitel 12.1.5) beginnen.

Wird man dagegen von der Fülle der gefundenen Daten fast erschlagen, so ist es erforderlich, die Suche erneut zu starten. Da es oft vorkommt, daß man erst nach mehreren Suchdurchgängen an das erhoffte Ziel gelangt, sind für diesen Fall unter „Verfeinerung der Suche - erneute Suche" (Kapitel 12.1.6) Tips gegeben.

12.1.5 Auswertung

Zunächst sollte man die erhaltenen Ergebnislisten mit dem Browser abspeichern, um sie dann in Ruhe offline lesen zu können. Voraussetzung ist dabei, daß die Hyperlinks auf absolute Internetadressen und nicht auf relative zeigen.

Allgemein gilt, daß die besten von einer Suchmaschine gelieferten Ergebnisse zuerst genannt sind. Somit ist es sinnvoll, mit dem Lesen am Listenbeginn anzufangen, dies ist insbesondere bei „Einfacher Suche" (best matches first) wichtig.

Möglichst ausführliche Angaben im Ergebnisdokument (Titel, Textauszug) helfen bei der Bewertung der Dokumente.

Da die Artikel ohne vorherige Prüfung ins Netz gelangen, muß man sich selbst bei der Durchsicht der erhaltenen Informationen ein Bild über den Wahrheitsgehalt und die Aktualität machen.

Dokumente, die interessant erscheinen, können aus der Ergebnisliste durch Mausklick ausgewählt werden (Links, Short cuts), um sie genauer studieren zu können. Eine hilfreiche Einstellung des Browsers ist es, daß schon einmal besuchte Links (vlink - visited link) farblich anders dargestellt werden als bisher unbeachtete.

Während der Verifikation der Ergebnisse ist es erforderlich, wichtige Treffer in einer Adressenliste abzuspeichern (Netscape legt dafür eine „Bookmark-Liste"/„Lesezeichen" an, bei MS Explorer sind dies „Favorite Places").

Hier sollen nun einige Bemerkungen zum Erstellen einer Bookmark-Liste folgen.

Die Bookmark-Liste

Grundsätzlich kann jede Adresse über den Befehl „Add Bookmark" (Netscape) zur fortlaufenden Liste hinzugefügt werden. Beim Öffnen der Liste im Browserfenster werden dann die Titel der abgespeicherten Dokumente sichtbar. Und spätestens hier erlebt man ab und zu böse Überraschungen, wenn ein Dokument keinen Titel oder einen nicht aussagefähigen Titel hat. Einige Dokumente sind dann als „Untitled" abgespeichert, wiederum andere von verschiedenen Verfassern erstellte tragen allesamt die gleiche (meist kurze) Bezeichnung. Einige Firmen haben verschiedene Seiten immer wieder allein mit ihrem Firmennamen betitelt. Nur anhand der eingeblendeten URL des Dokuments, auf dem der Cursor steht, läßt sich dann noch eine Unterscheidung vornehmen.

Schon beim Abspeichern einer Adresse sollte daher deren Titel überprüft werden, um ihn - wenn nötig - ergänzen zu können oder eine Umbenennung vorzunehmen.

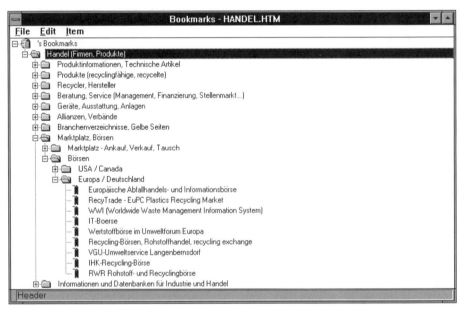

Abbildung 12.3: Auszug aus einer Bookmarkliste zu „Recycling: Wirtschaft/Handel"

Außerdem besteht die Möglichkeit, gesondert Informationen unter „Bookmark Properties" zu ergänzen.

Sinnvoll ist es, Abkürzungen von Firmennamen, Organisationen etc. (deren Bedeutung man i.a. schnell wieder vergessen hat) ausgeschrieben zu vermerken. Das erleichtert einem die Suche für den Fall, daß man das Dokument zu einem späteren Zeitpunkt unter der angegebenen Adresse nicht mehr wiederfindet.

Von Dokumenten, die mit Frames erstellt wurden, können häufig nur die Hauptseiten abgespeichert werden. War für den Suchenden nur eine der Unterkategorien von Interesse, kann nach der Speicherung ebenfalls vermerkt werden, unter welchem Punkt entsprechende Informationen wiedergefunden werden.

Um solche zusätzlich angelegten Bemerkungen auf einen Blick einsehen zu können, ist es möglich, den Bookmark-File direkt im Browser zu laden. Man sieht dann ein Dokument mit anklickbaren Links und allen selbst eingegebenen Zusatzinformationen (Abb. 12.3 und Abb. 12.4).

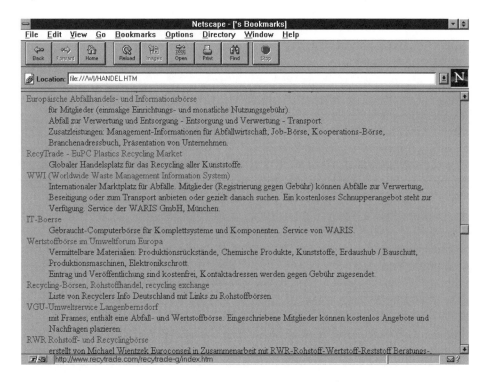

Abbildung 12.4: Auszug aus der persönlichen Bookmarkliste „Recycling: Wirtschaft/Handel"

Wenn damit zu rechnen ist, daß die Liste umfangreich wird, sollte man frühzeitig mit einer Strukturierung beginnen. Wie bei der Verwaltung von Dateien kann eine Baumstruktur angelegt werden. Die Adressen werden nach dem Abspeichern entsprechend eingeordnet (siehe Abb. 12.3).

Trotz sorgfältiger Planung und Durchführung einer Suche, erweist es sich häufig. daß viele (wenn nicht sogar die meisten) der erhaltenen Treffer nicht brauchbar sind. Da der Anteil nicht erreichbarer, nicht auffindbarer, wiederholter, unwichtiger sowie brauchbarer Adressen je nach Anfrage schwankt, soll auf Zahlenangaben verzichtet werden.

Abbildung 12.5: Gliederung des Datenbestands in bezug auf Relevanz und Erreichbarkeit

- In Ergebnisdokumenten finden sich immer wieder Hinweise auf Adressen, die nicht erreichbar sind (siehe dazu auch Kapitel 3.6 „Verfügbarkeit von Internetadressen"). In einigen Fällen kann keine Verbindung zu den jeweiligen Servern hergestellt werden. Hier lohnt es, zu einem späteren Zeitpunkt oder einer anderen Tageszeit die Adresse erneut anzuwählen (siehe dazu auch Kapitel 3.6.1 „Auftretende Fehlermeldungen"). Für andere Informationen ist eine Zugangsberechtigung erforderlich. Erst nach Eintrag (z.T. gegen Gebühr) erhält man ein Paßwort.

- Andere Adressen sind nicht auffindbar. Es handelt sich hier um „tote Links" (nicht [mehr] zu erreichende Dokumente), die aus verschiedenen Gründen aus dem Netz genommen wurden (siehe dazu auch Kapitel 3.6 "Verfügbarkeit von Internetadressen"). Häufig sind dies terminabhängige Mitteilungen. Aber auch Änderungen in der Dokumentstruktur (z.B. Wechsel auf mit Frames erstellte Seiten) oder Serverwechsel etc. können dazu führen, daß Dokumente nicht gefunden werden. Häufig gibt es dann eine Meldung wie „document has moved..." und ein Link auf die neue Seite wird bereitgestellt.

- Erscheint es einem sinnvoll, eine bestimmte Information wiederzufinden, deren Verbleib ungeklärt ist, kann das Navigieren durch die Directory-Struktur Erfolg versprechen. Man steigt im Adreßbaum eine (oder mehrere) Ebenen hinauf und gelangt so an Homepages/ Startseiten etc., von denen aus ein Einstieg in den Bereich möglich ist. Auch der Einsatz einer Suchmaschine lohnt sich, wenn man nach wirkungsvollen Worten suchen kann. Dies gilt auch für das Wiederfinden von offensichtlich geänderten Adressen, die man in seiner (gut kommentierten) Bookmark-Liste abgespeichert hatte. Hier sei kurz vermerkt, daß es mittlerweile auch Hilfsprogramme gibt, die ein regelmäßiges Update der eigenen Bookmark-Liste erstellen (siehe dazu auch „Update Bots", Kapitel 9.2 „Intelligente Suchmaschinen").

- Einige Adressen treten in Ergebnisdokumenten wiederholt auf. Das erhöht die Anzahl unnötig und kostet Zeit. Der einzige angenehme Umstand ist, daß durch die erste Anwahl einer solchen Adresse alle nachfolgenden Wiederholungen im Ergebnisdokument als „visited link" in anderer Farbe dargestellt werden. Einige Suchmaschinen beseitigen von vornherein doppelte Dokumente. Außerdem werden von ihnen Dokumente, die auf mehreren Servern (gespiegelt) liegen, zusammengefaßt aufgeführt.

- Ein mehr oder weniger großer Teil der Adressen stellt sich bei Durchsicht als unwichtig heraus. Um die Anzahl irrelevanter Treffer niedrig zu halten, können die Suchparameter verändert werden. Insbesondere bietet sich der Ausschluß von Begriffen an. Ein Beispiel sei hier gegeben. Bei der Suche nach Informationen zum Thema „Recycling" (Suche mittels globaler Suchmaschine nach „recycl*") wurden diverse Dokumente angezeigt, aus deren Kurzfassung ersichtlich war, daß sie nicht den geringsten Zusammenhang mit dem Thema haben würden. Bei näherer Betrachtung fand sich am Ende solcher Dokumente stets der Eintrag: „... created with 100% recycled electrons". Eine erneute Suche mit Ausschluß des Begriffs "electron" war somit sinnvoll.

Um solch völlig abwegige Artikel ausschließen zu können, ist es also angebracht, den Kontext zu sehen, in dem der Suchbegriff verwendet wird. Eine Hilfe für das schnelle Auffinden der entsprechenden Textstellen ist die Funktion „Find" des Browsers, mit der intern im geladenen Text Begriffe gesucht werden können.

12.1.6 Verfeinerung der Suche – erneute Suche

Verschiedene Punkte führen dazu, daß eine erneute Suche notwendig wird. Gründe hierfür sind:

Die Ergebnisse brachten nicht die erhofften Informationen;
es gab eine unüberschaubare Menge an Ergebnissen;
nach erster kurzer Durchsicht fanden sich zwischen den Ergebnissen Artikel, in denen der Suchbegriff nicht im gewünschten Zusammenhang stand;
nach erster oberflächlicher Durchsicht (einer umfangreichen Ergebnisliste) ließen sich Unterpunkte formulieren, so daß „Ergebnispakete" hergestellt werden sollen.

- Verlief eine Suche ergebnislos, sollte man zunächst auf eigene Fehler überprüfen: Wurde richtig buchstabiert ...? Des weiteren kann es sinnvoll sein, noch einmal in den Hilfeseiten der verwendeten Suchmaschine/des Katalogs nachzulesen. Nicht alle Suchmaschinen arbeiten gleich und verwenden dieselbe Syntax. Brachte eine Suche nach sehr spezifischen Termen kein Ergebnis, sollten weniger spezifische Begriffe gewählt werden. Auch Synonyme und Variationen können zum Erfolg führen. Wenn all dies nichts nützt, sollte man auf ein anderes Suchhilfsmittel ausweichen.

- Ist das Suchergebnis zu umfangreich, um ausgewertet werden zu können, muß eine engere Begriffswahl erfolgen, oder es müssen weitere Spezialbegriffe ausfindig gemacht werden. Je unverwechselbarer, kennzeichnender diese sind, desto besser eignen sie sich für eine Präzisierung der Anfrage. Durch Verwendung vieler relevanter Schlüsselworte läßt sich ein Ergebnis deutlich verbessern. Die Sichtung eines Teils der umfangreichen Ergebnisse kann helfen, um abschätzen zu können, ob generell der richtige Weg eingeschlagen wurde. Des weiteren können dadurch auch neue Schlagworte aufgespürt und weitere Informationen (z.B. mit dem Suchbegriff verbundene Organisationen, geographische Regionen usw.) erhalten werden, die dann in die neue Suchanfrage eingebracht werden können.

Eine großartige Hilfe sind auch die Suchverfeinerungsmethoden, die viele Suchmaschinen - allerdings mit Unterschieden in Umfang und Qualität - zur Verfügung stellen (siehe dazu Kapitel 7.3 „Das Retrievalsystem von Indexkatalogen"). Sind diese bei der Suche noch nicht intensiv genutzt worden, bieten sich hier weitere Möglichkeiten, das Suchergebnis zu beschränken:

- – Die Suchverfeinerung erfolgt durch den Einsatz von mehrfachen Schlüsselwörtern, wobei möglichst alle Booleschen Verknüpfungen verfügbar sein sollten.
- – Wörter, die immer in einer bestimmten Kombination stehen sollen, werden als Phrase gesucht.
- – Auch die Möglichkeiten der Nähe-Suche sollten ausgeschöpft werden.
- – Der Suchbegriff soll schon im Titel vorhanden sein.
- – Sollen zunächst die neuesten zum Thema verfügbaren Artikel gesichtet werden, ist Eingrenzung nach Zeiträumen sinnvoll (nach einem bestimmten Datum, innerhalb eines bestimmten Zeitraums).
- – Wird besonderer Wert auf Informationen aus bestimmten geographischen Regionen gelegt, kann diese Eingrenzung bei einigen Suchmaschinen ebenfalls Anwendung finden.
- – Eine Beschränkung der Suche auf bestimmte Top-Level-Domains (wie die Bereiche .edu, .com, .gov etc. in den USA oder Länder .de, .at, etc.) bringt ebenfalls bereichsspezifische oder regionale Informationen.
- – Weiterhin kann die Suche durch Wahl des Datentyps spezifiziert werden (Gestaltungsmerkmale des Dokuments wie zum Beispiel JavaScript, Acrobat, Java, Audio, Bilder, VRML oder eine spezielle Endung des Dateinamens, beispielsweise .gif oder .txt).

- Ist nach der ersten kurzen Durchsicht der Ergebnisse klar, daß sich Artikel dazwischen befinden, in denen der Suchbegriff in einem ganz anderen (als dem gewünschten) Zusammenhang steht, kann vor der Auswertung der Dokumente erneut eine Suche gestartet werden, in der mittels der Suchfunktion UND NICHT solche Bereiche von vornherein ausgeschlossen werden.

- Hat man (beispielsweise bei einer Recherche) umfangreiches Datenmaterial zu bewältigen, sind Suchmaschinen sehr nützlich, die in der Lage sind, „Ergebnispakete" zu erzeugen, d.h. schon eine gewisse Ordnung nach Untergesichtspunkten vorzunehmen. Es besteht aber auch bei anderen Suchhilfsmitteln die Möglichkeit, selbst auf die Anordnung

Einfluß zu nehmen, indem man die Suche mehrfach unter sich ausschließenden Gesichtspunkten startet. Eine einfache Einteilung kann nach geographischen Regionen oder Ländern erfolgen. Des weiteren kann die Wahl der Suchbegriffe Ergebniscluster erzeugen, so z.B. zu den Themen „Recycling-Glas", „Recycling-Papier", „Recycling-Kunststoff" etc. Nach Entdeckung eines Untersuchbegriffs kann wiederum zunächst danach abgefragt werden (hier z.B. "Recycling-Kunststoff: Composter"). Im Anschluß daran läßt man das Restergebnis durch Ausschluß des jeweiligen Untersuchbegriffs anzeigen.

Dies sind sicherlich nur einige Tips, wie man eine Suche treffender gestalten kann. Es zeigt aber, daß es verschiedenste Möglichkeiten gibt, eigene Ideen einzubringen, so daß es auch für einen Sucherfahreneren niemals zu einem langweiligen Erlebnis wird.

12.2 Suchbeispiele

Zum Abschluß des Kapitels „Suchtips" sollen hier noch einige Suchanfragen und ihre Ergebnisse näher betrachtet werden. Zunächst sollen allgemeine Informationen zu einem umfangreichen Thema gefunden werden (Kochrezepte). In einem weiteren Beispiel soll eine ganz konkrete Fragestellung beantwortet werden (Informationen zu einer Firma).

Wie im vorangegangenen erwähnt, sind die Suchansätze somit eigentlich unterschiedlich. Um jedoch Vergleiche herstellen zu können, wurde die Suche in beiden Fällen an Index- und Subject-Kataloge und eine Metasuchmaschine übergeben. Die Ergebnisse sind im folgenden dargestellt.

Abbildung 12.6: ...Kochen sicher nicht - aber Tips für Rezepte gibt´s genug

Gesucht werden: Spaghetti-Rezepte, möglichst aus der italienischen Küche, aber in
                    deutscher Sprache, um die Kochanweisung auch richtig nachvoll-
                    ziehen zu können.

Suchanfrage an: „Index-Kataloge" (Altavista, Dino, HotBot)
                    Multi-WWW-Suchsystem (MetaGer)
                    „Subject-Kataloge" (Yahoo.de, Dino, Web.de)

Suchmaschine, Katalog	Suchbegriff bzw. durchblätterteKategorien	Anzahl der Ergebnisse	Auswertung der Ergebnisse
Altavista	spaghetti	>37.000	./.
	spaghetti+italien	>5.500	./.
	spaghetti+rezept	>7.600	./.
	spaghetti+italien+rezept	93	-
	spaghetti+italien+kochen	8	-(1)
Dino	spaghetti	./.	./.
	rezept+koch*	36	-
HotBot	spaghetti	>27.000	./.
	italien	>32.000	./.
	rezept	>2.600	./.
	spaghetti+italien	133	./.
	spaghetti+rezept	46	+ (2)
			nach Platz 20 diverse Rubriken aus *Die Rezept-sammlung - Mehlspeisen, Nudeln, Vorspeisen, Suppen*, etc.
MetaGer	spaghetti+rezept+italien	14	+
			Platz 3: *Die Rezeptsammlung - Mehlspeisen, Nudeln.*
Yahoo.de	spaghetti keine Kategorien	./.	keine Ergebnisse aus eigener Datenbank
Dino	Essen und Trinken: Rezepte: Regionale Spezialitäten Rezeptdatenbanken	einige einige	- ** (3)
Web.de	Freizeit: Essen und Trinken: Rezepte	einige	- zwischen Ergebnissen *Rezeptdatenbank, -server*

Die Zeichen bedeuten:

./.   Keine Ergebnisse oder aufgrund der zu vielen Ergebnisse keine Auswertung möglich
       bzw. vorgenommen

-      die Ergebnisse sind unwichtig oder thematisch nicht passend

+   es sind gute Ergebnisse enthalten

**   die Suche war ein voller Erfolg

(1) U.a. fanden sich hier: eine „Spaghettipage" (Privatpage mit zwei Kochrezepten), eine
„Fahrradseite" und die „Stadtrundfahrt Wien" (- ... 5-Sterne-Hotel. Hier hat der bekannte
Opernstar Pavarotti sogar eine eigene Suite mit ... Küche, wo er seine *Spaghetti koch*en kann.
...kleinformatige Aquarelle auf unregelmäßigem braunen Packpapier entstanden auf seiner
(F. Hundertwasser) *Italien*reise...).

(2) Einer der letzten Treffer: „Blondinenwitze" („Was haben *Spaghetti*s und Blondinen
gemeinsam? Sie verheddern sich." - „Warum hat eine Blondine keine Eiswürfel im Kühl-
schrank? Sie hat das *Rezept* verloren.").

(3) Die Liste der „Rezeptdatenbanken" umfaßte zwar nur vier, dafür aber hervorragende
Treffer: „Die Rezeptsammlung", „Rezeptsuche", „Rezeptdatenbank", „NitNuts Rezeptdatenbank". Nach interner Suche in diesen Datenbanken tat sich eine Fülle von Spaghettirezep-
ten auf, die für mehr als 2 Monate Abwechslung bieten würden: Von *Spaghetti al Burro con
Salvia* bis *Spaghetti Rosse con Calamari* alles, was der Magen begehrt.

Ergebnisauswertung:

*   Für die Suche nach diesem nicht so speziellen Thema eigneten sich Index-Kataloge nicht.
    Eine Verifikation der Ergebnisse war aufgrund der Fülle von Adressen nicht möglich. Bei
    Eingrenzung des Suchbereichs verringerte sich zwar die Anzahl der gefundenen Doku-
    mente auf ein vernünftiges Maß, der Inhalt der Artikel jedoch war zumeist nicht von In-
    teresse. Außerdem zeigte sich, daß die Suchbegriffe in einigen Dokumenten in völlig
    verschiedenem Zusammenhang standen (Beispiele siehe Punkt (1) und (2)). Eine Nähe-
    suche wäre somit nützlich gewesen.

*   Das Suchergebnis der Metasuchmaschine ist trotz Stichwortsuche - aber aufgrund der
    Vielzahl an eingesetzten Suchmaschinen - erfolgreicher verlaufen als bei den einzelnen
    globalen Suchmaschinen.

*   Die besten Treffer wurden jedoch beim Browsen durch die Subject-Hierarchien von Ka-
    talogen erzielt. Die hier angeführten Datenbanken entpuppten sich als Goldgruben.

Eine weitere, anders geartete Fragestellung soll im zweiten Suchbeispiel beantwortet werden.

Abbildung 12.7: Vielleicht sollte man eine Firma wie Kraft-Jacobs-Suchard in Erwägung ziehen

| Gesucht werden: | Informationen über die Firma Kraft-Jacobs-Suchard, insbesondere interessiert es, ob die Firma Praktikumsplätze für Hochschulabsolventen anbietet. |
| Suchanfrage an: | „Index-Kataloge" (Altavista, Dino, HotBot)
Multi-WWW-Suchsystem (MetaGer)
„Subject-Katalog" (Yahoo.de, Dino)
Verzeichnis deutscher Server |

Suchmaschine, Katalog	Suchbegriff bzw. durchblätterte Kategorien	Anzahl der Ergebnisse	Auswertung der Ergebnisse
Alta Vista	„Kraft Jacobs Suchard" (Deutsch)	> 300	** Platz 8 ⇒ Homepage
	„Kraft Jacobs Suchard" + Homepage	> 180	Platz 1 ⇒ Homepage (http://wwwkjs.de/) *Karrieretip, Zahlen u. Fakten, Produktgalerie, Jobbörse* Platz 8 ⇒ Homepage
	title: Kraft J. S.		

Suchmaschine, Katalog	Suchbegriff bzw. durchblätterte Kategorien	Anzahl der Ergebnisse	Auswertung der Ergebnisse
Dino	„Kraft Jacobs Suchard"	3	Platz 1 ⇒ Homepage
Hotbot	„Kraft Jacobs Suchard" „Kraft J. S." + Homepage „Kraft J. S." in the title	>100 18 /.	./. - ./.
MetaGer	Kraft+Jacobs+Suchard	58	** neben unwichtigen Informationen und den Adressen der einzelnen Firmen auf Platz 8 auch *Homepage* KJS - gefunden von DINO und EULE.
Yahoo.de	Bildung u. Ausbildung: praktikum	2	- *Praktikum online, Praktika Service* (Praktikumsbörsen, Praktikumsvermittlung, allgemein sehr geeignet) - *Careernet* - Stellenangebote, Praktikumsplätze (allg)
	Handel u. Wirtschaft: praktikum	2	- getrennte *Homepages* von *Kraft, Jacobs* und *Milka* (nur Verbraucherinfos)
	„Kraft Jacobs Suchard"	3 Web Sites	
Dino	Stellenmarkt: Einzelunternehmen Unternehmen: allgemein	diverse diverse	- - (Branchenbücher)
Verzeichnis deutscher Webserver	Kraft	1	** Server: www.kraft-jacobs-suchard.de ⇒ Homepage der Firma ⇒ Karriere - Praktika / Diplomarbeiten, Jobs

Bedeutung der Zeichen siehe oben.

Ergebnisauswertung:

- Browsen durch Subject-Kataloge führte hier, wie erwartet, nicht zum Erfolg.
- Dafür ist es ohne große Schwierigkeiten möglich, in globalen Suchkatalogen an die gewünschte(n) Adresse(n) zu gelangen. In diesem Fall reichte es aus, den Firmennamen als Phrase (und mit Großschreibung) zu suchen. Weitere Verfeinerungen der Suche (Suche nach deutschen Seiten, Suche nach dem Firmennamen im Titel eines Dokuments) führten zu entsprechend geringerer Ergebnismenge. Jedoch war in allen Fällen die Homepage der Firma unter den ersten Einträgen zu finden.

- Auch führte die Suche mit der Metasuchmaschine MetaGer - wie nach den Ergebnissen der einzelnen Suchmaschinen schon zu erkennen war - zu gutem Erfolg.

- Da große Unternehmen i.a. ihr eigener Provider sind und eigene Server bereitstellen, um ihre Informationen im Netz zu präsentieren, wurde hier auch die Suche in einer Liste von deutschen Servern vorgenommen. Dies brachte ebenfalls das erhoffte Ergebnis.

Nach diesen beiden ausführlich behandelten Suchbeispielen werden nun noch einige Beispiele für die Suche aus verschiedenen Bereichen des Lebens gegeben.

Möchte man sich im Internet über *wichtige, weltweit interessierende Ereignisse* (Politik, Sport, Kulturelles) informieren, dann sollte man sich zunächst auf der Startseite einer Suchmaschine oder eines Katalogs umsehen. Dort finden sich im allgemeinen direkte Verweise / Links zu Nachrichten von internationaler oder nationaler (regionale Suchdienste) Bedeutung.

Während der *Olympischen Spiele* können so direkt Übersichten, Berichterstattungen und Ergebnisse sowie Informationen zur Geschichte, zu Sportlern und Teams oder den Paralympics abgerufen werden.

Deutsche Suchdienste stellen vor <u>Wahlen</u> (Landtags- oder Bundestagswahlen) ebenfalls entsprechende Links zur Verfügung. Um sich außerdem über Programme und Ziele einzelner Parteien zu informieren, reicht der Versuch des Adresse-Ratens aus. Die Adressen der größten Parteien auf Bundesebene

```
http://www.cdu.de/

http://www.fdp.de/

http://www.gruene.de/

http://www.spd.de/
```

führen zu Seiten, von denen aus dann auch Landesverbände erreichbar sind. Versucht man dagegen, über die Eingabe von Suchbegriffen bei einer Index-Suchmaschine zum Erfolg zu kommen, muß man die Suche planvoll beginnen. Der Einsatz einer geeigneten Wortkombination ist erforderlich (z.B. "Wahl+Niedersachsen+*Partei*"). Sonst besteht die Gefahr, unter einer Flut von Ergebnisseiten begraben zu werden. Ein leichtes Schmunzeln läßt sich jedoch nicht verhindern, wenn eine Suchmaschine in der Ergebnisliste zur Suche „CDU" einen „Treffer" mit dem Titel „...CD und andere Medien" anführt.

Wenn man auf der Suche nach einem Arbeitsplatz *Stellenangebote* studieren muß, sind Subject-Kataloge eine große Hilfe. DINO, eines der aktuellsten und populärsten Angebote im deutschsprachigen WWW (laut Netscape Communications Corporation), hat dafür eine eigene Kategorie „Stellenmarkt - Deutschland" geschaffen, die wie folgt unterteilt ist:

DINO - Stellenmarkt - Deutschland
`http://www.dino-online.de/seiten/go60sd.htm`
Übersicht Stellenmärkte
Allgemeines und Übersichten Arbeitsämter - Bundesanstalt für Arbeit Au Pair-Stellen Bewerbungstips Frauenjobs Freiberufler Führungskräfte Hochschulabsolventen Jobbörsen überregional Jobbörsen regional Jobs nach Branchen Lehrstellen Nebenjobs Personalberater Private Stellengesuche Spezial-Suchmaschinen für Stellenangebote im Internet Stellenangebote einzelner Unternehmen Telearbeit Universitäten und Fachhochschulen Zeitarbeit und Personalleasing

Nun zum Bereich „*Freizeit - Urlaubsplanung*". Als Beispiel wurde hier die Suche nach einer Unterkunft in Wien sowie die Beschaffung eines Veranstaltungskalenders gewählt. Auch in diesem Fall ist das Browsen durch die Kategorien des Katalogs DINO (Suchmaschine für Deutschland, Österreich und die Schweiz) von Erfolg gekrönt. Über „Touristik" - „Tourismus - Hotels in Österreich" erhält man sowohl „Übersichten" (wie *Hotel Online Austria* und *Hotel Online Vienna*) als auch „Hotels in Orten und Regionen". Aber auch der Einstieg über „Stadt + Land - Österreich" führt auf „Hotels". Gleichzeitig kann von hieraus „Österreich - Regional" - „Wien" gewählt werden. Und nun kann die Planung des gesamten Aufenthalts in dieser Stadt beginnen: Außer einem Veranstaltungskalender sind Stadtkarten, Stadtführer und Fahrpläne öffentlicher Verkehrsmittel verfügbar. Weiterhin gibt es Informationen über Museen und Sehenswürdigkeiten, Sportangebote, Parkanlagen und vieles mehr.

Auch der Einsatz eines Index-Katalogs ist möglich. Die Suche nach „Hotel + Wien" bringt zwar i.a. mehrere hundert Treffer. Aufgrund der von den Suchmaschinen vorgenommenen Gewichtung dieser Treffer stehen aber Seiten wie *Hotel Online Vienna* schon am Anfang der Liste. Das gilt auch für eine Suchanfrage zu „Veranstaltungen + Wien". Unter den ersten aufgeführten Suchergebnissen sind zwar auch Seiten wie „Handelsblatt - Veranstaltungen" oder das „Vorlesungsverzeichnis der TU Wien"; dennoch lassen sich die Informationen des Wiener Tourismusverbandes mit seinem Veranstaltungskalender leicht aus der Liste herauspikken.

Fragen zum Thema „*Gesundheit*" können im Web ebenfalls Beantwortung finden. Das Browsen durch die Kategorien eines Katalogs ist in diesem Fall nicht vorteilhaft. So können Informationen dazu den Bereichen „Gesellschaft + Soziales" oder „Wissenschaft" zugeordnet sein. Informationen zu „Multipler Sklerose" sind bei Yahoo z.B. unter „Gesundheit: Krankheiten + Beschwerden", „Gesundheit: Organisationen", aber auch „Städte und Länder: .... Organisationen" oder „Gesellschaft + Soziales: Menschen: Private Homepages" abgelegt. Hier sei eingefügt, daß es auch lohnt, solche privaten Homepages zu durchforsten, da Betroffene sich i.a. intensiv mit Behandlungsmöglichkeiten, Therapien, Hilfsmitteln etc. beschäftigen. Daher stellen sie oftmals interessante Mitteilungen und auch weiterführende Listen mit Adressen von Ansprechpartnern oder Organisationen zur Verfügung. (Eine Kontaktaufnahme über Newsgroups ist ebenfalls sinnvoll.)

Im allgemeinen wird man zu diesem Bereich eher im Index einer Suchmaschine oder eines durchsuchbaren Katalogs nach einem entsprechenden Begriff suchen. Während dies bei „Multipler Sklerose" (Suche als Phrase) keine Probleme bereitet, heißt es in anderen Fällen geeignete Wortkombinationen finden. Es genügt z.B. nicht, nach „Krebs" suchen zu lassen. Wie sich schnell herausstellt, gibt es außer Tier und Tierkreiszeichen auch diverse Firmen mit Namen „Krebs". Eine Einschränkung der Suche beispielsweise auf „Krebs + Therapie" führt jedoch zum Erfolg.

Abschließend sollen hier das Thema „*Suchen*" selbst sowie „Suchdienste" angesprochen werden. Dem Surfer stehen im Netz diverse Informationen zur Verfügung, die als Orientierungshilfe und Ausgangsbasis dienen können (siehe dazu auch Kapitel 10).

Es ist absehbar, daß der Einsatz einer Index-Suchmaschine hier schwerlich zum Erfolg führt Eine einfache Suche zum Begriff „Suchen + Internet" bringt leicht mehr als 10.000 Treffer. Die Suche müßte also noch erheblich verfeinert werden. Mittels Browsen durch die Kategorien von Katalogen (Yahoo, Dino, Alta Vista - Browse by subject...) wird man jedoch schnell fündig. Nach Hauptgebieten wie „Computer + Internet" oder „Internet + Web" führen die Unterpunkte „Suchen", „Orientierungshilfen im Web" etc. zu verschiedensten z.T. sehr wertvollen Web-Seiten. Titel wie „Erfolgreich suchen und finden im WWW", „Gesucht - Gefunden: Komfortsuche im Web" oder „Dalli Dalli - Suchen & Finden im Internet" klingen nicht nur vielversprechend. Dahinter verbergen sich umfangreiche Informationen und Tips. Es gibt Antworten auf die Fragen: Was sind Suchmaschinen? Wie arbeiten sie? Welche Suchmaschine eignet sich für die Bearbeitung einer speziellen Aufgabenstellung? Daneben werden Suchdienste verglichen und bewertet, Tips zur Erstellung einer eigenen Web-Seite und zur Registrierung in Suchdiensten und Katalogen gegeben. Nachfolgend ein Auszug aus den gefundenen Ergebnissen:

Klug suchen
Die Suchmaschinen-Suchmaschine mit den besten Spezialsuchmaschinen, weiterführenden Texten, Texten rund um Suchmaschinen...
`http://www.klug-suchen.de/texte/`

Die kleine Suchfibel
von Stefan Karzauninkat. Umfangreiche Informationen über Suchstrategien im Internet.
`http://www.karzauninkat.com/suchfibel/index.htm`

Ulrich Babiak
Homepage von U. Babiak mit Informationen über Effektive Suche im Internet...
`http://www.netcologne.de/uli/`

Suchen im Internet
Inhalt: Was ist eine Suchmaschine? Suchmaschinen im Internet, Browsen im Internet, Qualität von Webdokumenten...
`http://www.lrz-muenchen.de/suchen/such-infos/`

Selfhtml
von Stefan Münz. HTML-Dateien selbst erstellen.
`http://www.netzwelt.com/selfhtml/`

Drängt die Zeit, oder gibt es andere Gründe, nicht selbst im Internet „surfen zu gehen", kann man einen kommerziellen Dienst nutzen: *Informationsvermittler.*

Um an entsprechende Adressen zu gelangen, sucht man mit Hilfe eines Meta-Suchers oder einer Index-Suchmaschine nach dem Fachbegriff *„Information Broker".* Die Aufgabe eines solchen ist die Ermittlung, Aufbereitung und Vermittlung von Informationen. Da es sich hierbei noch um einen jungen (aber im Aufwind befindlichen) Dienstleistungsbereich handelt, gibt es verhältnismäßig wenige Seiten im Netz. MetaCrawler förderte bei einer Suchanfrage im Februar ´98 (nur) 23 Dokumente zutage. Neben Erläuterungen dazu, was ein Information Broker ist, und einigen US-amerikanischen Adressen findet sich auch ein deutscher Datenbank Informationsdienst:

The Broker Research Center - Recherchedienste
The Information Broker Network
`http://www-infobroker.de/service/index.html`

Recherchedienste: Ausschreibungen, Fachliteratur, Firmendaten, Marken & Namen, Marktdaten, Patente, Presserecherche, Recht
Beruf „Information Broker": Berufsbild, Ausbildung, Stellenangebote, Seminare zu Datenbanken, Verbände und Organisationen, Information Broker im Internet, Literatur zum Thema ...

Von hier aus sind Recherchen möglich. Über „Verbände und Organisationen" gelangt man mittels einer Link-Liste zu weiteren sowohl ausländischen als auch lokalen Adressen in Deutschland.

Glossar

Account
Account ist die Benutzerkennung und das dazugehörige Paßwort, welches Zugang zu einem Rechnersystem gewährt.

Anonymous FTP
Spezielle Form des FTP-Dienstes, der einen "offenen" Zugang zu den weltweiten Anonymous-FTP-Servern gewährt.

Archie
Datenbanksystem, welches die Inhaltsverzeichnisse von Anonymous-FTP-Servern für eine Suche zugänglich macht.

Arpanet
Abkürzung für *Advanced Research Projects Agency Network*. Das Netzwerk, das von der Advanced Research Projects Agency Ende der 60er Jahre ins Leben gerufen wurde, ist der Vorgänger des Internet.

ASCII
Abkürzung für *American Standard Code for Information Interchange*. Standardverfahren, um alphabetische, numerische oder Steuerungszeichen in 7-bit-Form darzustellen.

Backbone
Backbones sind überregionale Netzwerke, welche weitere Netzwerke verbinden, z. B. das NSFNET in den USA, BWiN in Deutschland, JANET in Großbritannien oder das BelWü in Baden Württemberg.

Bookmark
Eine Sammlung der für einen Benutzer wichtigen URLs.

Browser
Der Begriff Browser wird im Zusammenhang mit WWW als Synonym für HyperText-Client verwendet. Browser sind z. B. Netscape Communicator, Internet Explorer oder Mosaic.

Bulletin Board System (BBS)
Entspricht im deutschen Sprachgebrauch einem "schwarzen Brett". BBS werden in erster
Linie zum Meinungs- und Erfahrungsaustausch verwendet. Das meistbekannte BBS ist das
Usenet News System.

CCITT
Abkürzung für *Comité Consultatif International Téléphonique et Télégraphique*. Das CCITT
gibt unter anderem Empfehlungen für Kommunikationsprotokolle heraus.

CERN
Europäisches Zentrum für Teilchenphysik mit Sitz bei Genf. Am CERN sind die Grundzüge
des World Wide Web entstanden.

CGI
Abkürzung für *Common Gateway Interface*. CGI ist eine Schnittstelle für den Austausch von
Daten zwischen einer HTML-Seite und einem Programm. Häufig handelt es sich bei ange-
bundenen Programmen um Datenbanken. In diesem Fall führt das sogenannte CGI-Skript auf
dem Server eine Datenbankanfrage aus.

CNIDR
Abkürzung für *Clearinghouse for Networked Information Discovery and Retrieval*. Von der
NSF gegründet, fördert sie u. a. die Weiterentwicklung von Internetdiensten, insbesondere
auch WAIS.

COSINE
Abkürzung für *Cooperation for an Open Systems Interconnection Networking in Europe*. Ein
von RARE ins Leben gerufenes Projekt zur Bereitstellung einer auf ISO/OSI Normen basierenden Infrastruktur für den akademischen Bereich innerhalb Europas.

CWIS
Abkürzung für *Campuswide Information System*. Der Informationsdienst einer Hochschule,
der in erster Linie hochschulspezifische Informationen anbietet.

Daemon
Abkürzung für Disk and Execution Monitor. Als Daemons werden Programme bezeichnet,
die vom Benutzer unsichtbar im Hintergrund arbeiten und auf bestimmte Aktionen warten.
Beispiele für Daemons auf UNIX-Systemen sind „inetd", der Internetdaemon, oder „tel-
netd", der Telnetdaemon.

DCA
Abkürzung für *Defense Communications Agency*. Die DCA ist eine Unterabteilung des US
Verteidigungsministeriums und wurde 1975 mit der Verwaltung des Arpanets beauftragt.

DE-NIC

Abkürzung für *Deutsches Network Information Center*. Das DE-NIC verwaltet die Internet-Domain **.de** und betreibt den Primary Nameserver.

DFN-Verein

Abkürzung für *Verein zur Förderung des Deutschen Forschungs-Netzes e.V.* Der DFN-Verein ist Betreiber des BWiN (Breitband Wissenschaftsnetz), an das überwiegend Hochschulen und Großforschungseinrichtungen angebunden sind.

DNS

Abkürzung für *Domain Name System*. Das DNS ordnet dem logischen Namen eines Rechners im Internet eine IP-Adresse zu.

DoD

Abkürzung für *Departement of Defense*, das US-Verteidigungsministerium.

EMail

Abkürzung für *Electronic Mail*. Das EMail-System erlaubt den Austausch von Nachrichten über elektronische Netzwerke. Hierfür wird im Internet das Protokoll SMTP verwendet.

EUnet Deutschland GmbH

Abkürzung für *European UNIX Network*, einer der Internetprovider in Deutschland.

EuropaNET

Ein vom COSINE-Projekt initiierter Backbone; Nachfolger des International X.25 Interconnect (IXI).

FAQ

Abkürzung für *Frequently Asked Questions*. FAQs sind Listen, in der zu einem bestimmten Thema häufig gestellte Fragen und deren Antworten abgelegt werden. Die Quelle dieser Listen sind Newsgruppen, EMail- oder Anonymous-FTP-Server.

FTP

Abkürzung für *File Transfer Protocol*. Das FTP wird zur Übertragung von Dateien zwischen Rechnern mit unterschiedlichen Betriebssystemen genutzt.

Gopher

Internetweit verteiltes, hierarchisch aufgebautes und menüorientiertes Informationssystem.

Host

Bezeichnung für einen Computer im Netzwerk.

HTML

Abkürzung für *Hypertext Markup Language*. HTML ist eine Sprache zur Dokumentenbeschreibung und basiert auf SGML (Standard Generalized Markup Language), einer ISO Norm zur Definition von strukturierten Datentypen.

HTTP

Abkürzung für *Hypertext Transfer Protocol*. HTTP ist ein Protokoll für die Übertragung von Hypertextdokumenten und wird im WWW als Übertragungsprotokoll eingesetzt.

Image Map

Die besondere Form eines sensitiven Bildes. Abhängig davon, wo das Bild angeklickt wird, werden unterschiedliche Aktionen ausgelöst. Hauptanwendung ist das Verzweigen zu URLs durch verschiedene Hyperlinks.

Internet

Das größte Computernetz der Welt, welches aus dem Arpanet entstand. Die Rechner werden unabhängig von ihrer Hardware und ihrem Betriebssystem miteinander verbunden. Übertragungsprotokolle, wie TCP/IP, regeln die Kommunikation zwischen den Rechnern. Die meistgenutzten Dienste des Internets sind EMail, News und World Wide Web.

Internet-Adresse

Die Internet-Adresse ist ein 32-Bit langes Wort, das einen Rechner im Internet eindeutig adressiert.

IP

Abkürzung für *Internet Protocol*. IP wird als Protokoll im Internet verwendet.

ISDN

Abkürzung für *Integrated Services Digital Networks*. Digitales Übertragungsnetzwerk mit der maximalen Übertragungsrate von 64 KB (Kilobit) pro Sekunde. Ein einfacher ISDN-Anschluß besteht aus 2 B-Kanälen (Amtsleitungen) und einem D-Kanal (Steuerkanal), der den Datenverkehr regelt. Das heute aktuelle Protokoll zur Steuerung ist DSS-1, das sogenannte Euro-ISDN.

ISO

Abkürzung für *International Standards Organisation*. Von der ISO wurde das OSI-Modell zur Netzwerkübertragung entwickelt.

IXI

Abkürzung für *International-X.25-Interconnect*. Alte Bezeichnung für das europaweite Forschungsnetz EuropaNET.

Listserv
Automatisches Verteilsystem für EMails an alle Mitglieder einer Mailing-Liste.

Mailserver
Dienst, welcher EMails verarbeitet und entsprechend verteilt bzw. weiterleitet.

MIME
Abkürzung für *Multipurpose Internet Mail Extension*. MIME ist eine Erweiterung, um multimediale EMails verschicken zu können.

Netfind
Netfind dient zur internetweiten Suche von Benutzerinformationen. Netfind stützt sich dabei auf andere Dienste wie DNS, SMTP, X.500 und Finger in Anspruch.

Netiquette
Der Begriff setzt sich aus den Begriffen Network und Etiquette zusammen und bezeichnet Regeln über das Verhalten im Netzwerk.

News
Weltweites, nichtinteraktives und öffentliches Konferenzsystem.

OPAC
Abkürzung für *Online Public Access Catalog*. OPAC ist ein System, welches dem Benutzer einen direkten Zugriff auf eine Datenbank ermöglicht.

OSI-Modell
Abkürzung für *Open Systems Interconnection-Modell*. 7-Schichten-Modell der Rechnerkommunikation, das von der ISO genormt wurde.

PGP
Abkürzung für *Pretty Good Privacy*. PGP ist ein Verschlüsselungsverfahren für den geschützten Datentransport.

POP
Abkürzung für *Post Office Protocoll*. POP lädt Daten von einem „POP-Server" auf den lokalen Rechner.

Protokoll
Protokolle regeln die Kommunikation von Rechnern in einem offenen, heterogenen Verbund und koordinieren den Nachrichtenaustausch zwischen Partnern.

Proxy-Server
Im WWW sind diese Server dadurch gekennzeichnet, daß sie einen lokalen Cache verwalten und die über das Internet geladenen Dateien zwischenspeichern.

RARE
Abkürzung für *Résaux Associés pour la Recherche Européene*. RARE ist eine Organisation zur Koordinierung der Netzwerkaktivitäten, einer auf Basis der ISO/OSI-Normen basierenden Infrastruktur in Europa.

SGML
Abkürzung für *Standard Generalized Markup Language*. SGML ist ein Standard zur system- und applikationsunabhängigen Inhalts- und Strukturbeschreibung von elektronisch erzeugten Dokumenten.

SMTP
Abkürzung für *Simple Mail Transfer Protocol*. SMTP ist das EMail-Protokoll, welches im Internet eingesetzt wird.

TCP
Abkürzung für *Transmission Control Protocol*. Neben IP ist TCP das zentrale Protokoll in der Internet Protokoll Suite.

Telnet
Das Telnet-Protokoll erlaubt es, auf anderen Rechnern online zu arbeiten, als ob man direkt an diesem Rechner angeschlossen wäre.

URL
Abkürzung für *Uniform Resource Locator*. Einheitliche und eindeutige Form, um Informations-Ressourcen zu benennen.

Veronica
Ein in Gopher integrierter Dienst zur Suche im Gopherspace.

WAIS
Abkürzung für *Wide Area Information Service*. WAIS ermöglicht die Volltextsuche in weltweit verteilten Datenbanken.

Wildcards
Bezeichnung für Jokerzeichen. Wildcards sind Symbole, die als Platzhalter stellvertretend für beliebige Zeichen stehen.

WiN

Das Wissenschaftsnetz (WiN) ist der deutsche Teil des europaweiten Netzwerkes EuropaNet.

WWW

Abkürzung für *World Wide Web*. Hypertextbasiertes und verteiltes Informationssystem.

XLink

Abkürzung für *eXtended lokales Informatiknetz Karlsruhe*. XLink ist einer der Internetprovider in Deutschland.

X-Windows System

Fensterorientierte, grafische Benutzeroberfläche.

Literaturverzeichnis

[1]   Helbig „Künstliche Intelligenz und automatische Wissensverarbeitung"
      Verlag Technik, 2. Auflage 1996
      ISBN 3-341-01183-8

[2]   http://www.informatik.th-darmstadt.de/VS/Lehre/WS95-96/Proseminar/rohs/

[3]   http://www.cs.umbc.edu/agents/UMBC Agent Web

[4]   http://www.sics.se/isl/abc/survey.htmlIntelligent Software Agents

[5]   http://www.informatik.thdarmstadt.de/(fuenf/work/agenten/agenten_e.html
      GAP HomePage

[6]   Joseph Williams „Bots and Other Internet Beasties"
      Sams April 96, 505 Seiten, US $ 50,-
      ISBN 1-575-21016-9 (mit CD-ROM)

[7]   Fah-Chun Cheoug „Internet Agents: Spiders, Wanderers, Brokers and Bots"
      New Riders Publishing, Mai 96, US $ 32,-
      ISBN 1-562-05463-5

[8]   Ralph Moore, Leslie L. Lesnick „Creating Cool Intelligent Agents for the Net"
      IDG Books, Dez. 96, 288 Seiten, US $ 30,-
      ISBN 1-568-84823-4 (mit CD-ROM)

[9]   Joseph Bigus, Jennifer Bigus (IBM) „Constructing Intelligent Agents with Java:
      A programmer´s Guide to Smarter Applications"
      Wiley Books, verfügbar im Dezember 1997.

[10] Rainer Hellmich „Einführung in intelligente Softwaretechniken"
      Prentice Hall, 1997, DM 59,95
      ISBN 3-827-29546-7

[11] http://www.botspot.com/

[12] http://www.perl.com/

[13] Ed Krol. „Die Welt des Internet", Handbuch und Übersicht,
      O'Reilly Verlag, 1997
      ISBN 3-930673-01-0

Liste aller im Buch erwähnten URLs

Index